Die Rechtmäßigkeit
des Must-Carry-Prinzips im Bereich
des digitalisierten Kabelfernsehens
in der Bundesrepublik Deutschland

AF886986

Studien zum deutschen und europäischen Medienrecht

herausgegeben von Dieter Dörr

mit Unterstützung der Dr. Feldbausch Stiftung

Bd. 10

PETER LANG

Frankfurt am Main · Berlin · Bern · Bruxelles · New York · Oxford · Wien

Markus Nauheim

Die Rechtmäßigkeit des Must-Carry-Prinzips im Bereich des digitalisierten Kabelfernsehens in der Bundesrepublik Deutschland

Illustriert anhand des
Vierten Rundfunkänderungsstaatsvertrages

PETER LANG
Europäischer Verlag der Wissenschaften

Die Deutsche Bibliothek - CIP-Einheitsaufnahme

Nauheim, Markus:

Die Rechtmäßigkeit des Must-Carry-Prinzips im Bereich des digitalisierten Kabelfernsehens in der Bundesrepublik Deutschland : illustriert anhand des vierten Rundfunkänderungsstaatsvertrages / Markus Nauheim. - Frankfurt am Main ; Berlin ; Bern ; Bruxelles ; New York ; Oxford ; Wien : Lang, 2001

(Studien zum deutschen und europäischen Medienrecht ; Bd. 10)

Zugl.: Mainz, Univ., Diss., 2000

ISBN 3-631-37561-1

D 77

ISSN 1438-4981

ISBN 3-631-37561-1

© Peter Lang GmbH
Europäischer Verlag der Wissenschaften
Frankfurt am Main 2001
Alle Rechte vorbehalten.

Das Werk einschließlich aller seiner Teile ist urheberrechtlich geschützt. Jede Verwertung außerhalb der engen Grenzen des Urheberrechtsgesetzes ist ohne Zustimmung des Verlages unzulässig und strafbar. Das gilt insbesondere für Vervielfältigungen, Übersetzungen, Mikroverfilmungen und die Einspeicherung und Verarbeitung in elektronischen Systemen.

Meinen Eltern
Rudolf und Erna Nauheim
sowie
meinen Geschwistern
Ingrid und Andreas

Vorwort des Herausgebers

Mit seiner Dissertation hat sich der Markus A. Nauheim einer praktisch bedeutsamen und rechtlich schwierigen Fragestellung angenommen. Die bereits eingeleitete Digitalisierung des Fernsehens führt zu dramatischen Veränderungen der gesamten Medienlandschaft. Sie hat schier endlos erscheinende Möglichkeiten für die Nutzung der Medien zur Folge. Damit einher geht das Problem der sogenannten „Konvergenz", was nichts anderes bedeutet, als dass nicht mehr nur Fernseh- oder Radioprogramme, sondern alle erdenklichen Formen von Informations-, Kommunikations- und Interaktivdiensten über den Fernsehbildschirm erhältlich und verfügbar sein werden, wobei sich der Datenstrom nicht mehr nur in eine Richtung vollzieht, sondern ein Datenaustausch stattfinden kann. Das traditionelle Fernsehgerät kann sich vom Mittel für passives Zuschauen zum Zentrum des aktiven Informations- und Kommunikationsprozesses entwickeln, ebenso wie der Computer als Mittel dienen kann, Fernseh- oder Hörfunkprogramme zu empfangen.

Der Gesetzgeber hat auf diese Entwicklung im 4. Rundfunkänderungsstaatsvertrag reagiert und sogenannte „Must-Carry-Regelungen" für die Belegung digitaler Kabelnetze eingeführt. Er greift auf US-amerikanische Vorbilder zurück, die allerdings für analoge Kabelbelegungsfragen eingeführt wurden.

Nauheim hat die interessante und schwierige Problematik der Belegung digitaler Kabelnetze eindrucksvoll aufgearbeitet; besonders bemerkenswert sind seine Ausführungen zu den amerikanischen Must-Carry-Regelungen, die durchaus als Vorbild für die neuen Vorschriften im Rundfunkstaatsvertrag dienten. Dabei ist vor allem von Bedeutung, dass auch in den USA die Erhaltung eines vielfältigen Rundfunkangebots mit lokalen Rundfunkprogrammen einen wichtigen Grund für die Must-Carry-Regelungen darstellt. Dies ist im Hinblick auf die gegenwärtige rundfunkpolitische Diskussion von Bedeutung, die teilweise dadurch geprägt ist, dass man behauptet, die Erhaltung eines vielfältigen und pluralen Rundfunkangebots durch besondere rundfunkrechtliche Regelungen sei eine singuläre deutsche Vorstellung.

Mainz, im Dezember 2000 Dieter Dörr

Inhaltsverzeichnis

Literaturverzeichnis

I. Monographien

Beutler, Bengt/Bieber, Roland/Pipkorn, Jörn/Streil, Jochen, Die Europäische Union. Rechtsordnung und Politik, 4. Auflage, Baden-Baden, 1993

Bleckmann, Albert, Staatsrecht II, 4. Auflage, Köln/Berlin/Bonn/München, 1997

Breyer, Stephen G., Regulation and Its Reform, Cambridge, 1984

Breunig, Florian, Marktchancen des digitalen Fernsehens: Eine Untersuchung zur Einführung digitaler Spartensender, München, 1997

Bullinger Martin/Mestmäcker, Ernst-Joachim, Multimediadienste: Aufgabe und Zuständigkeit von Bund und Ländern. Rechtsgutachten erstattet im Auftrag des Bundesministers für Bildung, Wissenschaft, Forschung und Technologie, Freiburg/Hamburg, 1996

Burnham, William, Introduction to the Law and Legal System of the United States, St. Paul, 1995

Crandall, Robert W. & Furchtgott-Roth, Harold, Cable TV: Regulation or Competition?, Washington, D.C., 1996

Delbrück, Jost, Die Rundfunkhoheit der deutschen Bundesländer im Spannungsfeld zwischen Regelungsanspruch der Europäischen Gemeinschaft und nationalem Verfassungsrecht. Rechtsgutachten, erstattet im Auftrag der deutschen Bundesländer, Frankfurt/Main, 1986

Dörr, Dieter, Die Rolle des öffentlich-rechtlichen Rundfunks in Europa. Rechtsgutachten, erstattet im Auftrag der Arbeitsgemeinschaft der Öffentlich-Rechtlichen Rundfunkanstalten der Bundesrepublik Deutschland (ARD), Baden-Baden, 1997

Dörr, Dieter/Beucher, Klaus/Eisenbeis, Jochen/Jost, Eberhard, Die Einflüsse europarechtlicher Entwicklungen auf das Bund-Länder-Verhältnis im Rundfunkwesen. Rechtsgutachten, erstattet im Auftrag des Bundesministers für Post und Telekommunikation. Schriftenreihe des Instituts für Europäisches Medienrecht Band 4, Saarbrücken, 1992

Eberle, Carl-Eugen, Rundfunkübertragung: Rechtsfragen der Nutzung terrestrischer Rundfunkfrequenzen, Berlin, 1989

Engel, Christoph, Kabelfernsehen, Baden-Baden, 1996

Engel, Christoph, Privater Rundfunk vor der Europäischen Menschenrechtskonvention, Baden-Baden, 1993

Engel-Flechsig, Stefan/Maennel, Frithjof A./Tettenborn, Alexander, Neue gesetzliche Rahmenbedingungen für Multimedia. Die Regelungen des IuKDG und des MDStV, Heidelberg, 1998

Engelke, Heinrich J., Die Interpretation der Rundfunkfreiheit des Grundgesetzes: Eine Analyse aus ökonomischer Sicht, Frankfurt am Main/Bern/New York/Paris, 1992

Esser-Wellié, Michael, Das Verfassungs- und Wirtschaftsrecht der Breitbandkommunikation in den Vereinigten Staaten von Amerika: Zusammenhänge zwischen technischer Konvergenz und Wettbewerb, Baden-Baden, 1995

Friedewald, Michael, Wachstums- und Beschäftigungswirkungen der Informationstechnik: Vergleichende Untersuchung an Hand europäischer und US-amerikanischer Technologieförderung, Berlin 1997

Gersdorf, Hubertus, Chancengleicher Zugang zum digitalen Fernsehen: Eine Untersuchung des verfassungsrechtlichen Regulierungsrahmens am Beispiel des Entwurfs zum Vierten Rundfunkänderungsstaatsvertrag vom 27. Februar 1998. Rechtsgutachten, erstellt im Auftrag der in der Arbeitsgemeinschaft der Landesmedienanstalten (ALM) zusammengeschlossenen Landesmedienanstalten, vertreten durch die Hamburgische Anstalt für neue Medien (HAM), Hamburg, 1998

Gersdorf, Hubertus, Regelungskompetenzen bei der Belegung digitaler Kabelnetze: Eine verfassungsrechtliche Untersuchung zur Abgrenzung von Bundes- und Länderzuständigkeiten und zu den Rechten der Netzbetreiber bei der Zuweisung von Kabelkapazitäten für multimediale Dienste. Ein Rechtsgutachten im Auftrag der Hamburgischen Anstalt für neue Medien (HAM). Schriftenreihe der HAM Band 15, Berlin, 1996

Gersdorf, Hubertus, Der verfassungsrechtliche Rundfunkbegriff im Lichte der Digitalisierung der Telekommunikation. Ein Rechtsgutachten im Auftrag der Hamburgischen Anstalt für neue Medien (HAM). Schriftenreihe der HAM Band 11, Berlin, 1995

Hamm, Ingrid (Hrsg.), Fernsehen auf dem Prüfstand: Aufgaben des dualen Rundfunksystems. Internationale Studien im Rahmen der Kommunikationsordnung 2000, 2. Auflage, Gütersloh, 1998

Hege, Hans, Offene Wege in die digitale Zukunft: Überlegungen zur Fortentwicklung des Medienrechts. Schriftenreihe der MABB Medienanstalt Berlin-Brandenburg Band 2, Berlin, 1995

Herrmann, Günter, Rundfunkrecht: Fernsehen und Hörfunk mit Neuen Medien, München, 1994

Hoffmann-Riem, Wolfgang/Vesting, Thomas, Perspektiven der Informationsgesellschaft, Baden-Baden/Hamburg, 1995

Holznagel, Bernd, Rundfunkrecht in Europa: Auf dem Weg zu einem Gemeinrecht europäischer Rundfunkordnungen, Tübingen, 1996

Holznagel, Bernd, Zugangsprobleme beim digitalen Fernsehen. Vortrag vor dem Gesprächskreis Politik und Wissenschaft des Forschungsinstituts der Friedrich-Ebert-Stiftung am 9. Oktober 1997, Bonn, 1997

Ipsen, Hans Peter, Rundfunk im Europäischen Gemeinschaftsrecht, Frankfurt/Main, 1983

Johnson, Leland, Toward Competition in Cable Television, Cambridge, 1994

König, Michael, Die Einführung des digitalen Fernsehens: Neue Probleme und Implikationen für den Wettbewerb und die Medienkonzentration, Baden-Baden, 1997

Kremp, Werner/Mielke, Gerd, Digitales Fernsehen in USA und Europa. Atlantische Texte Band 10, Trier, 1998

Kugelmann, Dieter, Der Rundfunk und die Dienstleistungsfreiheit des EWG-Vertrages, Berlin, 1991

Patry, William F., Copyright Law and Practice, Edison, 1994

Schrape, Klaus, Digitales Fernsehen - Marktchancen und ordnungspolitischer Regelungsbedarf. Ein Bericht der Prognos AG im Auftrag der Bayerischen Landeszentrale für neue Medien (BLM), München und der Landesanstalt für Rundfunk Nordrhein-Westfalen (LfR), Düsseldorf. BLM-Schriftenreihe Band 30, München, 1995

Schulz, Wolfgang/Seufert, Wolfgang/Holznagel, Bernd, Digitales Fernsehen. Regulierungskonzepte und -perspektiven. Schriftenreihe Medienforschung der Landesanstalt für Rundfunk Nordrhein-Westfalen Band 31, Opladen, 1999

Schwarze, Jürgen, Fernsehen ohne Grenzen, Baden-Baden, 1985

Schweitzer, Michael, Staatsrecht III. Staatsrecht, Völkerrecht, Europarecht, 3. Auflage, Heidelberg, 1991

Schweitzer, Michael/Hummer, Waldemar, Europarecht: Das Recht der Europäischen Union - Das Recht der Europäischen Gemeinschaften (EGKS, EG, EAG) - mit Schwerpunkt EG, 5. Auflage, Neuwied/Kriftel/Berlin, 1996

Simmering, Klaus, HDTV - High Definition Television: technische, ökonomische und programmliche Aspekte einer neuen Fernsehtechnik, Bochum, 1989

Streinz, Rudolf, Europarecht, 3. Auflage, Heidelberg, 1996

Verband Privater Rundfunk und Telekommunikation, Zukunftssichere Breitbandverteilnetze: Strategien und Forderungen zur volkswirtschaftlich sinnvollen Nutzung der bestehenden Kabelnetze in Deutschland, Berlin, 1995

Villiger, Mark E., Handbuch der Europäischen Menschenrechtskonvention (EMRK) unter besonderer Berücksichtigung der schweizerischen Rechtslage, 2. Auflage, Zürich, 1993

Vogel, Bernhard/Oettinger, Günther H., Föderalismus in der Bewährung. Die deutschen Länder vor der Herausforderung fortschreitender EG-Integration, Köln, 1992

Wagner, Christoph, Rechtsfragen digitalen Kabelfernsehens. Gutachterliche Untersuchung im Zusammenhang mit der Einführung von Digital Video Broadcasting. Schriftenreihe der MABB Medienanstalt Berlin-Brandenburg Band 5, Berlin, 1996

Ziemer, Albrecht, Digitales Fernsehen: Eine neue Dimension der Medienvielfalt, 2. Auflage, Heidelberg, 1997

II. Kommentare

Geiger, Rudolf, EG-Vertrag. Kommentar zu dem Vertrag zur Gründung der Europäischen Gemeinschaft, 2. Auflage, München, 1995

Hartstein, Reinhard/Ring, Wolf-Dieter/Kreile, Johannes/Dörr, Dieter/Stettner, Rupert, Rundfunkstaatsvertrag. Kommentar zum Staatsvertrag der Länder zur Neuordnung des Rundfunkwesens, 2. Auflage, München, 1995

Jarass, Hans D./Pieroth, Bodo, Grundgesetz für die Bundesrepublik Deutschland, 3. Auflage, München, 1995

Lenz, Carl Otto, EG-Vertrag. Kommentar zu dem Vertrag zur Gründung der Europäischen Gemeinschaften, Köln/Basel/Wien, 1994

Maunz, Theodor/Dürig, Günter u.a., Kommentar zum Grundgesetz, Band I, Artikel 1 - 11, 35. Auflage, München, 1999

Maunz, Theodor/Dürig, Günter u.a., Kommentar zum Grundgesetz, Band II, Artikel 12 - 21, 35. Auflage, München, 1999

Schmidt-Bleibtreu, Bruno/Klein, Franz, Kommentar zum Grundgesetz, 9. Auflage, Neuwied/Kriftel, 1999

III. Artikel

Allard, Nicholas W., The 1992 Cable Act: Just the Beginning, in: 15 Hastings Communications & Entertainment Law Journal 305 (1993)

Bartosch, Andreas, Digital Video Broadcasting (DVB) im Kabel. Ein Wirrwarr aus Rundfunk-, Telekommunikations- und Wettbewerbsrecht, in: Computer und Recht, 1997, Seiten 517 ff.

Beckert, Bernd/Kubicek, Herbert, Multimedia möglich machen: Vom Pilotprojekt zur Markteinführung, in: Media Perspektiven, 1999, Seiten 128 ff.

Bender, Gunnar, Regulierungskonzepte zum digitalen Fernsehen der USA. Gegenwärtiger Stand und Entwicklungsperspektiven, in: Zeitschrift für Urheber- und Medienrecht, 1998, Seiten 38 ff.

Benton Foundation, Digital Television and Cable TV, 1998, im Internet abrufbar auf: http://www.benton.org/Policy/TV/cabledtv.html

Bermanseder, Markus, Wann sind Mediendienste dem Rundfunk zuzuordnen? Zum ordnungsrechtlichen Rahmen für die neuen Informations- und Kommunikationsdienste, in: Zeitschrift für Rechtspolitik, 1997, Seiten 330 ff.

Besen, Stanley M./Manning, Jr., Willard G./Mitchell, Bridger M., Copyright Liability for Cable Television: Compulsory Licensing and the Coase Theorem, in: 21 Journal of Law & Economics 67 (1978)

Betz, Jürgen, Kabelbelegung: Diktatur des Marktes? Rechtliche Leitlinien zur Vergabe von Kanälen in Kabelnetzen, in: Media Perspektiven, 1997, Seiten 431 ff.

Beucher, Klaus/von Rosenberg, Oliver, Kapazitätsknappheit und Programmvielfalt - Die neuere Rechtsprechung zur Praxis der Kanalbelegung, in: Zeitschrift für Urheber- und Medienrecht, 1996, Seiten 643 ff.

Bhagwat, Ashutosh, Of Markets and Media: The First Amendment, the New Mass Media, and the Political Components of Culture, in: 74 North Carolina Law Review 141 (1995)

Börnsen, Arne, Koax-Breitbandkabel - von der Fernsehsignalverteilung zum neuen Medium der Zukunft, in: MultiMedia und Recht, 1999, Seiten 272 ff.

Börnsen, Arne, Neue Entwicklungen beim Fernsehbreitbandkabel, in: MultiMedia und Recht, 1999, Seiten 249 f.

Bohr, Kurt/Albert, Helmut, Die Europäische Union - das Ende der eigenständigen Kulturpolitik der deutschen Bundesländer? in: Zeitschrift für Rechtspolitik, 1993, Seiten 61 ff.

Brenner, Daniel, Cable Television and the Freedom of Expression, in: 1988 Duke Law Journal 329

Bullinger, Martin, Verbreitung digitaler Pay-TV-Pakete in Fernsehkabelnetzen, Zeitschrift für Urheber- und Medienrecht, 1997, Seiten 281 ff.

Burger, James M. & Gray, Tod, Digital Television and the Law: Digital Broadcasts over Cable - The Must Carry Debate, im Internet abrufbar auf: http://www.dlalaw.com/computer/articles/dtv_new.html

Carnevale, Mary Lu, Bush's Veto of Cable-TV Bill Is Overturned, in: Wall Street Journal, 6. Oktober 1992, Seite A 3

Castendyk, Oliver, Die Rangfolge im Kabel - Verfassungsmäßige Kriterien der Rangfolge bei der Einspeisung von Rundfunkprogrammen in Kabelanlagen am Beispiel des fünften nordrhein-westfälischen Rundfunkänderungsgesetzes vom 09.10.1992, in: Zeitschrift zum Urheber- und Medienrecht, 1993, Seiten 464 ff.

Chazen, Leonard/Ross, Leonard, Federal Regulation of Cable Television. The Visible Hand, in: 83 Harvard Law Review 1823 (1970)

Clymer, Adam, Congress Rebuffs Bush in Override of Cable TV Veto, in: New York Times, 6. Oktober 1992, Seite A 1

Deringer, Arved, Pyrrhussieg der Länder. Anmerkung zum Urteil des Bundesverfassungsgerichts vom 22. März 1995 in der Rechtssache 2 BvG 1/89 in dem Verfahren Fernsehrichtlinie, in: Zeitschrift für Urheber- und Medienrecht, 1995, Seiten 316 ff.

Dörr, Dieter, Die Entwicklung des Medienrechts, in: Neue Juristische Wochenschrift, 1995, Seiten 2236 ff.

Dörr, Dieter, Die Kabelbelegungsregelungen in den Landesmediengesetzen und der Anspruch auf unentgeltliche Durchleitung des Fernsehprogramms PREMIERE zu den angeschlossenen Haushalten, in: Zeitschrift für Urheber- und Medienrecht, 1997, Seiten 337 ff.

Dörr, Dieter, Möglichkeiten und Grenzen europäischer Medienpolitik: Konvergenz und Kompetenz, in: Kommunikation & Recht, 1999, Seiten 97 ff.

Dörr, Dieter, Die neuere Rechtsprechung des Bundesverfassungsgerichts zur Eigentumsgarantie des Art. 14 GG, in: Neue Juristische Wochenschrift, 1988, Seiten 1049 ff.

Dörr, Dieter/Charissé, Peter, Die Rangfolge im Kabel und die Dienstleistungsfreiheit. Regionalbezug und Deutschsprachigkeit von Rundfunkprogrammen als Kriterium der Rangfolge in den Breitbandkabelnetzen, in: Zeitschrift für Medien- und Kommunikationsrecht, 1999, Seiten 18 ff.

Dodel, Hans, Weltweite Satellitensysteme für die persönliche Telekommunikation, Unterhaltung und Funkortung, in: Computer und Recht, 1997, Seiten 567 ff.

Eberle, Carl-Eugen, Das europäische Recht und die Medien am Beispiel des Rundfunkrechts, in: Archiv für Presserecht, 1993, Seiten 422 ff.

Eberle, Carl-Eugen, Das Fernsehen im Zugriff des europäischen Rechts, in: Festschrift für Werner Thieme, Köln/Berlin/Bonn/München, 1993, Seiten 939 ff.

Eberle, Carl-Eugen, Neue Übertragungstechniken und Verfassungsrecht, in: Zeitschrift für Urheber- und Medienrecht, 1995, Seiten 249 ff.

Ebsen, Ingwer, Öffentlich-rechtliche Rahmenbedingungen einer Informationsordnung, in: Deutsches Verwaltungsblatt, 1997, Seiten 1039 ff.

Eighmey, John, Media Convergence ("media mosaic"), im Internet abrufbar auf: http://129.186.27.130/Conv.html

Emmons III, William M., Note on Cable Television Regulation, in: Harvard Business School Case No. 9-391-022 (1993)

Engel, Christoph, Der Anspruch privater Kabelbetreiber auf ein Entgelt für die Durchleitung von Rundfunkprogrammen und das Medienrecht, in: Zeitschrift für Urheber- und Medienrecht, 1997, Seiten 497 ff.

Engels, Stefan, Regelungen zur rundfunkrechtlichen Frequenzoberverwaltung - Das Beispiel Hamburg, in: Zeitschrift für Urheber- und Medienrecht, 1997, Seiten 106 ff.

Engels, Stefan/Schulz, Wolfgang, Anmerkung zu VG Berlin: Das Ende der TV-Kabelregulierung?, in: Kommunikation & Recht, 1998, Seiten 127 f.

Felsenthal, Edward, Justices Uphold 'Must Carry' Broadcast Rules, in: Wall Street Journal, 1. April 1997, Seite B 1

Fitzgerald, Michael D., Constitutional Law - Congressional Regulation of Cable Television - Upholding the Must-Carry Provisions of the Cable Televisions Consumer Protection and Competition Act of 1992, in: 65 Tennessee Law Review 319 (1997)

Gersdorf, Hubertus, Chancengleicher Zugang zum digitalen Fernsehen, Vortrag am 15. Oktober 1998 in München - Münchener Medientage, im Internet abrufbar auf: http://www.uni-rostock.de/fakult/jurfak/Gersdorf/MuTK_Recht/Medienrecht/MMT 98.html

Gersdorf, Hubertus, Darf's ein bißchen mehr sein? - Medienregulierung in Deutschland und Europa. Gemeinsame Tagung des Schleswig-Holsteinischen Oberverwaltungsgerichts und der Unabhängigen Landesanstalt für das Rundfunkwesen (ULR) 6. Mai 1999 in Schleswig: Rundfunk, Recht und Regulierung - Wieviel Europa brauchen die Medien?, im Internet abrufbar auf: http://www.uni-rostock.de/fakult/jurfak/Gersdorf/MuTK_Recht/Medienrecht/OVG_ULR.html

Gersdorf, Hubertus, Neue Dienste zwischen den Gesetzgebungskompetenzen von Bund und Ländern. Vortrag auf der "europrom leipzig 96" am 14. Mai 1996 in Leipzig, im Internet abrufbar auf: http://www.uni-rostock.de/fakult/jurfak/Gersdorf/MuTK_Recht/Medienrecht/europrom96_140596.html

Glotz, Peter/Groebel, Jo/Mestmäcker, Ernst-Joachim, Zur Wirklichkeit der Grundversorgung: Über den Funktionsauftrag öffentlich-rechtlicher Rundfunkanstalten, in: Hamm, Ingrid (Hrsg.), Fernsehen auf dem Prüfstand: Aufgaben des dualen Rundfunksystems. Internationale Studien im Rahmen der Kommunikationsordnung 2000, 2. Auflage, Gütersloh, 1998, Seiten 87 ff.

Gounalakis, Georgios, Der Mediendienste-Staatsvertrag der Länder, in: Neue Juristische Wochenschrift, 1997, Seiten 2993 ff.

Greenhouse, Linda, High Court Rules Cable Must Carry Local TV Stations, in: New York Times, 1. April 1997, Seite A 1

Haddad, Charles, High Court Upholds 'Must-Carry' Law for Cable Operators, Stunning Turner, in: The Atlanta Journal-Constitution, 1. April 1997, Seite D 1

Hege, Hans, Digitales Fernsehen: Regulierung der Medienkonzentration in Deutschland und Europa, in: Kremp, Werner/Mielke, Gerd, Digitales Fernsehen in USA und Deutschland, Trier, 1998, Seiten 30 ff.

Hess, Wolfgang, Zur Rangfolge bei der Weiterverbreitung von Fernsehprogrammen in Kabelanlagen, in: Archiv für Presserecht, 1996, Seiten 233 ff.

Hesse, Albrecht, Der Vierte Rundfunkänderungsstaatsvertrag aus der Sicht des öffentlich-rechtlichen Rundfunks, in: Zeitschrift für Urheber- und Medienrecht, 2000, Seiten 183 ff.

Hochstein, Reiner, Teledienste, Mediendienste und Rundfunkbegriff - Anmerkungen zur praktischen Abgrenzung multimedialer Erscheinungsformen, in: Neue Juristische Wochenschrift, 1997, Seiten 2977 ff.

Hoffmann-Riem, Wolfgang, Der Rundfunkbegriff in der Differenzierung kommunikativer Dienste, in: Archiv für Presserecht, 1996, Seiten 9 ff.

Holznagel, Bernd, Probleme der Rundfunkregulierung im Multimedia-Zeitalter, in: Zeitschrift für Urheber- und Medienrecht, 1996, Seiten 16 ff.

Hundt, Reed, Toward Regulation That Fosters Competition, in: 47 Federal Communications Law Journal 265 (1994)

Janik, Viktor, Der deutsche Rundfunkbegriff im Spiegel technischer Entwicklungen, in: Archiv für Presserecht, 2000, Seiten 7 ff.

Jarass, Hans D., Rundfunkbegriffe im Zeitalter des Internet. Zum Anwendungsbereich der Rundfunkfreiheit, des Rundfunkstaatsvertrags und des Mediendienste-Staatsvertrags, in: Archiv für Presserecht, 1998, Seiten 133 ff.

Jones, Clifford A., Digital Television and Media Concentration Regulation in the US, in: Kremp, Werner/Mielke, Gerd, Digitales Fernsehen in USA und Europa, Trier, 1998, Seiten 25 ff.

Kleinsteuber, Hans J., Das Rundfunksystem der USA, in: Internationales Handbuch für Hörfunk und Fernsehen 1998/99, Baden-Baden/Hamburg, 1998, Seiten 743 ff.

Kleinsteuber, Hans J., Regulierung des Rundfunks in den USA. Zur Kontrolle wirtschaftlicher Macht am Beispiel der FCC, in: Rundfunk und Fernsehen, 1996, Seiten 27 ff.

Kliment, Tibor/Brunner, Wolfram (EMNID Institut), Wer sieht was wo? Programmangebot, Nutzung und Image von deutschen Fernsehsendern, in: Hamm, Ingrid (Hrsg.), Fernsehen auf dem Prüfstand: Aufgaben des dualen Rundfunksystems. Internationale Studien im Rahmen der Kommunikationsordnung 2000, 2. Auflage, Gütersloh, 1998, Seiten 49 ff.

Krattenmaker, Thomas G., The Telecommunications Act of 1996, in: 49 Federal Communications Law Journal 1 (1996)

Kreile, Johannes, Die Neuregelung der Werbung im 4. Rundfunkänderungsstaatsvertrag, in: Zeitschrift für Urheber- und Medienrecht, 2000, Seiten 194 ff.

Kreile, Johannes, Das neue amerikanische Telekommunikationsrecht. Liberalisierung statt Regulierung, in: Zeitschrift für Urheber- und Medienrecht, 1996, Seiten 227 ff.

Kresse, Hermann/Heinze, Matthias, Der Rundfunk: Das "jedenfalls auch kulturelle Phänomen", in: Zeitschrift für Urheber- und Medienrecht, 1995, S. 394 ff.

Kubicek, Herbert, Universaldienstregelungen in den USA und in Deutschland. Diskussionsdefizite und Versäumnisse in Deutschland, in: Computer und Recht, 1997, Seiten 1 ff.

Kuch, Hansjörg, Digitale Zukunftstechniken und ordnungspolitischer Regelungsbedarf, in: DLM Jahrbuch der Landesmedienanstalten 1993/94: Privater Rundfunk in Deutschland, Seiten 45 ff.

Lange, André, Die Entwicklung des Fernsehens in Europa, in: Internationales Handbuch für Hörfunk und Fernsehen 1996/97, Seiten 53 ff.

Libertus, Michael, Access-Providing durch öffentlich-rechtliche Rundfunkanstalten - Rechtliche Determinanten und Perspektiven, in: Zeitschrift für Urheber- und Medienrecht, 1999, Seiten 889 ff.

Libertus, Michael, Durchleitung digitaler Rundfunksignale im Breitbandkabelnetz. Im Blickpunkt: Zulässigkeit von Transport-Verschlüsselungen, in: Kommunikation & Recht, 1999, Seiten 259 ff.

Libertus, Michael, Medienrechtliche Einordnung von BusinessTV-Diensten, in: Kommunikation & Recht, 2000, Seiten 119 ff.

Libertus, Michael, Grundversorgungsauftrag und elektronische Benutzerführersysteme, in: Zeitschrift für Urheber- und Medienrecht, 1996, Seiten 394 ff.

Lubinsky, Charles, Reconsidering Retransmission Consent: An Examination of the Retransmission Consent Provision (47 U.S.C. § 325(b)) of the 1992 Cable Act, in: 49 Federal Communications Law Journal 99 (1996)

Mattern, Klaus/Künstner, Thomas/Möckel, Peter/Saschek, Dagmar, Kommunikationsordnungen im Vergleich - Ergebnisse der internationalen Recherchen, in: Kommunikationsordnung 2000 - Innovation und Verantwortung in der Informationsgesellschaft, Band 1, Ergebnisse der Recherche zum Carl Bertelsmann-Preis 1998, Seiten 15 ff.

Mattern, Klaus/Künstner, Thomas/Zirn, Markus, Fernsehsysteme im internationalen Vergleich, in: Hamm, Ingrid (Hrsg.), Fernsehen auf dem Prüfstand: Aufgaben des dualen Rundfunksystems. Internationale Studien im Rahmen der Kommunikationsordnung 2000, 2. Auflage, Gütersloh, 1998, Seiten 11 ff.

Meyerson, Michael I., Authors, Editors, and Uncommon Carriers: Identifying the "Speaker" Within the New Media, in: 71 Notre Dame Law Review 79 (1995)

Morhart, Claus, Verwickelt: Das Kabel in der Klemme, in: Evangelischer Pressedienst Medien, 1998, Nr. 56, Seiten 3 f.

Moritz, Hans-Werner/Neus, Hermann R., Telekommunikationsgesetz und US Telecommunications Act. Ein Vergleich der ordnungspolitischen Ansätze, in: Computer und Recht, 1997, Seiten 239 ff.

Müller-Römer, Frank, Rundfunkversorgung (Hörfunk und Fernsehen). Verbreitung von Rundfunkprogrammen und neue Rundfunkdienste, in: Internationales Handbuch für Rundfunk und Fernsehen 1998/99, Baden-Baden/Hamburg, 1998, Seiten 169 ff.

Murphy, Patrick, Retransmission Consent: A Mixed Signal for Cable Copyright, in: 17 Columbia-Volunteer Lawyers for the Arts Journal of Law & the Arts 237 (1993)

National Telecommunications and Information Administration, Who Regulates The Spectrum?, im Internet abrufbar auf: http://www.ntia.doc.gov/-osmhome/roosa4.html

Oppermann, Thomas, Die deutsche Länderkulturhoheit und EG-Aktivitäten in Bildung, Forschung und technologischer Entwicklung, in: Vogel, Bernhard/Oettinger, Günther H., Föderalismus in der Bewährung, Köln, 1992, Seiten 73 ff.

Ory, Stephan, Kompetenzen der Landesmedienanstalten für Mediendienste? Am Beispiel der DAB-Datendienste in Baden-Württemberg, in: Archiv für Presserecht, 1999, Seiten 132 ff.

Papier, Hans-Jürgen, Fernmeldemonopol der Post und Privatrundfunk, in: Die Öffentliche Verwaltung, 1990, Seiten 217 ff.

Pappi, Urban, Der 4. Rundfunkänderungsstaatsvertrag - Rechtsfolgen für die Praxis, Diskussionsbericht der gleichlautenden Arbeitssitzung des Instituts für Urheber- und Medienrecht am 17. Dezember 1999, in: Zeitschrift für Urheber- und Medienrecht, 2000, Seiten 203 f.

Pieper, Antje Karin/Wiechmann, Peter, Der Rundfunkbegriff. Änderungen durch Einführung des interaktiven Fernsehens? in: Zeitschrift für Urheber- und Medienrecht, 1995, Seiten 82 ff.

Povich, Elaine S., Bush Pressures Senators to Sustain Cable TV Veto, in: Chicago Tribune, 5. Oktober 1992, Seite 1

Quello, James H., Q's World: The Future of Broadcast Regulation, in: 47 Federal Communications Law Journal 341 (1994)

Raisch, Peter/Gudera, Lydia, Anmerkung zum Beschluss OLG Naumburg, in: Zeitschrift für Urheber- und Medienrecht, 1999, Seiten 904 ff.

Redlich, Norman & Lurie, David R.., First Amendment Issues Presented by the "Information Superhighway," in: 25 Seton Hall Law Review 1446 (1995)

Ress, Georg, Die neue Kulturkompetenz der EG, in: Die Öffentliche Verwaltung, 1992, Seiten 944 ff.

Ressing, Philippe, Digitales Fernsehen - Geschäft in der Krise, in: Kremp, Werner/Mielke, Gerd, Digitales Fernsehen in USA und Europa, Trier, 1998, Seiten 37 ff.

Ricker, Reinhart, Kriterien der Einspeisung von Rundfunkprogrammen bei Kapazitätsengpässen in Kabelanlagen, in: Zeitschrift für Urheber- und Medienrecht, 1992, Seiten 521 ff.

Ricker, Reinhart, Zur Rangfolge der Kabeleinspeisung des "Kinderkanals" und des "Ereignis- und Dokumentationskanals", in: Zeitschrift für Urheber- und Medienrecht, 1997, Seiten 1 ff.

Ricker, Reinhart, Zur Zulässigkeit bundesweiter Einspeisung landesfremder 3. Fernsehprogramme des öffentlich-rechtlichen Rundfunks in Kabelanlagen, in: Zeitschrift für Urheber- und Medienrecht, 1995, Seiten 824 ff.

Ring, Wolf-Dieter, Der Vierte Rundfunkänderungsstaatsvertrag - Rechtsfolgen für die Praxis, in: Zeitschrift für Urheber- und Medienrecht, 2000, Seiten 177 ff.

Ross, Susan Dente, First Amendment Trump?: The Uncertain Constitutionalization of Structural Regulation Separating Telephone and Video, in: 50 Federal Communications Law Journal 281 (1998)

Rüter, Klaus, Die künftige Bedeutung des digitalen Fernsehens in Deutschland, in: Kremp, Werner/Mielke, Gerd, Digitales Fernsehen in USA und Europa, Trier, 1998, Seiten 9 ff.

Schütz, Raimund, Breitbandkabel - "Closed Shop" für neue Diensteanbieter?, in: MultiMedia und Recht, 1998, Seiten 11 ff.

Schuler-Harms, Margarete, Das Rundfunksystem der Bundesrepublik Deutschland, in: Internationales Handbuch für Hörfunk und Fernsehen 1998/1999, Baden-Baden/Hamburg, 1998, Seiten 133 ff.

Schulz, Wolfgang, Thesenpapier zur Abgrenzung von Mediendiensten und Rundfunk zur Anhörung des Arbeitskreises Recht der Direktorenkonferenz der Landesmedienanstalten am 27. April 1998, im Internet abrufbar auf: http://www.rrz.uni-hamburg.de/hans-bredow-institut/ws-lehr/thesenpapier.html

Schwartz, Ivo E., EG-Rechtsetungsbefugnis für das Fernsehen, in: Zeitschrift für Urheber- und Medienrecht, 1989, Seiten 381 ff.

Schwartz, Ivo E., Subsidiarität und EG-Kompetenzen: Der neue Titel "Kultur" - Medienvielfalt und Binnenmarkt, in: Archiv für Presserecht, 1993, Seiten 410 ff.

Schwartz, Robert, Public Access to Cable Television, in: 33 Hastings Law Journal 1009 (1982)

Seeger, Peter, Strukturveränderungen des Rundfunks in Europa durch technischen Wandel, in: Hoffmann-Riem, Wolfgang/Vesting, Thomas, Perspektiven der Informationsgesellschaft, Baden-Baden, 1995, Seiten 103 ff.

Sewczyk, Jürgen, Entwicklungen im Bereich des digitalen Fernsehens in den USA und in Deutschland/Europa, in: Kremp, Werner/Mielke, Gerd, Digitales Fernsehen in USA und Europa, Trier, 1998, Seiten 17 ff.

Sieber, Stefanie, Bundesweit empfangbarer Rundfunk: Zur Bindungswirkung anderer Landesmedienanstalten an die Zulassungsentscheidung in Bayern und der Entscheidungszuständigkeit des Landesverfassungsgerichts, in: Zeitschrift für Urheber- und Medienrecht, 1996, Seiten 867 ff.

Simon, David F., Local Television Versus Cable: A Copyright Theory of Protection, in: 31 Federal Communications Law Journal 51 (1978)

Sokler, Bruce D. & Lloyd, Frank W., Supreme Court Surprises Observers, Upholds Must-Carry, in: Cable T.V. and New Media: Law & Finance, April 1997, Seite 1

Stauffenberg, Franz Ludwig Graf/Langenfeld, Christine, Maastricht - ein Fortschritt für Europa? in: Zeitschrift für Rechtspolitik, 1992

Stettner, Rupert, Anmerkung zum Urteil des Oberverwaltungsgerichts der Freien Hansestadt Bremen vom 14. September 1999 - OVG 1 HB 433/98, in: Zeitschrift für Urheber- und Medienrecht, 2000, Seiten 204 ff.

Sukow, Randy, Congress Reregulates Cable, in: 122 Broadcasting, 12. Oktober 1992, Seite 3

Sunstein, Cass R., The First Amendment in Cyberspace, in: 104 Yale Law Journal 1757 (1995)

Thomaschki, Kathrin/Krakies, Jens, Verfassungsrechtliche Anforderungen an die Kanalbelegung in Kabelnetzen, in: Zeitschrift für Urheber- und Medienrecht, 1995, Seiten 368 ff.

Trautwein, Thomas, Grenzen der Dienstleistungsfreiheit im Fernsehbereich. Anmerkung zu EuGH, Urteil vom 05.10.1994, Rs C-23/93, TV10 SA/Commissariat voor de Media, in: Zeitschrift für Urheber- und Medienrecht, 1995, Seiten 324 ff.

Ulmen, Winfried/Gump, Thomas Klaus, Die neue Regulierungsbehörde für Telekommunikation und Post, in: Computer und Recht, 1997, Seiten 396 ff.

Veraldi, Lorna, Cable Television's Compulsory License: An Idea Whose Time Has Passed?, in: 25 New York Law School Law Review 925 (1980)

Weisser, Ralf, Dienstleistungen zum Vertrieb digitaler Pay TV-Angebote, in: Zeitschrift für Urheber- und Medienrecht, 1997, Seiten 877 ff.

Weisser, Ralf/Lübbert, Tobias, Must-carry im Breitbandkabel, in: Kommunikation & Recht, 2000, Seiten 274 ff.

Weisser, Ralf/Meinking, Olaf, Zugang zum digitalen Fernsehkabelnetz außerhalb von must-carry-Regelungen, in: Wirtschaft und Wettbewerb, 1998, Seiten 831 ff.

Westerkamp, Dietrich, Digitales Satelliten-Fernsehen in den USA - Status und weitere Entwicklungstendenzen, in: Medienspiegel, 25/1995, Seiten 9 ff.

Wille, Karola/Heckel, Mario, Verfassungsrechtliche Aspekte bei der Kabeleinspeisung - Zur Auslegung des Begriffs "gesetzlich bestimmtes Programm", in: Zeitschrift für Urheber- und Medienrecht, 1996, Seiten 867 ff.

Winer, Laurence H., The Red Lion of Cable, and Beyond? - Turner Broadcasting v. FCC, in: 15 Cardozo Arts & Entertainment Law Journal 1 (1997)

Ziemer, Albrecht, Der Stand der technischen Entwicklung des digitalen Fernsehens in Deutschland/Europa, in: Kremp, Werner/Mielke, Gerd, Digitales Fernsehen in USA und Europa, Trier, 1998, Seiten 20 ff.

IV. Sammelwerke

Arbeitsgemeinschaft der Landesmedienanstalten in der Bundesrepublik Deutschland, Jahrbuch der Landesmedienanstalten 1995/96: Privater Rundfunk in Deutschland, München, 1996

Arbeitsgemeinschaft der Landesmedienanstalten in der Bundesrepublik Deutschland, Jahrbuch der Landesmedienanstalten 1997/98: Privater Rundfunk in Deutschland, München, 1998

Bertelsmann Stiftung, Kommunikationsordnung 2000. Grundsatzpapier der Bertelsmann Stiftung zu Leitlinien der zukünftigen Kommunikationsordnung, Gütersloh, 1997

Broadcasting & Cable Yearbook, New Providence, 1996

Direktorenkonferenz der Landesmedienanstalten, Jahrbuch der Landesmedienanstalten 1993/94: Privater Rundfunk in Deutschland, München, 1994

Hans-Bredow-Institut für Rundfunk und Fernsehen, Internationales Handbuch für Hörfunk und Fernsehen 1998/99; Baden Baden/Hamburg, 1998

V. Häufiger zitierte Offizielle Dokumente

Advanced Television Systems and Their Impact upon the Existing Television Broadcast Service, Memorandum Opinion and Order on Reconsideration of the Fifth Report and Order, in: MM Docket 87-268, FCC 98-23 (1998)

Amendment of Part 15 of the Commission's Rules Concerning Carriage of Television Broadcast Signals by Cable Television Systems and Concerning Input Selector Switches Usen in Conjunction with Cable Television Service, Order, 4 FCC 4552 (1989)

Amendment of Part 76 of the Commission's Rules Concerning Carriage of Television Broadcast Signals by Cable Television Systems, Report and Order, 1 FCC 864 (1986)

Bericht der Bundesregierung über die Lage der Medien in der Bundesrepublik Deutschland 1998 (Medienbericht '98), Presse- und Informationsamt der Bundesregierung, Drucksache 13/10650 des Deutschen Bundestages, 13. Wahlperiode, vom 18. Mai 1998

Bericht über die Entwicklung der Angebots- und Meinungsvielfalt der Gesamtheit der in Kabelanlagen weiterverbreiteten Rundfunkprogramme, Landesanstalt für Rundfunk Nordrhein-Westfalen (LfR), LfR-Materialien Band 21, Düsseldorf, Stand: 12. Dezember 1997

Cable Television, Report and Order, 36 FCC 2d 143 (1972)

Cable Television Syndicated Program Exclusivity Rules, Notice of Inquiry, 61 FCC 2d 746 (1976), abgeändert in Report and Order, 79 FCC 2d 663 (1980)

Carriage of the Transmissions of Digital Television Broadcast Stations, Notice of Proposed Rule Making, in: CS Docket No. 98-120, FCC 98-153 (1998)

CATV and TV Repeater Services, Report and Order, 26 FCC 403, 18 Rad. Reg. (P & F) 1573 (1959)

CATV Regulation, Second Report and Order, 2 FCC 2d 725, 6 Rad. Reg. 2d (P & F) 1717 (1966)

Convergence between telecommunications and audiovisual: consequences for the rules governing the information market, European Commission Legal Advisory Board, Sitzung in Brüssel am 30. April 1996, im Internet abrufbar auf: http://www2.echo.lu/legal/en/converge/960430/960430.html

Fifth Report and Order, in: MM Docket No. 87-268, 12 FCC Rcd 12809 (1997)

Frontier Broadcasting Co. v. J.E. Collier & Carl O. Krummel, Memorandum Opinion and Order, 24 FCC 251, 16 Rad. Reg. (P & F) 1005 (1958)

Grünbuch zur Konvergenz der Branchen Telekommunikation, Medien und Informationstechnologie und ihren ordnungspolitischen Auswirkungen: Ein Schritt in Richtung Informationsgesellschaft, Europäische Kommission, 3. Dezember 1997, KOM-(97) 623

House of Representatives Report, No. 94-1476 (1976), abgedruckt in: 1976 U.S.C.C.A.N. 5659

Implementation of the Cable Television Consumer Protection and Competition Act of 1992, Report and Order, 8 FCC Rcd. 2965, 72 Rad. Reg. 2d (P & F) (1993) (kodifiziert in 47 C.F.R. § 76 (1994))

Markteinführung des digitalen Hörfunks und Fernsehens in Deutschland, Bericht der Arbeitsgruppe Initiative "Digitaler Rundfunk" der Bundesregierung, Dokumentation 451 (Stand: August 1998), im Internet abrufbar auf: http://www.bmwi.de/infogesellschaft.html

Microwave Relays, First Report and Order, 38 FCC 683, 4 Rad. Reg. 2d (P & F) 1725 (1965)

Senate Report, No. 102-92 (1991), abgedruckt in: 1992 U.S.C.C.A.N. 1133

Sixth Report and Order, in: MM Docket No. 87-268, 12 FCC Rcd 14588 (1997)

Zusammenfassung der Ergebnisse der öffentlichen Konsultation zum Grünbuch zur Konvergenz der Branchen Telekommunikation, Medien und Informationstechnologien und Themen für weitere Überlegungen, Arbeitsdokument der Europäischen Kommission (Generaldirektion X: Information, Kommunikation, Kultur, Audiovisuelle Medien und Generaldirektion L XIII: Telekommunikation, Innovation und Nutzung der Forschungsergebnisse) vom 29. Juli 1998, im Internet abrufbar auf: http://www.ispo.cec.be/convergencegp/gpworkdocde.html

VI. Häufiger zitierte Gesetze, Staatsverträge und Richtlinien

Cable Communications Policy Act of 1984, Pub. L. No. 98-549, 98 Stat. 2779 (1994) (kodifiziert an verschiedenen Stellen in 47 U.S.C.)

Cable Television Consumer Protection and Competition Act of 1992, Pub. L. No. 102-385, 106 Stat. 1460 (1994) (kodifiziert an verschiedenen Stellen in 47 U.S.C.)

Communications Act of 1934, ch. 652, § 1, 48 Stat. 1064 (1994) (kodifiziert an verschiedenen Stellen in 47 U.S.C.)

Europäisches Übereinkommen über das grenzüberschreitende Fernsehen, vom 27. Mai 1994, Bundesgesetzblatt II S. 638.

Gesetz über die Anwendung von Normen für die Übertragung von Fernsehsignalen (Fernsehsignalübertragungsgesetz - FÜG), vom 14. November 1997, Bundesgesetzblatt I S. 2710

Gesetz zur Regelung der Rahmenbedingungen für Informations- und Kommunikationsdienste (Informations- und Kommunikationsdienste-Gesetz - IuKDG), vom 13. Juni 1997, Bundesgesetzblatt I S. 1870

Richtlinie des Europäischen Parlaments und des Rates vom 24. Oktober 1995 über die Anwendung von Normen für die Übertragung von Fernsehsignalen (95/47/EG), Amtsblatt der Europäischen Union Nr. L 281 S.51

Richtlinie des Europäischen Parlaments und des Rates vom 30. Juni 1997 zur Änderung der Richtlinie 89/552/EWG des Rates zur Koordinierung bestimmter Rechts- und Verwaltungsvorschriften der Mitgliedstaaten über die Ausübung der Fernsehtätigkeit (97/36/EG), Amtsblatt der Europäischen Union Nr. L 202 S. 60

Richtlinie des Rates vom 3. Oktober 1989 zur Koordinierung bestimmter Rechts- und Verwaltungsvorschriften der Mitgliedstaaten über die Ausübung der Fern-

sehtätigkeit (89/552/EWG), Amtsblatt der Europäischen Gemeinschaften Nr. L 298 vom 17.10.1989 S. 23; berichtigt im Amtsblatt der Europäischen Gemeinschaften Nr. L 331 S. 51

Rundfunkstaatsvertrag (RStV), vom 31. August 1991, in der Fassung des Vierten Rundfunkänderungsstaatsvertrages, in Kraft seit dem 1. April 2000, abgedruckt u.a. in: Bayerisches Gesetz- und Verordnungsblatt Nr. 7/2000, S. 116 ff. und im Internet abrufbar auf: http://www.artikel5.de/gesetze/rstv.html

Staatsvertrag über Mediendienste (Mediendienste-Staatsvertrag - MStV), vom 28. Januar - 12. Februar 1997, abgedruckt u.a. in: Bayerisches Gesetz- und Verordnungsblatt Nr. 14/1997 S. 225 ff.

Telecommunications Act of 1996, Pub. L. No. 104-104, 110 Stat. 56 (1996) (kodifiziert an verschiedenen in 47 U.S.C.)

Telekommunikationsgesetz (TKG), vom 25. Juli 1996, Bundesgesetzblatt I S. 1120, geändert durch Gesetz vom 17. Dezember 1997, Bundesgesetzblatt I S. 3108, zuletzt geändert durch Gesetz vom 26. August 1998, Bundesgesetzblatt I S. 2544

VII. Gerichtsentscheidungen

1. US Amerikanische Gerichte

Arkansas Writers' Project, Inc. v. Ragland, 481 U.S. 221 (1987)

Associated Press v. United States, 326 U.S. 1 (1945)

Black Hills Video Corp. v. FCC, 399 F.2d 65 (8th Cir. 1968)

Capital Cities Cable, Inc. v. Crisp, 467 U.S. 691 (1984)

Carter Mountain Transmission Corp. v. FCC, 321 F.2d 359 (1963)

Century Communications Corp. v. FCC, 835 F.2d 292 (D.C.Cir. 1987), certiorari denied, 486 U.S. 1032 (1988)

City of Los Angeles v. Preferred Communications, Inc., 476 U.S. 488 (1986)
Cohen v. California, 403 U.S. 15 (1971)

FCC v. Midwest Video Corp., 440 U.S. 689 (1979)

Fortnightly Corp. v. United Artists Television, Inc., 392 U.S. 390 (1968)

Home Box Office, Inc. v. FCC, 567 F.2d 9 (D.C.Cir. 1977) (per curiam)

Leathers v. Medlock, 499 U.S. 439 (1991)

Maltrite TV v. FCC, 652 F.2d 1140 (2d Cir. 1981)

Miami Herald Publishing Co. v. Tornillo, 418 U.S. 241 (1979)

Quincy Cable TV v. FCC, 768 F.2d 1434 (D.C.Cir. 1985), certiorari denied, 476 U.S. 1169 (1986)

Red Lion Broadcasting Co. v. FCC, 395 U.S. 367 (1969)

Texas v. Johnson, 491 U.S. 397 (1989)

Simon & Schuster, Inc. v. Members of N.Y. Crime Victims Bd., 502 U.S. 105 (1991)

Turner Broadcasting System, Inc. v. FCC, 819 F. Supp. 32 (1993), vacated and remanded, 512 U.S. 622 (1994)

Turner Broadcasting System, Inc. v. FCC, 910 F. Supp. 734 (1995), affirmed, 117 S. Ct. 1174 (1997)

United States v. Albertini, 427 U.S. 675 (1989)

United States v. Midwest Video Corp., 406 U.S. 649 (1972)

United States v. O'Brien, 391 U.S. 367 (1968)

United States v. Southwestern Cable Co., 378 F.2d 118 (9th Cir. 1967), revised, 392 U.S. 157 (1968)

United Video, Inc. v. FCC, 890 F.2d 1173 (D.C.Cir. 1989)

2. Europäischer Gerichtshof

Debauve, Urteil v. 18.3.1980 (Rs. 52/79) in: Slg. 1980, 833

Kabelregeling, Urteil v. 26.4.1988 (Rs. 352/85) in: Slg. 1988, 2085

Sacchi, Urteil v. 11.7.1974 (Rs. 155/73) in: Slg. 1974, 430

TV10 SA, Urteil v. 5.10.1994 (Rs. C-23/93) in: Slg. 1994, I 4795

3. Deutsche Gerichte

1. Rundfunkentscheidung, Urteil v. 28.2.1961 (2 BvG 1, 2/60), in: BVerfGE 12, 205 (Deutschland-Fernsehen)

2. Rundfunkentscheidung, Urteil v. 27.7.1971 (2 BvF 1/68, 2 BvR 702/68), in: BVerfGE 31, 314 (Umsatzsteuer)

3. Rundfunkentscheidung, Urteil v. 16.6.1981 (1 BvL 89/87), in: BVerfGE 57, 295 (FRAG-Urteil)

4. Rundfunkentscheidung, Urteil v. 4.11.1986 (1 BvF 1/84), in: BVerfGE 73, 118 (Niedersachsen-Urteil)

5. Rundfunkentscheidung, Urteil v. 24.3.1987 (1 BvR 147, 478/86), in: BVerfGE 74, 297 (Baden-Württemberg-Urteil)

6. Rundfunkentscheidung, Urteil v. 5.2.1991 (1 BvF 1/85, 1/88), in: BVerfGE 83, 238 (Nordrhein-Westfalen-Urteil)

7. Rundfunkentscheidung, Urteil v. 6.10.1992 (1 BvR 1586/89, 487/92), in: BVerfGE 87, 181 (HR 3-Entscheidung)

8. Rundfunkentscheidung, Urteil v. 22.2.1994 (1 BvL 30/88), in: BVerfGE 90, 60

Apotheken-Entscheidung, Urteil v. 11.6.1958 (1 BvR 596/56), in: BVerfGE 7, 377

Contergan-Entscheidung, Urteil v. 8.7.1976 (1 BvL 19 und 20/75, 1 BvR 148/75), in: BVerfGE 42, 263

EG-Fersehrichtlinien-Entscheidung, Urteil v. 22.3.1995 (2 BvG 1/89), in: BVerfGE 92, 203

Hamburgisches Deichordnungsgesetz, Urteil v. 18.12.1968 (1 BvR 638, 673/64 und 200, 238, 249/65), in: BVerfGE 24, 367

Kleingarten-Entscheidung, Urteil v. 12.6.1979 (1 BvL 19/76), in: BVerfGE 52, 1

Leipziger Volkszeitung, Urteil v. 3.10.1969 (1 BvR 46/65), in: BVerfGE 27, 71

Maastricht-Entscheidung, Urteil v. 12.10.1993 (2 BvR 2134, 2159/92), in: BVerfGE 89, 155

Mitbestimmungs-Entscheidung, Urteil v. 1.3.1979 (1 BvR 532, 533/77, 419/78 und BvL 21/78), in: BVerfGE 50, 290

Nassauskiesungs-Entscheidung, Urteil v. 15.7.1981 (1 BvL 77/78), in: BVerfGE 58, 300

Numerus Clausus-Entscheidung I, Urteil v. 18.7.1972 (1 BvL 32/70, 25/71), in: BVerfGE 33, 303

Numerus Clausus-Entscheidung II, Urteil v. 8.2.1977 (1 BvF 1/76, 1 BvL 7,8/75, 1 BvR 239/75, 92, 103-114, 115, 140-143, 187/76), in: BVerfGE 43, 291

Parabolantennen-Entscheidung I, Urteil v. 9.2.1994 (1 BvR 1687/92), in: BVerfGE 90, 27

Sächsischer Verfassungsgerichtshof, Urteil v. 10.7.1997 (VS 10/IV-96), in: Sächs.VBl. 1997, 136

Abkürzungen

a.A.	anderer Ansicht
aaO	am anderen Ort
ABl.	Amtsblatt
Abs.	Absatz
aff'd	affirmed
ADI	Area of Dominant Influence
ADSL	Asymetric Digital Subscriber Line
a.F.	alte Fassung
AfP	Archiv für Presserecht
AG	Arbeitsgemeinschaft / Aktiengesellschaft
ALM	Arbeitsgemeinschaft der Landesmedienanstalten in der Bundesrepublik Deutschland
ANGA	Verband privater Kabelnetzbetreiber e.V.
Anm.	Anmerkung
API	Application Programming Interface
Apr.	April
ARD	Arbeitsgemeinschaft der öffentlich-rechtli-chen Rundfunkanstalten Deutschlands
Art.	Artikel
ATM	Asynchronous Transfer Mode
Aufl.	Auflage
BaWüLMedienG	Landesmediengesetz Baden-Württemberg
BayMG	Gesetz über die Entwicklung, Förderung und Veranstaltung privater Rundfunkangebote und anderer Mediendienste in Bayern
BayVerfGH	Bayerischer Verfassungsgerichtshof
BayVGH	Bayerischer Verwaltungsgerichtshof
BBC	British Broadcast Company
Bd.	Band / Board
Bek.	Bekanntmachung
BGB	Bürgerliches Gesetzbuch
BGBl.	Bundesgesetzblatt
BGH	Bundesgerichtshof
BGHZ	Entscheidungen des Bundesgerichtshofs in Zivilsachen
BK	Breitbandkabel
BLM	Bayerische Landeszentrale für neue Medien
BR	Bayerischer Rundfunk
BremLMG	Bremische Landesmediengesetz
BT	Bundestag

Buchst.	Buchstabe
BVerfG	Bundesverfassungsgericht
BVerfGE	Entscheidungen des Bundesverfassungsgerichts
BVerwG	Bundesverwaltungsgericht
BVerwGE	Entscheidungen des Bundesverwaltungsgerichts
ca.	circa
CA	Conditional Access
CATV	Community Antenna Television
cert.	certiorari
CDU	Christlich Demokratische Union
C.F.R.	Code of Federal Regulations
ch.	chapter
CHI. TRIB.	Chicago Tribune
Cir.	Circuit Court of Appeals (federal)
CLT	Compagnie Luxembourgeoise de Télédiffusion
CNN	Cable News Network
Co.	Company
Colum.	Columbia
Comm.	Communications
Cong.	Congress
Const.	Constitution
Corp.	Corporation
CR	Computer und Recht
D.C.	District of Columbia
ders.	derselbe
DG	Directorate General / Direction Générale
d.h.	das heißt
DLM	Direktorenkonferenz der Landesmedienanstalten
DMA	Designated Market Area
DÖV	Die Öffentliche Verwaltung
DSF	Deutsches Sportfernsehen
DTAG	Deutsche Telekom AG
DTV	Digital Television
DVB	Digital Video Broadcasting
DVB-T	Digital Video Broadcasting Terrestrial
D2-Mac	Multiplexed Analogue Components (duobinär)
EDTV	Enhanced Definition Television
EG	Europäische Gemeinschaf(en)
EGMR	Europäischer Gerichtshof für Menschenrechte

EGV .... Vertrag zur Gründung der Europäischen Gemeinschaft
EMRK .... Europäische Menschenrechtskonvention
Ent. .... Entertainment
epd .... Evangelischer Pressedienst
EPG .... Electronic Program Guide
EPS .... Encapsulated Postscripts
EU .... Europäische Union
EuGH .... Europäischer Gerichtshof
EuGRZ .... Europäische Grundrechte
EUV .... Vertrag über die Europäische Union
EWG .... Europäische Wirtschaftsgemeinschaft
EWGV .... Vertrag zur Gründung der Europäischen Wirtschaftsgemeinschaft
F. .... Federal Reporter
f. .... folgende
FAG .... Fernmeldeanlagen
FCC .... Federal Communications Commission
Fed. Com. L.J. .... Federal Communications Law Journal
ff. .... fortfolgende
Fin. .... Finance
Fn. .... Fußnote
FÜG .... Fernsehsignalübertragungsgesetz
FsÜ .... Europäische Übereinkommen über das grenzüberschreitende Fernsehen
F. Supp. .... Federal Supplement
GA .... Gemeinschaftsantennen-Anlagen
GBl. .... Gesetzblatt
GG .... Grundgesetz
GmbH .... Gesellschaft mit beschränkter Haftung
GNS .... Grundnetzsender
GVBl. .... Gesetz- und Verordnungsblatt
GV.NW. .... Gesetz- und Verordnungsblatt des Landes Nordrhein-Westfalen
HAM .... Hamburgische Anstalt für neue Medien
HBO .... Home Box Office
HDTV .... High Definition Television
HmbMedienG .... Hamburgisches Mediengesetz
HPRG .... Gesetz über den privaten Rundfunk in Hessen
HR .... Hessischer Rundfunk
H.R. .... House of Representatives
Hrsg. .... Herausgeber

Hs.	Halbsatz
IEC	International Electrotechnical Commission
Inc.	Incorporated
ISO	International Standards Organisation
IuKDG	Gesetz zur Regelung der Rahmenbedingungen für Informations- und Kommunikationsdienste
i.V.m.	in Verbindung mit
J.	Judge / Justice / Journal
J.L.	Journal of Law
Kap.	Kapitel
KBP	Kanalbelegungsplan
KBS	Kanalbelegungssatzung
KDG	Kabel Deutschland GmbH
kW	Kilowatt
K&R	Kommunikation & Recht
L.	Law
LDTV	Low Definition Television
LfK	Landesanstalt für Kommunikation Baden-Württemberg
LfR	Landeszentrale für Rundfunk Nordrhein-Westfalen
L.J.	Law Journal
LLC	Limited Liability Company
LMS	Landesmedienanstalt Saarland
LPR	Landeszentrale für private Rundfunkveranstalter Rheinland-Pfalz
LPR Hessen	Hessische Landesanstalt für privaten Rundfunk
LRA	Landesrundfunkausschuss Sachsen-Anhalt
L.Rev.	Law Review
LRG NW	Rundfunkgesetz für das Land Nordrhein-Westfalen
LRG RP	Landesrundfunkgesetz Rheinland-Pfalz
LRG SH	Rundfunkgesetz für das Land Schleswig-Holstein
LRZ	Landesrundfunkzentrale Mecklenburg-Vorpommern
L.Sch.	Law School
MABB	Medienanstalt Berlin-Brandenburg
MBit	Megabit
MDR	Mitteldeutscher Rundfunk
MHz	Megahertz
MMR	MultiMedia und Recht

MPEG	Moving Pictures Experts Group
MSG	MediaServices GmbH
MSO	Multiple System Operator
MStV	Mediendienste-Staatsvertrag
MStV BB	Staatsvertrag über die Zusammenarbeit zwischen Berlin und Brandenburg im Bereich des Rundfunks
MTV	Music Television
m.w.N.	mit weiteren Nachweisen
N.C.	North Carolina
NDR	Norddeutscher Rundfunk
NdsLRG	Niedersächsisches Landesrundfunkgesetz
n.F.	neue Fassung
NJW	Neue Juristische Wochenschrift
NLM	Niedersächsische Landesmedienanstalt für Privaten Rundfunk
no.	number
Nr.	Nummer
NTIA	National Telecommunications and Information Administration
NTSC	National Television System Committee
N.Y.	New York
OLG	Oberlandesgericht
ORF	Österreichischer Rundfunk
OVG	Oberverwaltungsgericht
P & F	Pike & Fisher
PAL	Phase Alternating Line
para(s).	paragraph(s)
PDS	Partei des Demokratischen Sozialismus
PRG LSA	Gesetz über den privaten Rundfunk in Sachsen-Anhalt
Pub. L. No.	Public Law Number
QVC	Quality, Value and Convenience
Rad. Reg.	Radio Regulation
RÄndStV	Vierter Rundfunkänderungsstaatsvertrag
Rcd.	Record
Reg.	Register / Regulation
RegTP	Regulierungsbehörde für Telekommunikation und Post
Rep. No.	Report Number
rev'd	revised

RGMV	Rundfunkgesetz für das Land Mecklenburg-Vorpommern
RGZ	Amtliche Sammlung der Reichsgerichtsrechtsprechung in Zivilsachen
Rn.	Randnummer
RNF	Rhein-Neckar-Fernsehen
RStV	Rundfunkstaatsvertrag
RTL	Radio Television Luxemburg
RuF	Rundfunk und Fernsehen
s	Sekunde
S.	Siehe / Seite / Satz / Senate
s.a.	siehe auch
SaarlLRG	Rundfunkgesetz für das Saarland
SAS	Subscriber Authorisation System
SächsPRG	Gesetz über den privaten Rundfunk und neue Medien in Sachsen
SächsVerfGH	Sächsischer Verfassungsgerichtshof
S. Ct.	Supreme Court / Supreme Court Reporter
SDTV	Standard Definition Television
SECAM	Séquentielle Couleur à Mémoire
S.F. Chron.	San Francisco Chronicle
Slg.	Sammlung
SLM	Sächsische Landesanstalt für privaten Rundfunk und neue Medien
SMS	Subscriber Management System
s.o.	siehe oben
sog.	sogenannte(r)
SPD	Sozialdemokratische Partei Deutschlands
Stat.	United States Statutes at Large
TDG	Gesetz über die Nutzung von Telediensten
Tenn.	Tennessee
TKG	Telekommunikationsgesetz
TLM	Thüringer Landesmedienanstalt
TRG	Thüringer Rundfunkgesetz
TRT Int.	Türkiye Radyo Televizyon International
Turner	Turner Broadcasting System, Inc.
Turner I	Turner Broadcasting System, Inc. v. FCC, 512 U.S. 622 (1994)
Turner II	Turner Broadcasting System, Inc. v. FCC, 117 S. Ct. 1184 (1997)
TV	Television
TVU	TV-Umsetzer

u. .... und
u.a. .... unter anderem
ÜP .... Übergabepunkt
ULR .... Unabhängige Landesanstalt für das Rundfunkwesen Schleswig-Holstein
Urt. .... Urteil
U.S. .... United States / United States Reports
U.S.C. .... United States Code
U.S.C.C.A.N. .... United States Code Congressional and Administrative News
v. .... versus / vom
VG .... Verwaltungsgericht
vgl. .... vergleiche
VHF.. Very High Frequency
VO .... Verordnung
VPRT .... Verband Privater Rundfunk und Telekommunikation e.V.
Wall St. J. .... Wall Street Journal
WDR-Gesetz .... Gesetz über den "Westdeutschen Rundfunk Köln"
WuW .... Wirtschaft und Wettbewerb
z.B. .... zum Beispiel
ZDF .... Zweites Deutsches Fernsehen
ZRP .... Zeitschrift für Rechtspolitik
ZUM .... Zeitschrift für Urheber- und Medienrecht

I. Einführung

"Es wächst zusammen, was zusammengehört." Dieser im Zuge der deutschen Einheit so treffend formulierte und mittlerweile historische Ausspruch Willy Brandts beschrieb nicht nur den revolutionären Zustand des Endes der über vierzig Jahre währenden Teilung Deutschlands. Er deutete auch die Herausforderungen an, die der eingeleitete Neuanfang nunmehr an das wiedervereinigte Deutschland stellte. Trotz der gemeinsamen Herkunft und der vielen Gemeinsamkeiten der zwei deutschen Bevölkerungsteile galt es, Menschen wieder zu einem Volk zu vereinen, welche über mehr als eine Generation hinweg in unterschiedlichen politischen Systemen mit sich gegenseitig widersprechenden Wirtschaftstheorien und divergierendem Kulturverständnis gelebt haben. Neben der Angleichung der wirtschaftlichen Verhältnisse von Ost und West bei gleichzeitigem Schritthalten mit der Weltwirtschaftsentwicklung sollte und musste dem Fall der Mauer in Berlin auch der sogenannte Fall der Mauer in den Köpfen der Menschen folgen.

Diese Situation in Deutschland - das Ergebnis einer politischen Revolution - weist in mancher Hinsicht interessante Parallelen zu einer Revolution(ierung) auf, die sich im selben Zeitraum Ende der achtziger, Anfang der neunziger Jahre weltweit scheinbar urplötzlich und unaufhaltsam vollzog: Die technologische Revolution wandelte unsere Gesellschaft von einer Industrie- in eine Informationsgesellschaft. Globalisierung und Digitalisierung waren mit einem Mal die Schlagwörter, die den Zeitgeist prägten. Zehn Jahre später haben beide Begriffe nichts von ihrer Aktualität und Attraktivität verloren; im Gegenteil: Wie zu Beginn ihrer Formulierung scheint das Ausmaß ihrer Bedeutsamkeit noch immer kaum absehbar. Will man die Auswirkungen der Digitalisierungstechnik auf das globale Gesamtgefüge beschreiben, bleibt bis heute nur die Sokratische Erkenntnis: "Ich weiß, dass ich nichts weiß." Eines lässt sich jedoch feststellen: Die Epoche an der Schwelle zum 21. Jahrhundert ist - wie vielleicht keine andere vor ihr - geprägt von einer technologischen Revolution, die vormals getrennte Bereiche in Technik, Wirtschaft, Gesellschaft und Politik zusammenwachsen lässt und unvermeidbar aneinander bindet. In Anlehnung an die Terminologie der deutschen Wiedervereinigung, die zwar einen gesellschaftspolitischen Zustand beschreibt, lässt sich dennoch hier die Feststellung machen, dass durch Digitalisierung etwas zusammenwächst, wovon vormals niemand glaubte oder gar ahnen konnte, dass es jemals zusammengehört.

Die Digitalisierung eröffnet schier endlos erscheinende Möglichkeiten für die Nutzung der Medien. Der sich hieraus ergebenden Chancen und der Vielzahl der Möglichkeiten steht aber eine mindestens genauso große Fülle von ungelösten gesellschaftspolitischen Fragen gegenüber, deren Beantwortung die Vertreter von Politik und Wirtschaft vor eine der zentralen Herausforderungen für das neue Jahrtausend stellt. Für den Bereich des Rundfunks, und dort speziell für den Bereich Kabelfernsehen, hat sich in Deutschland aufgrund der Digitalisierungstechnik eine völlig neue Situation ergeben. Konnten im Kabelfernsehen bisher im Durchschnitt "nur" 33 Programme vom Zuschauer empfangen werden, ist es durch die digitale Verbreitungstechnik in Zukunft theoretisch möglich, sich zwischen 150 und 300 Programme in die Haushalte zu holen. Neben der Abnahme der Frequenzknappheit im Fernsehkabel werden sich auch die über das Fernsehnetz weitergeleiteten Angebote verändern, und ihre Zahl wird entsprechend ansteigen. Nicht mehr nur Fernseh- oder Hörfunkprogramme, sondern alle erdenklichen Formen von Informations-, Kommunikations- und Interaktivdiensten werden über den Fernsehbildschirm erhältlich und verfügbar sein, wobei sich der Datenstrom nicht mehr nur in eine Richtung vollziehen, sondern ein Datenaustausch stattfinden wird. Das traditionelle Fernsehgerät kann sich vom Mittel für passives Zuschauen zum Zentrum des aktiven Informations- und Kommunikationsprozesses entwickeln.

In der Bundesrepublik Deutschland wird die Gesetzgebung dadurch vor besondere Probleme gestellt. Das Grundgesetz trennt zwischen der Gesetzgebungszuständigkeit der Länder und der des Bundes. Waren bisher die Kompetenzen zwischen Rundfunk und Telekommunikation einigermaßen klar aufgeteilt, drohen nunmehr Grabenkämpfe hinsichtlich der Kompetenzzuweisung im Bereich des neuen digitalisierten Kabelfernsehens auszubrechen. Es wird zunehmend schwieriger, die ständig neu entstehenden Diensteangebote dem Zuständigkeitsbereich der jeweiligen Gesetzgeber zuzuweisen. Die Zuständigkeit für das Kapazitätsmanagement des Fernsehkabels ist in diesem Zusammenhang besonders umstritten. Die Landesgesetzgeber haben in § 52 ihres neu entworfenen Vierten Rundfunkänderungsstaatsvertrages die Weiterverbreitung von Fernsehprogrammen und Mediendiensten in digitalisierten Kabelanlagen geregelt. Dabei hatten sie neben den veränderten technischen Rahmenbedingungen auch den damit einhergehenden gestiegenen Bedürfnissen und Erwartungshaltungen einer Vielzahl von Teilnehmern auf dem Fernsehmarkt in besonderem Maße Rechnung zu tragen. Die Interessen der Zuschauer galt es genauso zu berücksichtigen wie die Interessen der Kabelnetzbetreiber, der Rundfunkveranstalter und der Anbieter neuer Dienste. Das in Deutschland herrschende duale Rundfunksystem, in dem öffentlich-rechtliche Fernsehsender neben privaten Anbietern existieren, bildete genauso die Grundlage für die Gesetzgebung wie das Verfassungsverständnis von Rundfunkfreiheit, Grundversorgung und Ausgestaltungsvorbehalt, welches dem vom Wettbewerbsrecht beherrschten Wirtschaftsverständnis stellenweise entgegenzustehen und zu widersprechen scheint. Ohne den technologischen Fortschritt zu behindern, sondern ihn und seine Bedeutsamkeit innerhalb der globalen Rechts- und Wirtschaftsgemeinschaft angemessen zu fördern, können gesellschaftspolitische und verfassungsrechtliche Rahmenbedingungen bei der Schaffung einer angepassten Digital-Rundfunkordnung nicht einfach ignoriert werden. Für die Programmweiterverbreitung im digitalisierten Kabelnetz bedienten sich die Landesgesetzgeber eines in den USA schon seit längerem praktizierten, sogenannten Must-Carry-Systems, das zur Regulierung des analog verbreiteten Kabelfernsehens der Vereinigten Staaten entwickelt wurde.

Die hier vorliegende Arbeit untersucht nunmehr die Rechtmäßigkeit der neuen Must-Carry-Regelung, wie sie im Vierten Rundfunkänderungsstaatsvertrag niedergelegt ist. Dabei wird die Darstellung der Entwicklung dieses Prinzips im anglo-amerikanischen Rechstkreis und die dort dazu ergangene höchstrichterliche Rechtsprechung zunächst zeigen, dass es zur Situation in Deutschland einerseits zwar Unterschiede hinsichtlich der faktischen Rahmenbedingungen gibt, dass andererseits aber verblüffende Ähnlichkeiten zum deutschen rundfunkrechtlichen Verfassungsverständnis bestehen. Auch in den USA bezweckt das Must-Carry-Prinzip (obschon dort ausschließlich für das analoge Kabelfernsehen entwickelt) nicht lediglich die Herstellung von Gleichgewicht eines im Kabelfernsehmarkt scheinbar nicht funktionierenden Wettbewerbs, sondern eben auch die Förderung von Pluralismus und Meinungsvielfalt.

Die derzeitige Kanalbelegungspraxis in Deutschland sowie die Rechtsprechung des Bundesverfassungsgerichts im Rundfunkbereich veranschaulichen daraufhin die Ausgangssituation, von welcher aus sich die Diskussion um das Ob und das Wie der Digitalisierung im Bereich des Kabelfernsehens zu vollziehen hat. Insofern sind diese Bereiche von essentieller Bedeutung für das Verständnis des Must-Carry-Gedankens. Für die rechtliche Überprüfung gilt es, die revolutionären Fortschritte auf dem Gebiet der Signalweiterleitung ebenso zu verstehen, wie die sich hier widerstreitenden Interessen sowohl der Spieler im Markt als auch der (potentiell) Beteiligten am Gesetzgebungsprozess. Erst wenn die vorgenannten Aspekte ge- bzw. erklärt sind, ist der Weg frei für die eigentliche verfassungsrechtliche Prüfung, die die Berufsfreiheit und die Eigentumsgarantie der Kabelnetzbetreiber im Mittelpunkt der Analyse sieht. Entlang dieses Aufbaus versucht die vorliegende Arbeit, Licht in das Dunkel der im Bereich der Kanalbelegungsregulierung des digitalisierten Kabelfernsehens kontrovers geführten Diskussion um die Rechtmäßigkeit der Must-Carry-Regeln des Vierten Rundfunkänderungsstaatsvertrages zu bringen; hierbei sollen die in diesem Zusammenhang in der Praxis vorherrschenden Interessen und vorgebrachten Argumente kritisch gegenübergestellt und an den Vorgaben unseres Verfassungsrechts gemessen werden.

II. Die geschichtliche Entwicklung des Must-Carry-Prinzips im angloamerikanischen Rechtssystem

Um die im Vierten Rundfunkänderungsstaatsvertrag neu enthaltene Must-Carry-Regelung in ihrem Entstehungszusammenhang zu begreifen, ist es erforderlich, sich die Geschichte des Kabelfernsehens und seiner Regulierung in den Vereinigten Staaten von Amerika vor Augen zu führen. Es bestehen interessante Parallelen bei der dogmatischen Bewältigung dieses Problemkreises zwischen beiden Ländern. Der Must-Carry-Gedanke wurde im Rahmen der Entwicklung des Kabelfernsehens in den USA zum erstenmal formuliert und vom dortigen Rundfunk- und Rechtsverständnis geprägt.[1] Kabelfernsehen, wie man es heute kennt, ist aufgrund der rasanten technologischen Entwicklung ein gänzlich anderes Produkt als jenes, welches in den späten vierziger Jahren eingeführt wurde.[2] Angesichts dieser Entwicklung wird in den USA in wiederkehrender Regelmäßigkeit die berechtigte Frage gestellt, ob der das Kabelfernsehen begleitende und regulierende gesetzliche Rahmen den Anforderungen der jeweils herrschenden Wirtschaftsverhältnisse Rechnung tragen kann.[3] Im digitalen Zeitalter kann man mit Recht behaupten, dass die angemessene Regulierung des Bereichs Fernsehens die klassischen rundfunkrechtlichen Modelle ebenso vor neue Herausforderungen stellt wie es seinerzeit die Einführung des Kabelfernsehens getan hat.

1. Die Ursprünge des Kabelfernsehens und seiner Regulierung in den USA

Kabelfernsehen (CATV)[4] in den USA begann Ende der vierziger Jahre ursprünglich als eine Art Weiterleitungs-Dienstleistung (sog. "retransmission"). Rundfunkveranstalter übertrugen ihre Signale über Rundfunkwellen, wobei diese von jedermann mit dem adäquaten Receiver empfangen werden konnten. Private Kabelnetzbetreiber griffen diese Rundfunksignale mit Hilfe eines gewöhnlichen Receivers auf und leiteten das Signal gegen Entgelt an die einzelnen

---

[1] Für eine Darstellung des amerikanischen Rundfunksystems s. *Kleinsteuber*, Das Rundfunksystem der USA, Internationales Handbuch für Hörfunk und Fernsehen, 1998/99, S. 743 ff.

[2] S. in diesem Zusammenhang u.a. die Ausführungen bei *Quello*, Q's World: The Future of Broadcast Regulation, 47 Fed. Comm. L.J. 341 (1994).

[3] Vgl. insofern *Breyer*, Regulation and Its Reform, 191-196 (1983).

[4] Da die ersten Kabelnetzbetreiber vornehmlich große Standardantennen zum Empfang der Rundfunksignale benutzten, wurde die Technologie anfangs "Community Antenna Television" (CATV) genannt. Neben herkömmlichen Antennen empfangen die Kabelnetzbetreiber die Signale mittlerweile auch über Mikrowellenempfänger und Satellitenerdstationen, so dass der Begriff CATV den umfassenderen Begriff des "cable television" nur unvollständig wiedergibt; vgl. dazu *Chazen/Ross*, Federal Regulation of Cable Television, 83 Harvard L.Rev. 1823 (1970).

Verbraucher- bzw. Abonnentenhaushalte weiter.[5] Diese zusätzliche Art der Weiterleitung wurde ausschließlich von privaten Unternehmen betrieben und war wirtschaftlich durchaus sinnvoll, zumal es nicht in allen Gebieten Amerikas möglich war, die terrestrischen Rundfunksignale zu empfangen. Zum Beispiel in Gegenden, in denen Hochhäuser oder Berge teilweise oder gänzlich die Signale blockierten, verbesserte das Kabelfernsehen den Empfang terrestrischer Signale enorm.[6] Anfangs schien das Kabelfernsehen auch keine Gefahr für die traditionellen Rundfunkunternehmen darzustellen, erweiterten sie doch zu einem beträchtlichen Teil das Einzugsgebiet für die von den Rundfunkunternehmen veranstalteten Programme. Da sich dadurch nicht zuletzt auch deren Werbeeinnahmen vergrößerten, waren zu dieser Zeit die lokalen Rundfunkunternehmen bei der Entstehung weiterer Kabelnetze sogar behilflich.[7]

Die ersten Regulierungsversuche spiegelten dieses Verständnis wider. So lehnte die Federal Communications Commission (FCC)[8] 1958 beispielsweise ihre Zuständigkeit für das Kabelfernsehen zunächst ab mit der Begründung, CATV sei weder ein "common carrier" noch ein Rundfunkveranstalter im Sinne des Communications Act von 1934.[9] In einem späteren Regulierungsverfahren bestätigte die FCC ihre Auffassung, indem sie feststellte, dass CATV selbst bei weiter Auslegung nicht unter den im Communications Act von 1934 enthaltenen Begriff "broadcasting" fällt.[10] Die FCC betrachtete das Kabelfernsehen als rein funktionale Technologie ("functional technology") für die Weiterverbreitung von Rundfunksignalen und nicht als ein neues Regulierungsmedium.[11] Tatsäch-

---

[5] *Crandall & Furchtgott-Roth*, Cable TV: Regulation or Competition?, 1996, S. 1 ff.; *Broadcasting & Cable Yearbook*, 1996, S. xvii, A-32 ff., D-1 ff.

[6] Vgl. *Emmons*, Note on Cable Television Regulation, S. 1-2.

[7] *Crandall & Furchtgott-Roth*, aaO, S. 2.

[8] Die 1934 mit dem Communications Act ins Leben gerufene Behörde wurde gegründet, um u.a. die Rundfunkindustrie zu regulieren; das Gesetz bestimmte u.a.: FCC provisions are applicable to "all interstate and foreign communication by wire or radio". S. *Communications Act of 1934*, ch. 652, § 1, 48 Stat. 1064 (codified at 47 U.S.C. §§ 151, 152(a) (1994)). S. zur Rolle der FCC ausführlich auch *Kleinsteuber*, Regulierung des Rundfunks in den USA, RuF 1996, S. 27 ff.

[9] S. *Frontier Brdcst. Co. v. J.E. Collier & Carl O. Krummel*, Memorandum Opinion and Order, 24 FCC 251, para. 7, 16 Rad. Reg. (P & F) 1005 (1958). In diesem Verfahren stellte die FCC darauf ab, dass im Falle des "common carrier" der Kunde bestimme, welche Inhalte über das Netz verbreitet würden, und der "common carrier" diese Inhalte lediglich weiterleite, während beim Kabelfernsehen gerade nicht der Kunde das Programm bestimme.

[10] *CATV and TV Repeater Services*, Report and Order, 26 FCC 403, para. 60, 18 Rad. Reg. (P & F) 1573 (1959). Grundlegendes Abgrenzungsmerkmal war, dass die Kabelnetzbetreiber - anders als die Rundfunkunternehmen - die Signale nicht terrestrisch, sondern über Kabel verbreiteten.

[11] S. *Murphy*, Retransmission Consent: A Mixed Signal for Cable Copyright, 17 Colum.-VLA J.L. & Arts, S. 237, 239 f. (1993).

lich wollte die FCC keine Regulierung des Kabels vornehmen, um dadurch etwaige Nachteile für den Rundfunk zu vermeiden.[12]

Als sog. "entfernte" Fernsehsignale ("distant television signals")[13] vermehrt in die Kabelsysteme eingespeist wurden, entwickelte sich Kabelfernsehen zunehmend zu einem eigenen Produkt mit besonderer Bedeutung für Verbraucher und Kabelfernsehbetreiber. Immer deutlicher wurden die technologischen wie wirtschaftlichen Vorteile, die Kabelfernsehen gegenüber dem herkömmlichen Rundfunk aufwies. Während die Rundfunkunternehmen auf das elektromagnetische Spektrum angewiesen waren, um Signale durch die Luft an Antennenbesitzer zu senden, übertrugen die Kabelnetzbetreiber die Videosignale über ein Koaxialkabel direkt in die Abonnentenhaushalte. Dieses System hatte drei wesentliche Vorteile für die Kabelnetzbetreiber. Erstens eliminierte die Direktübertragung via Kabel störende Signalinterferenzen.[14] Zweitens hatten Koaxialkabel eine größere Kanalkapazität als das elektromagnetische Spektrum, so dass den Zuschauern eine größere Programmauswahl angeboten werden konnte.[15] Und drittens konnten die Kabelunternehmen eine Anschlussgebühr für ihr Produkt verlangen, während die Rundfunkunternehmen ausschließlich auf Werbeeinnahmen angewiesen waren.[16] Der Kabelanschluss wurde immer attraktiver, aber die Zuschauerzahlen der lokalen Fernsehsender sanken und damit deren Werbeeinnahmen. Überdies standen die lokalen Anbieter nunmehr in Konkurrenz zu den importierten Programmen der großen Stationen aus den Ballungszentren. Örtliche Rundfunksender fingen dementsprechend an, Kabel als geeignete Alternative zu ihrem Produkt zu fürchten.[17] Tatsächlich konnten in der Folgezeit die Kabelnetzbetreiber ihre Marktanteile ausbauen, während die Anteile der lokalen Fernsehstationen zurückgingen.

Allmählich erkannte man das Potential für eine beherrschende Marktstellung und Monopolbildung durch Kabel und die Beeinträchtigung sowohl der lokalen

[12] *CATV and TV Repeater Services*, Report and Order, aaO, para. 69.

[13] "Entfernte" Signale sind diejenigen von einem Kabelnetzbetreiber weitergeleiteten Signale, die nicht terrestrisch in dem vom Kabelnetzbetreiber versorgten Gebiet empfangen werden können. Signale konnten zu einer Kopfstation eines Kabelsystems übertragen werden via Kabel, Mikrowelle oder in jüngster Zeit via Satellit.

[14] *Brenner*, Cable Television and the Freedom of Expression, 1988 Duke L.J. 329, 332-334.

[15] Ein typisches Kabelprogrammmenu besteht regelmäßig aus eingespeisten lokalen Rundfunksignalen plus eigenen Kabelprogrammen - wie z.B. CNN - die ausschließlich für das Kabelfernsehen produziert werden.

[16] *Fitzgerald*, Constitutional Law - Congressional Regulation Of Cable Television - Upholding the Must-Carry Provisions of the Cable Television Consumer Protection and Competition Act of 1992, 65 Tenn. L.Rev. 319, 320-321 (1997).

[17] *Lubinsky*, Reconsidering Retransmission Consent, 49 Fed. Comm. L.J. 99 (1996).

Rundfunkunternehmen als auch der bisherigen Rundfunkregulierung.[18] Die FCC änderte ihre Haltung und entschloss sich nunmehr doch, die Regulierung des Kabelfernsehens zu übernehmen. Die ersten Bestimmungen ergingen Mitte der 60er Jahre und enthielten erstmals eine Must-Carry-Regelung. CATV Systeme wurden verpflichtet, die Signale derjenigen Rundfunksender einzuspeisen und an ihre Abonnenten durchzuleiten, in deren Sendegebiet mit Hilfe des Kabels Signale von Konkurrenzsendern hineingebracht wurden ("minimum carriage requirement").[19] 1966 bestimmte die FCC, dass alle Formen des CATV von ihr reguliert werden könnten, basierend auf dem Grundgedanken, die mögliche negative Beeinträchtigung von potentiellen und bestehenden lokalen Rundfunksendern auszuschließen.[20] Im Zusammenhang mit der oben erwähnten Einspeiseverpflichtung[21] wurde auch eine entsprechende Rangordnung entwickelt, nach der die Kabelnetzbetreiber die Programme der einzelnen Fernsehsender in ihren Netzen durchleiten mussten. Zumal die Kabelnetzbetreiber sämtliche berechtigten Programme einspeisen mussten, aber die Kabelkapazität zum damaligen Zeitpunkt noch sehr begrenzt war, kam es nicht selten vor, dass die Gesamtkapazität der Netze schon durch die einzuspeisenden Programme voll ausgeschöpft wurde.[22] In Gebieten, in denen nicht so viele lokale Fernsehsender die Einspeisung beantragten, konnten die Netzbetreiber wesentlich mehr attraktive Programme anderer und größerer Rundfunksender anbieten. Jedoch war die Einspeisung von "entfernten Signalen" in die Gebiete der 100 größten Fernsehmärkte[23] der USA ohne vorherige Notwendigkeitsbescheinigung durch die FCC verboten.[24]

Im Jahre 1967 hatte sich ein Rundfunksender auf die neue FCC-Regulierung berufen und von der FCC verlangt, dem Kabelnetzbetreiber Southwestern Cable die Einspeisung ihrer Signale in sein Netz zu untersagen. Im Verfahren United States v. Southwestern Cable Co.[25] wehrte sich besagter Kabelnetzbetreiber ge-

---

[18] *Crandall & Furchtgott-Roth*, aaO, S. 2

[19] *Microwave Relays*, First Report and Order, 38 FCC 683, paras. 85-92, 4 Rad. Reg. 2d (P & F) 1725 (1965).

[20] *CATV Regulation*, Second Report and Order, 2 FCC 2d 725, para.19, 6 Rad. Reg. 2d (P & F) 1717 (1966).

[21] Zu dieser Übersetzung s. *Bender*, Regulierungskonzepte zum digitalen Fernsehen der USA, ZUM 1998, S. 45 und zur Gesamtdarstellung sehr ausführlich insbesondere *Esser-Wellié*, Das Verfassungs- und Wirtschaftsrecht der Breitbandkommunikation in den Vereinigten Staaten von Amerika, S. 101 ff.

[22] S. *Esser-Wellié*, aaO, S. 102.

[23] vgl. dazu ergangene Verwaltungsvorschrift in heutiger Form: 47 C.F.R. § 76.51(a),(b) (1996).

[24] *CATV Regulation*, Second Report and Order, aaO, para141.

[25] *United States v. Southwestern Cable Co.*, 378 F.2d 118 (9th Cir. 1967), rev'd, 392 U.S. 157 (1968).

gen die von der FCC daraufhin ergangene Verfügung und vertrat die Auffassung, dass die FCC nicht für die Regulierung von Kabelfernsehen zuständig sei. Nachdem der Ninth Circuit[26] diese Auffassung bestätigt hatte, wies jedoch der U.S. Supreme Court die Entscheidung des Ninth Circuit zurück und bejahte die Zuständigkeit der FCC. Das Urteil stützte sich u.a. auf die Annahme, dass Kabelfernsehen im Verhältnis zum herkömmlichen Rundfunk eine Zusatzfunktion einnehme ("reasonably ancillary") und dass die Einspeisung in das Kabelnetz die von einem Rundfunksender erbrachte Dienstleistung ernsthaft entwerten und somit letztendlich die Öffentlichkeit um die Vorzüge eines Systems lokaler Rundfunksender gebracht werden könnte.[27]

Die Diskussion um die Regulierung des Kabelfernsehens in den 60er und 70er Jahren basierte nunmehr auf der Vorstellung, dass Kabelfernsehen, ähnlich wie Telefon oder die Stromversorgung, ein natürliches Monopol sei.[28] Kabelgebühren wurden reguliert, um die Verbraucher vor einer monopolistischen Preisgestaltung zu schützen und den Programmveranstaltern einen adäquaten Zugang zu den Kabelnetzen zu gewährleisten.[29] Denn obschon die FCC einiges zum Schutz der Rundfunksender unternahm, waren die primären Regulierungsbehörden jedoch die Bezirks- und Stadtverwaltungen. Diese räumten den Kabelunternehmen die Betreiberlizenzen häufig in Form von exklusiven Franchiserechten ein, wofür sie im Gegenzug Konzessionen erhielten, wie z.B. den Anschluss öffentlicher Einrichtungen zum Kabelnetz oder die Einspeisung von Fernsehprogrammen der Gemeinden. Die Kabelindustrie war jedoch nicht zufrieden mit dem Franchisesystem, da es für die Erhöhung von Gebühren eines beschwerlichen und zeitaufwendigen Genehmigungsprozesses seitens der Behörden bedurfte. Dies wiederum behinderte die Expansion von Kabelnetzstrukturen und die Entwicklung von neuen Programmen.[30]

Der Cable Communications Policy Act von 1984[31] war der erste Versuch der Bundesregierung, so etwas wie eine nationale Kabelfernsehpolitik zu entwi-

---

[26] Bei diesem Gericht handelt es sich um ein Bundesberufungsgericht ("United States Court of Appeals"). Auf dieser Ebene der Bundesgerichtsbarkeit sind die Vereinigten Staaten in 13 sog. "Circuits" eingeteilt, wobei der Ninth Circuit das größte Gebiet umfasst. S. ausführlich die Erläuterungen zum U.S. Federal Court System: *Burnham*, Introduction to the Law and Legal System of the United States, 1995, S. 182 ff. u. A 32.

[27] Cable retransmission may "seriously degrade the service offered by a television broadcaster and thus ultimately deprive the public of the various benefits of a system of local broadcasting stations." *Southwestern Cable*, 392 U.S. at 175, 178.

[28] S. ausführliche Darstellung bei *Esser-Wellié*, aaO, S. 87 ff.

[29] *Johnson*, Toward Competition in Cable Television, S. 2 (1994).

[30] *Johnson*, aaO, S. 3.

[31] *Cable Communications Policy Act of 1984*, Pub. L. No. 98-549, 98 Stat. 2779 (codified as amended in scattered sections of 47 U.S.C.).

ckeln. U.a. bestimmte dieses Gesetz ausdrücklich die Deregulierung von Kabelgebühren in Gebieten, in denen effektiver Wettbewerb ("effective competition") herrschte.[32] Aber der Begriff "effective competition" wurde sehr weit ausgelegt und schloss jedes Franchisegebiet ein, in dem drei oder mehr nicht duplizierte Rundfunksignale innerhalb des Versorgungsgebiets eines Kabelnetzbetreibers zu empfangen waren. Somit qualifizierten sich fast alle Kabelsysteme für die Gebührenderegulierung.[33] Als Ergebnis stiegen die Kabelgebühren im Laufe der 80er Jahre allgemein an. Die Preiserhöhungen veranlassten Kabelabonnenten und Politiker gleichermaßen, eine strengere Regulierung der Industrie zu fordern. Schließlich führte die Unzufriedenheit der Verbraucher hinsichtlich der Höhe der Kabelgebühren zunächst zu einem strengeren FCC Wettbewerbsstandard und später zum 1992 Cable Act[34], auf den im folgenden noch genauer einzugehen sein wird.

2. Die Interessenlage bei der Regulierung der Kabeleinspeisung

Im Hinblick auf die oben dargestellte Entwicklung sind zwei unterschiedliche Interessenlagen, wie sie in Verbindung mit der Kabeleinspeisung[35] vor ihrer bundesgesetzlichen Regelung immer wieder angeführt worden sind, an dieser Stelle nochmals herauszustellen. Zum einen ist es das Recht des Rundfunksenders an seinem Rundfunksignal, zum anderen das Urheberrecht des Schöpfers des Werkes, welches über das Signal verbreitet wird.

a. Die Regulierung zum Schutz der Rundfunkveranstalter

Das erste schützenswerte Interesse, das die FCC für die Einspeisungsregulierung anerkannte, war das der Rundfunkveranstalter. Dieser Überlegung wurde das den Rundfunkveranstaltern durch die FCC eingeräumte Recht, ihre Rundfunksignale innerhalb des ihnen exklusiv zugewiesenen Frequenzspektrums auszustrahlen, zugrundegelegt.[36] Dieses Recht könnte dadurch gefährdet oder verletzt sein, dass Dritte diesen Rundfunk leicht duplizieren und weiterverbreiten könn-

---

[32] 47 U.S.C. § 543(a)(2) (1994).
[33] *Johnson*, aaO, S. 4.
[34] *Cable Television Consumer Protection and Competition Act of 1992*, Pub. L. No. 102-385, 106 Stat. 1460 (codified in scattered sections of 47 U.S.C.)
[35] Im folgenden wird dem Begriff "Kabeleinspeisung" als Übersetzung von "retransmission" der Vorzug gegenüber dem Begriff "Weiterleitung" gegeben, da dieser die mittlerweile auch im deutschen Recht diskutierte Problematik besser trifft.
[36] Vgl. insofern *National Telecommunications and Information Administration*, Who Regulates the Spectrum?, auf: http://www.ntia.doc.gov/osmhome/roosa4.html.

ten.[37] Die Rundfunkveranstalter vertraten die Auffassung, dass die Kabelnetzbetreiber einen Wettbewerbsvorteil hätten, zumal diese keinerlei Kosten für die Produktion der Rundfunksignale tragen müssten. Dieser Wettbewerbsvorteil würde schließlich die Zerstörung der traditionellen "Rundfunk-Fernsehindustrie"[38] zur Folge haben.

Die Bedeutung der Signale eines Rundfunkveranstalters gegenüber anderen Rundfunkveranstaltern war bereits Gegenstand des ursprünglichen Communications Act von 1934. § 325 dieses Gesetzes bestimmte, dass die Rundfunksignale eines Veranstalters weder von Dritten gestört noch ohne dessen ausdrückliche Ermächtigung von anderen Rundfunkveranstaltern weiterverbreitet werden durften.[39] Diese Regelung sollte gewährleisten, dass in das von der FCC einem Rundfunkveranstalter exklusiv eingeräumte Recht der Signalübertragung nicht von einem anderen Rundfunkveranstalter eingegriffen werden konnte.[40] Obschon § 325 genauso gut auf die Weiterverbreitung durch andere als Rundfunkveranstalter (z.B. die Einspeisung durch Kabelnetzbetreiber) hätte angewendet werden können, lehnte die FCC diese Sichtweise zunächst aber ausdrücklich ab.[41] Während die FCC ihre Zuständigkeit für die Weiterleitung von Rundfunksignalen durch Kabelnetzbetreiber aus den bereits oben erwähnten Gründen verneinte[42], riet sie dem Kongress bereits im Jahre 1959, ein Gesetz zu verabschieden, das Kabelnetzbetreiber verpflichten sollte, erstens für die Einspeisung von Rundfunksignalen die vorherige Zustimmung der jeweiligen Rundfunkunternehmen einzuholen ("retransmission consent"), und zweitens die Signale der lokalen Rundfunksender einzuspeisen, falls diese es verlangten ("must-carry").[43] Der Kongress reagierte aber nicht auf diesen Vorschlag. Als sich die FCC aufgrund der befürchteten Bedrohung für das herkömmliche Rundfunkfernsehen[44] dann doch entschloss, den Bereich des Kabelfernsehens zu regulieren, entwarf sie die bereits oben erwähnten Regeln[45], die bestimmten, wann und wie Kabelnetzbetreiber Rundfunksignale weiterleiten durften. Neben der Einspeiseverpflichtung ("must-carry") waren entfernte Signale ("distant signal rules") und

---

[37] *Murphy*, aaO, S. 239.

[38] "Broadcast Television" im Gegensatz zu "Cable Television".

[39] "No person within the jurisdiction of the United States shall knowingly utter or transmit . . . any false or fraudulent signal of distress . . . nor shall any broadcasting station rebroadcast the program or any part thereof of another broadcasting station without the express authority of the originating station." 47 U.S.C. § 325(a) (1994).

[40] *Murphy*, aaO, S. 238.

[41] S. *CATV and TV Repeater Services*, Report and Order, aaO, para. 65.

[42] S.a. *CATV and TV Repeater Services*, Report and Order, aaO, para. 67.

[43] *CATV and TV Repeater Services*, Report and Order, aaO, para. 94.

[44] Rundfunkfernsehen i.S.v. "Broadcast Television", vgl. Anm. in Fn. 38.

[45] s.o. Fn. 19 ff.

exklusive Ausstrahlungsrechte ("syndicated program exclusivity rules")[46] Gegenstand der Regulierung. Die FCC begründete für die Signale lokaler Rundfunkveranstalter jedoch kein Eigentumsrecht, vergleichbar in etwa mit den Rechten, die Rundfunkveranstalter gegenüber anderen Rundfunkveranstaltern schon hatten.[47] Diese Bestimmungen bildeten wiederum die Grundlage für die Forderung seitens der FCC an den Kongress, eine dem § 325(a) des Communications Act von 1934 entsprechende Regelung für den Bereich des Kabelfernsehens zu erlassen. Wieder reagierte der Kongress nicht. In der Praxis hatten die von der FCC nunmehr praktizierten Regeln jedenfalls zur Folge, dass die Kabeleinspeisung von entfernten Signalen in den meisten Fällen verhindert wurde und Kabelnetzbetreiber diese Regeln mit Beharrlichkeit bekämpften.[48]

b. Das Urheberinteresse

Das zweite Interesse, das durch das Kabelfernsehen gefährdet schien, war das Urheberrecht derjenigen, die den jeweiligen Programminhalt schufen. Die Urheber der Programme wiesen auf den Umstand hin, dass die Rundfunkveranstalter für das Privileg, ihre Arbeit zeigen zu dürfen, bezahlen mussten, während die Kabelnetzbetreiber keine derartige Verpflichtung traf. Programmeinspeisung in ein Kabelnetz warf mit einem Mal die Frage von Eigentumsrechten an den mit dem Rundfunksignal übertragenen Inhalten auf.[49]

In Fortnightly Corp. v. United Artists Television Inc.[50] klagte der Inhaber eines Urheberrechts an einem Kinofilm gegen einen Kabelnetzbetreiber und machte eine Verletzung seines Urheberrechts geltend. Er berief sich darauf, dass die Fernsehsender die Übertragungsrechte für den Film erworben hätten, während der Kabelnetzbetreiber dies nicht getan habe. Der U.S. Supreme Court vertrat seine traditionelle Auffassung von der Haftung nach dem Urheberrecht und befand, dass die Einspeisung von Fernsehsignalen durch Kabelnetzbetreiber keine Darbietung im Sinne des Copyright Act sei, wodurch auch keine entsprechende Haftung seitens der Kabelnetzbetreiber begründet werden könnte. Das Gericht erklärte u.a., dass sowohl der Rundfunkveranstalter als auch der Zuschauer eine bedeutende Rolle im gesamten Fernsehprozess spielten; aber Betrachter von

---

[46] *Lubinsky*, aaO, I.B.1.
[47] Vgl. Fn. 39.
[48] Vgl. insofern *Patry*, Copyright Law and Practice, 970-71 (1994).
[49] Der Copyright Act von 1909 enthielt keine ausdrücklichen Regelungen bzgl. der Weiterverbreitung von urheberrechtlich geschützten Werken, was angesichts der Tatsache, dass Radio erst in den 20er Jahren populär wurde und das Fernsehen nicht vor 1929 erfunden war, nicht sonderlich verwundert.
[50] *Fortnightly*, 392 U.S. 390 (1968).

Darbietungen würden selbst nicht darbieten.[51] Die Sichtweise des Gerichts bestand darin, dass das Kabelunternehmen wie ein Hauseigentümer anzusehen sei, der eine große Antenne vor seinem Haus aufstellte und dann seine Nachbarn ebenfalls daran anschloss. Das Gericht sagte ausdrücklich, dass die Funktion von CATV Systemen wenig gemeinsam hätte mit der Funktion von Rundfunkveranstaltern.[52] CATV Systeme würden tatsächlich keinen Rundfunk machen. Während Rundfunkveranstalter die gesendeten Programme auswählten und zusammenstellten, würden CATV Systeme die Programme, die sie empfingen, ohne jegliche Bearbeitung lediglich weiterleiten.[53]

Im Jahre 1976 nahm der Kongress eine Änderung des Copyright Act vor und regelte ausdrücklich die Rundfunkeinspeisung in das Kabelnetz.[54] § 111 des neugefassten Copyright Act schuf ein verpflichtendes Lizenzierungsverfahren. Nach der Maßgabe dieses Verfahrens war es den Kabelnetzbetreibern nur gestattet, Programme einzuspeisen und simultan weiterzuleiten, wenn sie den Inhaber des entsprechenden Urheberrechts auf der Grundlage einer komplizierten Berechnungsformel für die Übertragung kompensierten.[55] Dieses Gesetzeswerk war äußerst umstritten, und es wurde behauptet, dass es die Macht des freien Marktes dahingehend behindere, angemessene Preise für urheberrechtlich geschütztes Material zu erzielen.[56] Denn es verlangte keine Zahlung für die Einspeisung lokaler terrestrischer Signale oder für die Einspeisung der Programme "entfernter" Networks[57], da diese die Inhaber der Urheberrechte angeblich nicht schädigen würden, zumal diese Sender ihre Programmkosten über Werbeeinnahmen kompensieren könnten.[58] Und Zahlungen gemäß dem Copyright Act von 1976 waren nur an die Inhaber des Urheberrechts zu leisten, nicht aber an die Rundfunkveranstalter (es sei denn, diese hatten selbst das Urheberrecht inne).

---

[51] *Fortnightly*, aaO, at 398-99.

[52] "The function of CATV systems has little in common with the function of broadcasters."

[53] *Fortnightly*, aaO, at 400.

[54] Aktuelle Fassung kodifiziert in 17 U.S.C. § 111 (1994).

[55] 17 U.S.C. § 111(f).

[56] So z.B. *Besen/Manning, Jr./Mitchell*, Copyright Liability for Cable Television, 21 J.L. & Econ. 67 (1978).

[57] Vgl. zur Veranschaulichung des Begriffs "Network" die zum 1992 Cable Act von der FCC erlassene Definition als ein "Unternehmen, das mindestens 25 Mitgliedsgesellschaften in zehn oder mehr Bundesstaaten ständig Programme von 15 oder mehr Stunden pro Woche anbietet; codified at 47 C.F.R. § 76.55(f) (1994). Für eine kurze Darstellung des US Broadcasting System und der Bedeutung der Networks s.a. *Jones*, Digital Television and Media Concentration Regulation in the US, in: *Kremp/Mielke*, Digitales Fernsehen in USA und Europa, 1998, S. 25 ff.

[58] H.R. Rep. No. 94-1476, at 86 (1976), reprinted in 1976 U.S.C.C.A.N. 5659, 5700; ebenso *Partry*, aaO, at 937-38.

Teilweise auch als Reaktion auf den Copyright Act von 1976 begann die FCC, ihre Praxis im Hinblick auf die Kabelregulierung dann zu ändern. Im November 1976 versuchte die FCC erstmals, bestimmte Regeln zum Schutz der Rundfunkveranstalter aufzuheben. In Maltrite TV v. FCC[59] versuchten die Antragsteller, die FCC von der Abschaffung der sog. "syndicated program exclusivity rules"[60] abzuhalten, mit der Begründung, der Copyright Act von 1976 verbiete diese Veränderungen.[61] Überdies argumentierten die Antragsteller, dass zumindest die als Ersatzregel möglich erscheinende Einspeisungszustimmungspflicht ("retransmission consent"), wie sie der FCC seitens der National Telecommunications and Information Administration (NTIA)[62] bereits vorgeschlagen worden war, jedenfalls nicht gegen den 1976 Act verstoße.[63] Obwohl das Gericht die FCC davon abhielt, ihre Regeln zu ändern, schien das Gericht gleichzeitig auch zum Ausdruck zu bringen, dass eine durch die FCC bestimmte Einspeisungszustimmungspflicht faktisch dasselbe sei wie eine volle urheberrechtliche Haftung, welche der Gesetzgeber ausdrücklich abgelehnt hatte. Jedenfalls vermied es das Gericht, eine Zulässigkeitsprüfung einer Einspeisungszustimmungspflicht nach der Maßgabe des Communications Act vorzunehmen[64], so dass die FCC besagte Regeln 1981 auch aufhob (nur um sie jedoch bereits 1990 wieder einzuführen).

3. Die Verfassungswidrigkeit der von der FCC praktizierten Must-Carry-Regelung

Obschon noch nicht direkt mit der Must-Carry-Problematik befasst, bedeutet die bis ins Jahre 1962 zurückgehende und im Zusammenhang mit der Kabelregulierung ergangene Rechtsprechung die Basis der in den Folgejahren entwickelten Must-Carry-Analyse. Bereits in Carter Mountain Transmission Corp. v. FCC[65] wurde festgestellt, dass lokale Fernsehsender durch die steigende Anzahl der

---

[59] *Maltrite TV v. FCC*, 652 F.2d 1140 (2d Cir. 1981) - in dieser Entscheidung wurden die FCC Regeln des sog. Syndex Report and Order behandelt (*Cable Television Syndicated Program Exclusivity Rules*, Notice of Inquiry, 61 FCC2d 746 (1976), abgeändert in Report and Order, 79 FCC2d 663 (1980)).

[60] Diese Regelung verbot den Kabelnetzbetreibern, die entfernten Signale einzuspeisen, an denen lokale Rundfunkunternehmen exklusive Senderechte erworben hatten. S. *Cable Television Report and Order*, 36 F.C.C. 2d 143, 204 (1972).

[61] *Maltrite TV*, aaO, at 1147.

[62] Die National Telecommunications and Information Administration ist eine Behörde des amerikanischen Wirtschaftsministeriums ("U.S. Department of Commerce") und behandelt als solche mittlerweile alle Fragen der nationalen wie internationalen Telekommunikation und Informationstechnologie.

[63] *Maltrite TV*, aaO, at 1146.

[64] *Maltrite TV*, aaO, at 1147-48; s.a. *Lubinsky*, aaO, II.

[65] *Carter Mountain Transmission Corp. v. FCC*, 321 F.2d 359 (1963).

Kabelabonnenten und die sinkende Zahl der Zuschauer des traditionellen Rundfunks ernsthaft gefährdet sei. Nach der Einführung der Must-Carry-Regeln durch die FCC behandelten die Gerichte die Kabelunternehmen als untrennbar mit dem Rundfunk verbunden ("indistinguishable")[66], wodurch sie die Möglichkeit eröffneten, den in Red Lion[67] für den herkömmlichen Rundfunk entwickelten Verfassungsmäßigkeitsstandard auch auf Kabelfernsehen anzuwenden. Aufgrund der exklusiven Lizenzrechte für die Betreibung der Kabelnetzwege herrsche hier - wie bereits oben angedeutet - eine mit dem Rundfunk vergleichbare Situation. Die sog. "Scarcity Rationale" orientierte sich an der Knappheit der Übertragungswege und bestimmte ursprünglich, dass die inhärente Begrenztheit des elektromagnetischen Spektrums eine einschränkendere Regulierung der Rundfunksender zur Erhaltung der Rundfunkindustrie rechtfertige.[68] Dies würde einen unbeschränkten Marktplatz von Ideen garantieren und gewährleisten, dass die Öffentlichkeit einen angemessenen Zugang zu sozialen, politischen, künstlerischen, moralischen und anderen Ideen und Erfahrungswerten erhalte; schließlich sei es das Recht des Zuschauers und des Zuhörers, nicht das Recht des Rundfunkveranstalters, welches überwiege.[69]

Im Anschluss daran formulierte der District of Columbia Circuit Court in Home Box Office, Inc. v. FCC[70] erstmals einen verfassungsrechtlichen Überprüfungsstandard für das Kabelfernsehen, der nicht mehr auf die Knappheit der Kabelnetzwege abstellte, sondern sich an den sog. O'Brien-Test anlehnte.[71] Demnach sei die Knappheit, als solche allein das Produkt der wirtschaftlichen Rahmenbedingungen, nicht geeignet, auch nur einen eingeschränkten Eingriff der staatlichen Gewalt in die im "First Amendment"[72] gewährleisteten Rechte der Presse zu rechtfertigen, und es gebe keine Anhaltspunkte, um zum damaligen Zeitpunkt einen verfassungsrechtlichen Unterschied zwischen Kabelfernsehen und Zeitungen anzunehmen.[73]

---

[66] S. z.B. *Black Hills Video Corp. v. FCC*, 399 F.2d 65, 69 (8th Cir. 1968): "It is irrelevant . . . that the [cable] systems do not themselves use the air waves . . . .".

[67] *Red Lion Broadcasting Co. v. FCC*, 395 U.S. 367 (1969).

[68] U.a. heißt es: "Without such regulation, broadcasting would generate into a "cacophony of competing voices, none of which could be clearly and predictably heard" und "[a] license permits broadcasting, but the licensee has no constitutional right to be the one who holds the license or to monopolize a radio frequency to the exclusion of his fellow citizens." *Red Lion*, aaO, at 376, 389.

[69] *Red Lion*, aaO, at 390.

[70] *Home Box Office (HBO), Inc. v. FCC*, 567 F.2d 9 (D.C.Cir. 1977) (per curiam).

[71] Zum O'Brien-Test später unten mehr.

[72] Das sind die im Ersten Zusatzartikel zur amerikanischen Verfassung garantierten Rechte, welche u.a. die Pressefreiheit (vglb. mit den Kommunikationsfreiheiten des Artikel 5 Abs.1 des Grundgesetzes) beinhaltet. Sein Wortlaut: "Congress shall make no law . . . abridging the freedom of speech, or of the press;. . .".

[73] *HBO*, aaO, at 46.

In der zweiten Hälfte der 80er Jahre vollzogen sich weitere bedeutsame Entwicklungen in der Rechtsprechung der Kabelregulierung. Nach 20-jähriger Praxis der Must-Carry-Regeln durch die FCC war es ein winziges Kabelunternehmen aus Quincy, Washington, das die Rechtmäßigkeit dieser Einspeisepflicht erfolgreich anzweifelte. In Quincy Cable TV v. FCC[74] begehrte der Kabelnetzbetreiber Quincy Cable TV den Austausch dreier Programme seines mit einspeisepflichtigen Programmen vollständig belegten 12-Kanal-Kabelnetzes.[75] Während die FCC dieses Begehren unter Berufung auf deren Must-Carry-Regelung abgelehnt hatte, sah der District of Columbia Circuit Court im Jahre 1985 in den von der FCC praktizierten Must-Carry-Regeln eine Verletzung des im First Amendment garantierten Rechts auf freie Meinungsäußerung der Kabelnetzbetreiber.[76] Zunächst schloss sich das Gericht auch hier der Ansicht an, die "Red Lion Scarcity Rationale" im Bereich der Kabelfernsehregulierung nicht mehr anzuwenden. Eine Knappheit an Kanälen, welche die wesentliche Voraussetzung für diese Theorie war, sei beim Kabelfernsehen nicht existent.[77] Vielmehr würden die Must-Carry-Regeln die Kabelnetzbetreiber zu bestimmten Meinungsäußerungen zwingen, da sie diese zur Einspeisung von bestimmten Rundfunksignalen verpflichteten, ungeachtet ihres Inhalts und ungeachtet der Frage, ob die Netzbetreiber diese Sendungen überhaupt als angemessenes Programm für ihre Zuschauer erachteten. Neben dem Zwang, als ideologisches Sprachrohr zu fungieren, indem Kabelnetzbetreiber Meinungen verbreiten müssten, die sie nicht teilten, werde überdies ihre unternehmerische und redaktionelle Entscheidungsfreiheit im Hinblick auf die Zusammenstellung des jeweiligen Programms eingeschränkt. In die Wertvorstellungen des First Amendment würde u.a. deswegen stark eingegriffen, da unzulässigerweise eine Gruppe (Rundfunkunternehmen) gegenüber einer anderen (Kabelnetzbetreiber) bevorzugt würde. Wenn schließlich das Kabelnetz durch einspeisepflichtige Programme vollständig belegt sei, seien die Kabelunternehmen daran gehindert, ihre Zielgruppe zu erreichen, selbst wenn das eingespeiste Programm überhaupt nicht dem Geschmack der angeschlossenen Zuschauer entspräche.[78] Bemerkenswert ist in diesem Zu-

---

[74] *Quincy Cable TV v. FCC*, 768 F.2d 1434 (D.C. Cir. 1985), cert. denied 476 U.S. 1169 (1986). S. ebenso die Darstellung bei *Esser-Wellié*, aaO, S. 102 ff.

[75] Quincy Cable war verpflichtet, sechs seiner Kanäle mit drei Network-Sendern aus Seattle und drei denselben Networks angegliederten Sendern aus Spokane zu belegen, wobei diese Sender im wesentlichen dasselbe Programm sendeten. Nachdem es erfolglos den Austausch der drei Spokane-Sender beantragt hatte, nahm Quincy Cable in der Folgezeit zwei der Sender aus seinem Kabelnetz heraus.

[76] *Quincy Cable TV v. FCC*, aaO, at 1463.

[77] *Qunicy Cable TV v. FCC*, aaO, at 1449. S.a. *Fitzgerald*, aaO, at 329.

[78] In dem Urteil heißt es wörtlich: "The rules coerce speech: they require the operator to carry the signals of local broadcasters regardless of their content and irrespective of whether the operator considers them appropriate programming for the community it serves. The difficulty is not so much that the rules force operators to act as a mouthpiece for ideological perspecti-

sammenhang auch, dass das Gericht in Verbindung mit Kabelnetzbetreibern zum ersten Mal auch die "cable programmers" miteinbezieht. Diese Berücksichtigung basiert natürlich auf der Tatsache, dass es neben den Kabelnetzbetreibern mittlerweile auch Kabelprogrammveranstalter gab, die Programme ausschließlich für das Kabelfernsehen produzierten. Dies war auch der Grund, das Kabelfernsehen nicht mehr lediglich als rein funktionale Technologie für die Weiterverbreitung von Rundfunksignalen zu verstehen.

Obwohl die FCC daraufhin ihre Regeln überarbeitete[79], wurden auch diese wegen einer Verletzung des First Amendment als verfassungswidrig erachtet. In Century Communications Corp. v. F.C.C.[80] bemerkte zwar das Gericht - wiederum der District of Columbia Circuit Court -, dass die modifizierten Must-Carry-Regeln nunmehr weniger einschränkend seien als die bisherigen; denn aufgrund der nicht mehr möglichen Kanalvollbelegung durch einzuspeisende Rundfunkunternehmen würden die Kabelnetzbetreiber wenigstens teilweise vor der Einspeisung unattraktiver und damit unrentabler Programme geschützt. Aber die Festlegung durch die FCC stütze sich nicht auf handfeste Beweise, sondern basiere lediglich auf der dubiosen Annahme, dass die Zuschauer die terrestrischen Programme ausschließlich im Kabelnetz nachfragten.[81] Dem sei aber nicht so, zumal die Zuschauer die Programme ihrer Wahl auch ohne verpflichtende Einspeisung durch die Kabelnetzbetreiber empfingen. Schließlich berief sich das

---

ves they do not share. . . . The more certain injury stems from the substantial limitations the rules work on the operator's otherwise broad discretion to select the programming it offers to its subscribers. . . . the rules . . . profoundly affect values that lie near the heart of the First Amendment. They favour one group of speakers over another. They severely impinge on editorial discretion. And, most importantly if a system's channel capacity is substantially or completely occupied by mandatory signals, the rules prevent cable programmers from reaching their intended audience even if that result directly contravenes the preference of cable subscribers."; *Quincy Cable TV v. FCC*, aaO, at 1452, 1453.

[79] Während der Must-Carry-Gedanke grundsätzlich nicht aufgegeben wurde, war nunmehr die Anzahl der von einem Kabelnetzbetreiber zur Verfügung zu stellenden Kanäle in Relation zur Gesamtkapazität festzulegen. Maximal ein Drittel der Kabelkapazität war nur noch zur Verfügung zu stellen, wodurch eine verbindliche Vollbelegung ausgeschlossen war. *Amendment of Part 76 of the Commission's Rules Concerning Carriage of Television Broadcast Signals by Cable Television Systems*, Report and Order, 1 FCC 864, para. 145-146 (1986), mittlerweile neu kodifiziert in 47 C.F.R. § 76.56 (1994). Ausführlich hierzu auch *Esser-Wellié*, aaO, S. 105 ff.

[80] *Century Communications Corp. v. FCC*, 835 F.2d 292 (D.C. Cir. 1987), cert. denied, 486 U.S. 1032 (1988).

[81] Technisch wurde dies möglich, weil ein Schalter (sog. "A/B switch") am Fernsehgerät installiert wurde. Durch Betätigung des Schalters konnte der Zuschauer zwischen Kabelfernsehen und terrestrischem Empfang wählen. *Amendment of Part 76 of the Commission's Rules Concerning Carriage of Television Broadcast Signals by Cable Television Systems*, aaO, at 140.

Gericht u.a. auf Berichte der Federal Trade Commission und des Justizministeriums, wonach das Fehlen von Must-Carry-Verpflichtungen lokalen Fernsehstationen angeblich nicht zum Schaden gereichen würde.[82] Aufgrund dieser Entscheidung nahm die FCC nunmehr auch die überarbeiteten Regelungen zurück und hob sämtliche Einspeiseverpflichtungen auf.[83]

4. Der Cable Television Consumer Protection and Competition Act von 1992

Bereits zwei Jahre nach der Entscheidung im Fall Century erließ der Kongress eine Must-Carry-Version, von der der Gesetzgeber hoffte, dass sie der verfassungsrechtlichen Überprüfung standhalten würde. Insgesamt elf Anhörungen in den Jahren 1989 bis 1991 waren Bestandteil der Untersuchungen, die das "Committee on Commerce, Science and Transportation" in Bezug auf die Kabelfernsehindustrie anstellte. Eine dieser Anhörungen war speziell der Must-Carry-Problematik gewidmet.[84] Nachdem der Gesetzentwurf schon vom Kongress angenommen wurde[85], legte Präsident Bush allerdings dagegen sein Veto ein. Am 5. Oktober 1992 überstimmte der Kongress Präsident Bushs Veto und erließ somit offiziell den Cable Act von 1992, als solches das einzige Gesetz, das jemals gegen Präsident Bushs Veto erging.[86] Dieses Gesetz beendete eine fünfjährige Periode der Deregulierung des Kabelfernsehens und veränderte ein weiteres Mal den delikaten Bereich der Kabeleinspeiseverpflichtung. Die bedeutendste Änderung war die Wiedereinführung der - diesmal gesetzlich verankerten - Must-Carry-Regeln in Verbindung mit der alternativ wählbaren Einspeisezustimmungspflicht.[87] Dabei ersetzten diese Regeln nicht die alten Vorschriften über

---

[82] Vgl. *Esser-Wellié*, aaO, S. 106 f.

[83] *Amendment of Part 15 of the Commission's Rules Concerning Carriage of Television Broadcast Signals by Cable Television Systems and Concerning Input Selector Switches Used in Conjunction with Cable Television Service*, Order, 4 FCC 4552 (1989).

[84] S. Rep. No. 102-92, at 62 (1991), reprinted in 1992 U.S.C.C.A.N. 1133, 1195.

[85] Ursprünglich votierte der Senat mit 74:25 Stimmen und das Repräsentantenhaus mit 280:128 Stimmen für das Gesetz. S.a. *Povich*, Bush Pressures Senators to Sustain Cable TV Veto, CHI. TRIB., Oct. 5, 1992, at 1.

[86] Präsident Bushs Veto wurde mit einer Stimmenverteilung von 74:25 im Senat und 308:114 im Repräsentantenhaus überstimmt. In Anbetracht der anstehenden Präsidentschaftswahlen waren die Demokraten darauf bedacht, Präsident Bushs "perfekte Serie" von 35 Vetos zu brechen, was Senator Bob Dole zu der Aussage veranlasste, die Überstimmung des Präsidenten sei einzig als Versuch seiner Bloßstellung zu werten; s. insofern *Sukow*, Congress Reregulates Cable, 122 Brdcst. 1992, S. 3; Carnevale, Bush's Veto of Cable-TV Bill Is Overturned, Wall St. J., Oct. 6, 1992, at A3; *Clymer*, Congress Rebuffs Bush in Override of Cable TV Veto, N.Y. Times, Oct. 6, 1992, at A1.

[87] Möglich wurde dieser Schritt u.a. durch die Entscheidung in *United Video, Inc. v. FCC*, in der das Gericht Must-Carry-Regeln nicht generell als verfassungswidrig ausschloss und die

das Lizenzierungsverfahren, sondern galten in Verbindung mit diesen, ohne diese zu beeinträchtigen. An dieser Stelle soll die Entstehungsgeschichte des Cable Act von 1992 skizziert werden, da dieser erstmals auf gesetzlicher Grundlage die Must-Carry-Regeln einführte.

a. Die Entstehungsgeschichte und der Regelungszweck des 1992 Cable Act

Der Cable Act von 1992 erging hauptsächlich als Reaktion auf die Unzufriedenheit der Verbraucher über steigende Kabelgebühren und schlechten Kundenservice[88], was auf die Gebührenderegulierung durch den Cable Act von 1984[89] zurückzuführen war. Obschon dementsprechend die meisten Vorschriften dem Verbraucherschutz dienten, wurden gerade die Regeln zu "must-carry" und "retransmission consent" bei ihrer Entstehung am heftigsten diskutiert.[90] § 2 des Gesetzes stellte u.a. fünf politische Zielsetzungen des Cable Act ausdrücklich heraus. Knapp formuliert beschrieben diese Ziele folgendes: (1) Die Förderung der Verfügbarkeit über eine Vielfalt von Meinungen und Information durch das Kabelfernsehen und andere Video-Medien. (2) Das Vertrauen in den freien Markt, um diese Verfügbarkeit zu erreichen. (3) Die Sicherstellung, dass Kabelnetzbetreiber dort, wo es wirtschaftlich gerechtfertigt ist, ihre Kapazitäten und ihr Angebot an eingespeisten Programmen weiterhin vergrößern. (4) Der Schutz von Verbraucherinteressen in Gegenden, in denen Kabelfernsehsysteme keinem effektiven Wettbewerb ausgesetzt sind und (5) die Sicherstellung, dass Kabelnetzbetreiber gegenüber Fernsehprogrammveranstaltern und Verbrauchern keine überragende Marktmacht haben.[91]

Während vieler dieser Zielsetzungen wettbewerbs- und verbraucherschutzrechtliche Aspekte behandeln, sprechen vierzehn von einundzwanzig ebenfalls in § 2 enthaltene Feststellungen ausdrücklich "must-carry" und "retransmission consent" an.[92] Diese lassen somit Schlüsse hinsichtlich der Intention des Gesetzgebers zu. Der Kongress machte geltend, dass Kabelfernsehunternehmen aufgrund mangelnden Wettbewerbs in der lokalen Kabelindustrie[93], welche hochkonzent-

---

Möglichkeit einer Kombination mit der gesetzlichen Zwangslizenz für Kabelnetzbetreiber andiskutierte. S. *United Video, Inc. v. FCC*, 890 F.2d 1173 (D.C. Cir. 1989).

[88] Vgl. *Veraldi*, Cable Television's Compulsory License: An Idea Whose Time Has Passed?, 25 N.Y.L. Sch. L. Rev. 925, n. 485.

[89] S.o. Fn. 31 ff.

[90] Vgl. hierzu *Allard*, The 1992 Cable Act: Just the Beginning, 15 Hastings Comm. & Ent. L.J. 305, 333 (1993).

[91] *Cable Television Consumer Protection and Competition Act of 1992*, aaO, § 2(b).

[92] *Cable Television Consumer Protection and Competition Act of 1992*, aaO, § 2(a).

[93] *Cable Television Consumer Protection and Competition Act of 1992*, aaO, § 2(a)(2).

riert[94] und vertikal integriert[95] sei, eine marktbeherrschende Stellung ("undue market power") hätten. Mit den "must-carry" und "retransmission consent" Regeln wollte er also den lokalen Rundfunk und "Free TV" schützen und ein wettbewerbliches und wirtschaftliches Gleichgewicht zwischen Kabel- und Rundfunkunternehmen herstellen.[96]

---

[94] *Cable Television Consumer Protection and Competition Act of 1992*, aaO, § 2(a)(4). Mit "konzentriert" spielte der Kongress auf die wachsende Zahl sog. "MSOs" (Multiple System Operators) an, große Unternehmen, denen Kabelnetze in verschiedenen Städten gehörten. 1995 versorgten die fünf größten MSOs insgesamt mehr als 50 Prozent der amerikanischen Kabelabonnenten. Das Wachstum der MSOs wird auch als "horizontale Integration" bezeichnet. S.a. *Bhagwat*, Of Markets and Media: The First Amendment, the New Mass Media, and the Political Components of Culture, 74 N.C.L.Rev. 141, 144, 148 (1995).

[95] *Cable Television Consumer Protection and Competition Act of 1992*, aaO, § 2(a)(5). "Vertikale Integration" liegt vor, wenn ein Kabelnetzbetreiber und ein Kabelprogrammveranstalter zu ein und demselben Unternehmen gehören. Dies gebe dem Kabelnetzbetreiber theoretisch einen Grund, die Signale des angegliederten Programmveranstalters bevorzugt einzuspeisen und nicht-angegliederte Programmveranstalter und lokale Signale auszuschließen. Vgl. auch *Bhagwat*, aaO, at 148.

[96] *Cable Television Consumer Protection and Competition Act of 1992*, aaO, § 2(a)(8)-(19). Diese Feststellungen haben auszugsweise folgenden Wortlaut:

(8) The Federal Government has a substantial interest in making all nonduplicative local public television services available on cable systems. . . .

(9) The Federal Government has a substantial interest in having cable systems carry the signals of local commercial television stations because the carriage of such signals is necessary to serve the goals of providing a fair, efficient, and equitable distribution of broadcast services.

(10) A primary objective and benefit of our Nation's system of regulation of television broadcasting is the local origination of programming. . . .

. . . .

(12) . . . There is a substantial government interest in promoting the continued availability of such free television programming, especially for viewers who are unable to afford other means of receiving programming.

(13) As a result of the growth of cable television, there has been a marked shift in market share from broadcast television to cable television services.

. . . .

(15) A cable television system which carries the signal of a local television broadcaster is assisting the broadcaster to increase its viewership, and thereby attract additional advertising revenues that otherwise might be earned by the cable system operator. . . .

(16) As a result the economic viability of free local broadcast television will be seriously jeopardized.

. . . .

(19) At the same time, broadcast programming that is carried remains the most popular programming on cable systems. . . . Cable systems, therefore, obtain great benefits from local broadcast signals which, until now, they have been able to obtain without the consent of the broadcaster or any copyright liability. This has resulted in an effective subsidy of the development of cable by local broadcasters. While at one time, when cable systems did not attempt to compete with local broadcasters for programming, audience, and advertising, this subsidy

Deutlich wird diese Interessenlage auch angesichts der Ausführungen im hierzu erstellten Senate Committee Report.[97] Darin wurde festgehalten, dass die Kabelunternehmen die Fernsehsignale benutzten, ohne die Zustimmung der Programmveranstalter einholen oder diese für deren Produkt bezahlen zu müssen. Diese Situation habe eine Beeinträchtigung des Fernsehmarkts dergestalt verursacht, dass die Existenz des terrestrischen Rundfunks gefährdet sei. Das gegenwärtige System verlange von den Rundfunkunternehmen, dass sie die Etablierung der Kabelnetzbetreiber, also ihrer mittlerweile größten Konkurrenten um Werbeeinnahmen, im Endeffekt subventionierten. Weiter erklärte das Komitee, dass das System des "freien Rundfunks" erhalten bleiben müsse und nicht durch ein System des Bezahlfernsehens ersetzt werden dürfe. Bei seiner Unterstützung für die Wiedereinführung der Must-Carry-Regeln stützte sich das Komitee u.a. auf eine Aussage im Communications Act von 1934, dass das Fernsehen in entscheidender Weise dem öffentlichen Interesse diene.[98]

Nicht zuletzt wegen der bereits oben behandelten Verfahren war sich der Gesetzgeber natürlich über die kontroverse Natur und Angreifbarkeit dieser Regeln bewusst und wollte auch mit Hilfe der einleitenden Feststellungen möglichen gerichtlichen Überprüfungen begegnen. Der Senatsbericht betonte, dass sowohl die Quincy-, als auch die Century-Entscheidung weiterhin die Möglichkeit offen ließ, eine verfassungsgemäße Version von Must-Carry zu entwickeln.[99] Das Gesetz selbst beinhaltete sogar einen Paragraphen, der die Revision vom Federal District Court direkt zum Supreme Court zuließ, wodurch der Gang über den District of Columbia Circuit Court- welcher zuvor bereits zweimal Must-Carry für verfassungswidrig erklärt hatte[100] - vermieden werden konnte.[101] Tatsächlich wurden die Regeln über Einspeiseverpflichtung und Einspeisezustimmungspflicht am Tag ihres Inkrafttretens gerichtlich angegriffen, worauf später noch genauer einzugehen sein wird.

may have been appropriate, it is so no longer and results in a competitive imbalance between the 2 industries.

[97] S. Rep. No. 102-92 (1991), aaO.

[98] S. Rep. No. 102-92, aaO, S. 35 f. u. 41.

[99] S. Rep. No. 102-92, aaO, S. 39-41 u. 1992 U.S.C.C.A.N. at 1172-1174.

[100] S. dazu die oben dargestellten Ausführungen zu *Quincy Cable* und *Century Communication*.

[101] 47 U.S.C. § 555(c)(2) (1994) ("[A]n interlocutory of final judgment, decree, or order of the [district] court. . . holding [must-carry] unconstitutional shall be reviewable as a matter of right by direct appeal to the Supreme Court.").

b. Der Wortlaut der Must-Carry-Regelung und von "Retransmission Consent"

Wenn die Entwicklung von Must-Carry-Regelungen im anglo-amerikanischen Rechtskreis beschrieben werden soll, ist zumindest die damit gekoppelte und untrennbar verbundene "retransmission consent"-Alternative mitzuberücksichtigen. Denn lokale kommerzielle Rundfunkunternehmen können zwischen Einspeiseverpflichtung und Einspeisezustimmungspflicht wählen. Sie entscheiden sich für die Dauer von drei Jahren, ob sie unter der Must-Carry-Regelung (unentgeltlich) in das Kabelnetz eingespeist werden wollen oder ob sie lieber nach privaten Verhandlungen mit dem Kabelnetzbetreiber (gegen Entgelt) ihre Zustimmung zur Einspeisung geben.[102] Nicht-kommerzielle Fernsehsender dürfen nur Must-Carry in Anspruch nehmen.[103]

Must-Carry ist in den §§ 534, 535 des Cable Act von 1992 geregelt.[104] Kabelnetzbetreiber sind demnach verpflichtet, die Fernsehsignale lokaler kommerzieller Rundfunkveranstalter und qualifizierter nicht-kommerzieller Bildungssender in ihr Netz einzuspeisen. Da die Regelungen als solche zu umfangreich sind und mehrere Seiten füllen würden, wird von der Abbildung des gesamten Wortlauts an dieser Stelle abgesehen und die Darstellung auf § 534(a) und § 535(a) beschränkt:

> Section 534. Carriage of local commercial television signals
> (a) Carriage obligations
>> Each cable operator shall carry, on the cable system of that operator, the signals of local commercial television stations and qualified low power stations as provided by this section. Carriage of additional broadcast television signals on such system shall be at the discretion of such operator, subject to section 325(b) of this title.

> Section 535. Carriage of noncommercial educational television
> (a) Carriage obligations
>> In addition to the carriage requirements set forth in section 534 of this title, each cable operator of a cable system shall carry the signals of qualified noncommercial educational television stations in accordance with the provisions of this section.

---

[102] Während erstmals eine Entscheidung durch die Rundfunkveranstalter bis zum 17. Juni 1993 getroffen werden musste, wurden die weiteren Wahlperioden für den 1. Oktober 1996 und den 1. Oktober 1999 festgelegt; s. insofern 47 C.F.R. § 76.64(f) (1994).

[103] Vgl. insofern *Carriage of the Transmissions of Digital Television Broadcast Stations*, Notice of Proposed Rule Making, in CS Docket No. 98-120, FCC 98-153, para. 4 (1998).

[104] 47 U.S.C. §§ 534, 535 (1994). In der ursprünglichen, vor 1994 abgeänderten Fassung war Must-Carry in den §§ 614, 615 geregelt.

Entscheidend bei diesen Regeln ist - ähnlich wie es bereits im Fall Century abgelehnt wurde - dass die Einspeiseverpflichtung nur im Verhältnis zur Gesamtzahl der in einem Kabelsystem verfügbaren Kanäle galt. Wenn ein Kabelnetzbetreiber über mehr als zwölf Kanäle verfügte, war er verpflichtet, bis zu einem Drittel dieser Kanäle lokalen kommerziellen Rundfunksendern zur Verfügung zu stellen.[105] Wenn er nur zwölf oder weniger Kanäle hatte, musste er die lokalen kommerziellen Signale mindestens in drei seiner Kanäle einspeisen, es sei denn der Kabelunternehmer hatte weniger als dreihundert Abonnenten; in diesem Fall war er ganz von der Einspeiseverpflichtung befreit.[106] Sollten mehr Fernsehsender die Einspeisung verlangen, als die Kabelunternehmen einzuspeisen verpflichtet waren, so konnten die Kabelnetzbetreiber sich die einzuspeisenden Sender aussuchen.[107] Gab es nicht genügend Fernsehstationen, um die verfügbaren Kabelplätze zu belegen, konnten die Kabelnetzbetreiber die übrigen Kanäle auch mit anderen als Rundfunkprogrammen besetzen.[108] Während die Kabelnetzbetreiber überdies verpflichtet waren, bestimmte Signale auf bestimmte Kanäle zu legen[109] und eine gewisse Anzahl sog. "low-power stations" einzuspeisen[110], war es ihnen schließlich untersagt, ein Entgelt für die Einspeisung anzunehmen oder zu verlangen.[111]

§ 325(b) des Cable Act von 1992 regelt "retransmission consent" und bestimmt, dass kein Kabelnetzbetreiber das Signal eines Rundfunksenders einspeisen darf, außer (a) mit der ausdrücklichen Zustimmung des Ursprungssenders oder (b) in dem Fall, dass sich der Rundfunksender für "Must Carry" entschieden hat.[112] Der Wortlaut von § 325(b)(1):

> Section 325. False, fraudulent, or unauthorized transmissions
>
> (b) Consent to retransmissions of broadcasting station signals
>
> (1) Following the date that is one year after October 5, 1992, no cable system or other multichannel video programming distributor shall retransmit the signal of a broadcasting station, or any part thereof, except -
>
> (A) with the express authority of the originating station; or

[105] 47 U.S.C. § 534(b)(1)(B) (1994).
[106] 47 U.S.C. § 534(b)(1)(A) (1994). Ähnliche Verteilquoten galten auch für nichtkommerzielle bzw. öffentliche Sender, s. 47 U.S.C. § 535(b)(2)(A),(b)(3)(A)(i),(b)(3)(D).
[107] 47 U.S.C. § 534(b)(2) (1994).
[108] 47 U.S.C. § 534(a) (1994).
[109] 47 U.S.C. § 534(b)(6) (1994).
[110] 47 U.S.C. § 534(c)(1) (1994).
[111] 47 U.S.C. § 534(b)(10) (1994).
[112] 47 U.S.C. § 325(b) (1994).

(B) pursuant to section 534 of this title, in the case of a station electing, in accordance with this subsection, to assert the right to carriage under such section.

c. Die Durchsetzung des Must-Carry-Prinzips durch die FCC

Am 29. März 1993 erließ die FCC Durchführungsregeln im Hinblick auf die neue Kabelfernsehgesetzgebung.[113] Gemäß § 76.64(f)(3) dieser Regulierung wurden Rundfunkveranstalter, die sich bis zum Ablauf der Frist am 17. Juni 1993 nicht entweder für "must carry" oder "retransmission consent" entschieden hatten, so behandelt, als hätten sie für die folgenden drei Jahre den Must-Carry-Status gewählt. Auch behielt es sich die FCC vor, aufgrund spezieller Anträge oder Beschwerden durch Kabelnetzbetreiber oder Rundfunksender bestimmte Maßnahmen zu ergreifen oder sogar einzelne Bestimmungen ihrer Regulierung zu ändern. So konnte im Falle einer sog. "Must-Carry-Beschwerde" die FCC einem Kabelnetzbetreiber bei Verletzung der Einspeisepflicht z.B. aufgeben, die Einspeisung der Signale des Beschwerdeführers zu veranlassen, fortzuführen oder den jeweiligen Kanal im Kabelsystem zu repositionieren.[114]

5. Die Rechtmäßigkeit der Must-Carry-Regelung des Cable Act von 1992

Bereits aus der Entstehungsgeschichte des Cable Act von 1992 geht hervor, dass die Must-Carry-Regelung nicht notwendigerweise mit "retransmission consent" hätte kombiniert werden müssen; während der Gesetzesvorschlag des Senats beide Regelungen enthielt, beinhaltete der entsprechende Gesetzesentwurf des Repräsentantenhauses allein die Must-Carry-Regelung.[115] Demnach ist es an dieser Stelle trotz der Zustimmungsalternative auch mit Blick auf die deutsche Must-Carry-Gesetzgebung ausreichend, die Rechtmäßigkeitsprüfung nach amerikanischem Recht auf diese Regelung zu beschränken.

[113] S. *Implementation of the Cable Television Consumer Protection and Competition Act of 1992*, Report and Order, 8 FCC Rcd. 2965, 72 Rad. Reg. 2d (P & F) 204 (1993) (codified at 47 C.F.R. § 76 (1994)). S. auch *Broadcast Signal Carriage Issues*, MM Docket 92-259, 8 FCC Rcd 2965 (1993) ("Must Carry Order") und *Broadcast Signal Carriage Issues*, MM Docket 92-259, 9 FCC Rcd 6723 (1994) ("Must Carry Reconsideration"). Diese Durchführungsregeln sind sämtlich in 47 C.F.R. § 76.56-64 (1994) abgedruckt.

[114] "Must-carry complaint" gemäß § 76.61(a) (codified at 47 C.F.R. § 76.61(a) (1994)).

[115] Vgl. insofern S. 12, 102d Cong. (1991) und H.R. 4850, 102d Cong. (1992).

a. Die Argumente für und gegen Must-Carry

Neben den bereits oben dargestellten wettbewerbsrechtlichen Erwägungen wurde eine Vielzahl von Argumenten für und gegen eine Must-Carry-Regelung, die teilweise bereits im Rahmen der gegen die von der FCC jahrelang praktizierten Regeln angestrengten Gerichtsverfahren vorgebracht wurden, auch wieder während des Gesetzgebungsverfahrens zum 1992 Cable Act ausgetauscht und einander gegenübergestellt. Während die Theorien über ein Eigentumsrecht der Rundfunkunternehmen an dem Signal und über Rundfunk als öffentliches Gut vornehmlich für die Einspeisezustimmungspflicht angeführt und höchst kontrovers diskutiert wurden, sollen im folgenden zwei andere Aspekte den Gegenstand der Erörterung bilden.

aa. Die Förderung des lokalen terrestrischen Free TV

Wie bereits oben erörtert, war ein klar formuliertes Anliegen der Väter des Cable Act von 1992, die Existenz des lokalen terrestrischen Free TV sicherzustellen.[116] Auch die FCC hat die Bedeutung der Erhaltung lokalen Rundfunks immer betont.[117] Im Rahmen dieser Diskussion sind bereits im Jahre 1978 zwei entscheidende Argumente für den lokalen Rundfunk formuliert worden.[118] Zum ersten wird angeführt, dass im Falle der Einstellung des lokalen Fernsehens viele Menschen ohne Fernsehversorgung wären; entweder weil sie nicht an ein Kabelsystem angeschlossen seien oder weil sie sich die Kabelgebühren nicht leisten könnten. Es wäre demnach unlogisch, dass die Regierung für all diejenigen Menschen die Gebühren bezahlen würden, die sie sich nicht leisten könnten, wenn die Alternative, terrestrisches Free TV, zur Verfügung stünde.[119] Das zweite Argument ist, dass die Bedeutung lokaler Nachrichten und der Programme des öffentlichen Interesses im allgemeinen durch die starke Ausbreitung von importierten Signalen erheblich gemindert würde; "broadcast television" fördere entscheidend den "lokalen Charakter" des Fernsehens.[120]

Obschon beide Argumente insbesondere zur damaligen Zeit zu überzeugen wussten, hatte sich die Situation auf dem amerikanischen Fernsehmarkt mittlerweile stark verändert. Gegenüber dem ersten Argument wurde deshalb eingewendet, dass gegenwärtig eine wesentlich höhere Prozentzahl von Haushalten in

---

[116] *Cable Television Consumer Protection and Competition Act of 1992*, aaO, § 2(a)(10), (12).
[117] S. Rep. No. 102-92, aaO, S. 41.
[118] S. insofern *Simon*, Local Television Versus Cable: A Copyright Theory of Protection, 31 Fed. Comm. L.J. 51, 68-71 (1978).
[119] *Simon*, aaO, S. 71.
[120] *Simon*, aaO, S. 62-65.

der Lage sei, Kabelfernsehen zu empfangen.[121] Insofern sei es nicht notwendigerweise wahr, dass das Aus von "broadcast television" gleichzeitig das Aus des Fernsehens in vielen Haushalten bedeute; viele würden einfach zu Kabel wechseln. Allerdings sei richtig, dass wenn Fernsehen als Notwendigkeit angesehen würde und kein terrestrisches Fernsehen mehr existierte, es erforderlich sei, diejenigen Menschen zu subventionieren, die die Kabelgebühren nicht selbst bezahlen könnten. Jedenfalls bleibt auch hier die Erkenntnis, dass es nicht der effektivste Weg der Gewährleistung von Fernsehen wäre, zumal dieser Dienst auch anders möglich ist. Sollte das vom Kabelnetz hauptsächlich verbreitete Gut die Fernsehdienstleistung sein, bleibt schließlich nur der Schluss, dass die Kosten der Verbraucher für terrestrisches Free TV sicherlich niedriger wären als für Abonnement-Kabelfernsehen, selbst wenn es subventioniert würde.[122]

Schließlich wurde auch das Argument, "broadcast television" fördere den lokalen Charakter des Fernsehens, im Laufe der Zeit in Zweifel gezogen. Obwohl es in den Kabelsystemen der 60er und 70er Jahren nicht viele lokale Programme gab, scheint dies heutzutage nicht mehr der Fall zu sein. Da die heutigen Kabelsysteme generell eine viel größere Kapazität besäßen als 1978, seien sie auch eher in der Lage, lokalen Zugangsbestimmungen zu entsprechen. Viele Franchiseverträge zwischen Gemeinden und Kabelnetzbetreibern verlangen nämlich gerade die Einspeisung von lokalen Programmen. Demnach sei es nicht mehr so klar, dass lokalen Belangen am ehesten durch lokales "broadcast television" entsprochen würde, oder ob diese Funktion auch von neuen lokalen Kabelbetreibern übernommen werden könnte.[123]

Jedenfalls hat die Wirklichkeit gezeigt, dass die Must-Carry-Regelung lediglich von den kleinen unabhängigen Fernsehstationen, welche ansonsten vermutlich nicht ins Kabelnetz eingespeist worden wären, in Anspruch genommen wurde. Demgegenüber entschieden sich die größeren und etablierteren Sender für "retransmission consent", da ihnen für die Zustimmung zur Einspeisung ihrer Programme von den Kabelnetzbetreibern ein lukratives Entgelt gezahlt wird.[124] Indem jeder Fernsehstation - egal wie klein und unbeliebt sie sein sollte - die Möglichkeit gegeben wird, sich in ein Kabelnetz einspeisen zu lassen und somit ihre Reichweite zu vergrößern, gewährt die Must-Carry-Regelung lokalen Fern-

---

[121] Laut einer Studie der National Cable Television Association seien es im Jahre 1994 bereits 96 Prozent der Haushalte gewesen, an denen die Kabelnetze vorbeiliefen.

[122] *Lubinsky*, aaO, III.B.1.c.

[123] *Lubinsky*, aaO, III.B.1.c.

[124] Während sich 80Prozent aller amerikanischen Fernsehsender für die Einspeisezustimmungsmöglichkeit entschieden, waren es bei den Tochterunternehmen großer Networks ("network affiliates") sogar 90 Prozent. Hingegen wählten 80Prozent der kleinen unabhängigen Sender die Must-Carry-Alternative. S. Most Stations Seek Pay for Must-Carry, S.F. Chron., July 16, 1993, at C4.

sehunternehmen großen Einfluss. Die Fernsehstation kann gegenüber jedem Kabelnetzbetreiber in ihrem Gebiet "dominanter Einflussnahme" ("Area of Dominant Influence")[125] den Must-Carry-Status geltend machen. Angesichts derartiger Einflussnahmemöglichkeiten der kleinen lokalen Sender im Vergleich zu der gegenüber den Kabelnetzbetreibern günstigen Verhandlungsposition der größeren Sender besteht kein Zweifel daran, dass die Must-Carry-Regelung lokales terrestrisches Free TV in starkem Maße fördert.

bb. Die Förderung größerer Vielfalt von Informationsquellen ("Diversity of Information Sources")

Der Cable Act von 1992 bestimmt ausdrücklich, dass eines seiner Ziele die Förderung einer größeren Vielfalt von Informationsquellen sei.[126] Während der Einführung des 1992 Cable Act formulierte auch die FCC als eines der Hauptziele des Gesetzes die Vermehrung, nicht Verminderung, von empfangbaren Rundfunksignalen für die Öffentlichkeit.[127] In Anbetracht der Tatsache, dass Must-Carry praktisch jedem Rundfunkveranstalter die Möglichkeit gibt, sein Programm in das Kabelnetz einspeisen zu lassen, ist zunächst einsehbar, warum diese Regelung die Vielfalt in Kabelkanälen fördern kann. Trotzdem sei die Frage, ob ein zusätzliches Programm die Vielfalt in einem Kabelsystem fördern kann, abhängig von der weiteren Frage, ob überhaupt genügend zusätzliche Kabelkapazität in einem System zur Verfügung steht. Ist dies der Fall, scheint ein weiteres Programm zur Programm- und Informationsvielfalt beitragen zu können. Ist die Kabelkapazität aber beschränkt, hänge die Frage nach Förderung der Vielfalt nämlich davon ab, ob das neue Programm "vielfältiger" ist als das, welches es ersetzt hat.[128] Für einen Kabelnetzbetreiber gibt es die unterschiedlichsten Gründe, ein Programm einzuspeisen; so z.B. Umsatzsteigerung, lokale Zugangsbestimmungen, Must-Carry-Pflichten, oder weitere privatrechtliche Vereinbarungen. Aber es gibt keinen Grund zur Annahme, dass ein Kabelnetzbetreiber notwendigerweise einen vielfältigeren Kanal einspeisen würde. Insofern ist die Must-Carry-Pflicht zur Vielfaltsförderung nur dann imstande, wenn

[125] Der Begriff "Area of Dominant Influence" (ADI) wird bis zum 1. Januar 2000 zur Definition des Marktes eines kommerziellen terrestrisch sendenden Fernsehsenders verwendet wie er im Arbitron 1991-1992 Television ADI Market Guide bestimmt wurde. Ab dem 1. Januar 2000 soll der Begriff "Designated Market Area" (DMA), wie er im 1997-98 DMA Market and Demographic Rank Report von Nielsen Media Research geprägt wurde, Geltung haben. S. dazu 47 C.F.R. § 76.55(e) (1994).

[126] *Cable Television Consumer Protection and Competition Act of 1992*, aaO, § 2(b)(1); dort heißt es u.a.: "promote the availability . . . of a diversity of views and information".

[127] Vgl. *Implementation of the Cable Television Consumer Protection and Competition Act of 1992*, Report and Order, aaO, para. 147.

[128] *Lubinsky*, aaO, III.B.1.d.

zum einen die Kapazität der Kabelkanalsysteme dies zulässt und zum anderen die aufgrund von Must-Carry eingespeisten Programme einer genauen Vielfältigkeitsprüfung unterzogen werden. Letzteres dürfte angesichts doch fragwürdiger Kriterien der amerikanischen Medien- und Unterhaltungslandschaft für die Bestimmung von Informationsvielfalt eher schwierig sein.

b. Die verfassungsgerichtliche Überprüfung (Turner Broadcasting System, Inc. v. FCC)

Trotz der Versuche des Gesetzgebers, mit dem 1992 Cable Act die verfassungsrechtliche Hinterfragung der Must-Carry-Regeln auszuschließen, verklagte noch am Tag der Verabschiedung des Gesetzes das Unternehmen Turner Broadcasting System, Inc. ("Turner") die FCC und die Vereinigten Staaten von Amerika.[129] Ohne Übertreibung lässt sich sagen, dass die in diesem Verfahren entwickelte Rechtsprechung mittlerweile den entscheidenden Orientierungsmaßstab mit Hinblick auf die Rechtmäßigkeit der Einspeiseverpflichtung im Bereich des Kabelfernsehens in den USA darstellt. Deswegen soll im folgenden auch in aller Ausführlichkeit auf den Verlauf des Verfahrens eingegangen werden.

aa. Die erste District Court Entscheidung

Am 5. Oktober 1992 brachte Turner den Fall vor die aus drei Richtern bestehende Kammer des United States Court for the District of Columbia.[130] Dabei machte Turner geltend, dass die Must-Carry-Regeln - ähnlich wie schon im Fall Century - die im First Amendment gewährleisteten Rechte der Kabelunternehmen auf freie Meinungsäußerung und redaktionelle Entscheidungsfreiheit verletzen würden. Am 8. April 1993 lehnte das Gericht Turners Antrag mit 2:1 Stimmen ab.[131] In seiner "Majority Opinion" brachte Richter Jackson zum Ausdruck, dass sich Must-Carry an wirtschaftlichen, nicht ideologischen Zielen orientiere. Die Regelungen bezögen sich nicht auf den Inhalt irgendwelcher Botschaften, sondern stellten eine industrie-spezifische Wettbewerbsgesetzgebung zur Regulierung fairer Handelspraktiken in einem marktwirtschaftlich nicht

---

[129] *Turner Broadcasting System, Inc. v. FCC*, 819 F. Supp. 32 (1993), vacated and remanded, 512 U.S. 622 (1994). Im folgenden schlossen sich Daniels Cablevision, Inc., Time Warner Entertainment Co., die National Cable Television Association und Discovery Communications, Inc. dem Verfahren an.

[130] Das Gesetz bestimmte: "[n]otwithstanding any other provision of law, any civil action challenging the constitutionality of section 534 or 535 of this title or any provision thereof shall be heard by a district court of three judges convened pursuant to the provisions of section 2284 of Title 28." 47 U.S.C. § 555(c) (1994).

[131] *Turner*, 819 F. Supp., aaO, at 51 (Sporkin, J., concurring) (Williams, J., dissenting).

funktionierenden Markt dar.[132] Unter Anwendung des sog. O'Brian-Tests[133] befand Richter Jackson, dass die Must-Carry-Regeln inhaltsneutrale Regeln seien, die ein bedeutendes Regierungsinteresse förderten und dabei das Recht auf Meinungsfreiheit nicht wesentlich mehr einschränkten als erforderlich.[134] Das bedeutende Interesse ergebe sich laut Gericht aus den umfangreichen Erkenntnissen, die der Kongress im Laufe des Gesetzgebungsverfahrens gewonnen habe. Die Fülle dieser Erkenntnisse sei es auch, warum sich dieser Fall sowohl von Quincy Cable, als auch von Century Communications unterscheide und die dort entwickelte Rechtsprechung hier nicht einschlägig sei.[135] Demnach verhindere die Machtkonzentration innerhalb der Kabelindustrie den effektiven Wettbewerb um Zuschaueranteile zwischen herkömmlichen Programmveranstaltern und den Produzenten von Kabelprogrammen; dadurch sei das gebührenfreie lokale Fernsehen in ernsthafter Gefahr.[136] Mit dieser Begründung wies der District Court die Einwände der Kabelnetzbetreiber zurück, das geltend gemachte Regierungsinteresse orientiere sich am Inhalt der Programme und sei lediglich der Versuch, die weite Verbreitung von Informationen aus vielfältigen Quellen, einschließlich des lokalen Rundfunks, zu fördern.[137]

Richter Sporkin schloss sich Richter Jacksons Ansicht an und begegnete Turners Antrag in seiner Begründung äußerst kritisch.[138] Er hatte das Gefühl, Turners Motivation, Must-Carry anzugreifen, bestehe nicht in der Wahrung des Rechts

---

[132] *Turner*, 819 F. Supp., aaO, at 40, 44 f. Dabei bezeichnete Richter Jackson must-carry als: "an effort to level the economic playing field in the television industry" und betonte: "[I]f the must-carry provisions are content-related at all, they are only marginally so, to the point of *de minimis*.".

[133] In *United States v. O'Brien*, 391 U.S. 367, 377 (1968) wurde ein verfassungsrechtlicher Überprüfungsstandard entwickelt, unter dem inhaltsneutrale Regelungen - d.h. solche, die nicht auf den Inhalt von Meinungen abstellten - die im Ersten Zusatzartikel der Verfassung gewährleisteten Rechte unter bestimmten Umständen einschränken konnten (sog. "Intermediate First Amendment Scrutiny"). Das Gericht in *O'Brien* befand, dass eine das First Amendment einschränkende inhaltsneutrale Regelung verfassungsgemäß war: ". . . if it furthers an important . . . governmental interest; if the governmental interest is unrelated to the suppression of free expression; and if the incidental restriction on alleged First Amendment freedoms is no greater than is essential to the furtherance of that interest."

[134] *Turner*, 819 F. Supp., aaO, at 37.

[135] *Turner*, 819 F. Supp., aaO, at 40 u. 46.

[136] In *Turner*, 819 F. Supp., aaO, at 39-40 heißt es wörtlich u.a.: ". . . concentration of economic power in the cable industry was preventing non-cable programmers from effectively competing for the attention of a television audience (and that) free local broadcast television (was) in serious jeopardy".

[137] *Turner*, 819 F. Supp., aaO, at 43.

[138] *Turner*, 819 F. Supp., aaO, at 51-57 (Sporkin, J., concurring).

auf freie Meinungsäußerung, als vielmehr in der Wahrung bzw. Steigerung seiner Anteile auf dem Fernsehmarkt.[139]

Richter Williams hatte eine abweichende Meinung.[140] Er vertrat die Auffassung, dass sich die Must-Carry-Regeln - wie auch die dazu ergangenen Erwägungen des Gesetzgebers - sehr wohl am Inhalt der Signale orientierten, so dass ein strengerer Verfassungsmaßstab (nämlich "Strict Scrutiny")[141] anzuwenden sei. Williams glaubte, dass die Vorschriften in verfassungswidriger Weise Meinungsäußerungen erzwingen und die redaktionelle Kontrolle der Kabelbetreiber durch die Kontrolle der Regierung ersetzen würden.[142] Obwohl Richter Williams zugab, die Regierung habe ein zwingendes Interesse an der Förderung von Meinungsvielfalt, lehnte er das Argument ab, Must-Carry würde zur Erlangung der Vielfalt beitragen.[143]

bb. Die erste Supreme Court Entscheidung ("Turner I")

Im sich anschließenden Revisionsverfahren vor dem U.S. Supreme Court[144] spaltete die vorgebrachte Problematik die neun Richter in zwei Lager. Obwohl das Gericht in einigen vorherigen Verfahren bereits mit Kabelfernsehen befasst war[145], stellten die Turner-Fälle das Gremium vor eine neue große Herausforde-

[139] Richter Sporkin schrieb: "Plaintiffs have come before this Court, not because their freedom of speech is seriously threatened, but because their profits are; to dress up their complaint in First Amendment garb demeans the principles for which the First Amendment stands and the protections it was designed to afford." *Turner*, 819 F. Supp., aaO, at 54 (Sporkin, J., concurring).

[140] *Turner*, 819 F. Supp., aaO, at 57-65 (Williams, J., dissenting).

[141] "Strict Scrutiny" ist der strengste verfassungsrechtliche Überprüfungsmaßstab und findet Anwendung, wenn ein Gesetz auf der Basis des Inhalts einer Botschaft diskriminierende Wirkung entfaltet. Für die Rechtmäßigkeit eines solchen Gesetzes muss der Gesetzgeber ein zwingendes Regierungsinteresse nachweisen und die Regelung so wenig einschränkend wie möglich sein, um jenes Interesse zu erreichen. Vereinfacht lässt sich auch sagen, dass ein Gesetz, das eine Meinungsäußerung erzwingt, und ein Gesetz, das einen Redner benachteiligt, jeweils grundsätzlich verfassungswidrig ist. Zum Fall des verfassungswidrigen Zwangs zur Meinungsäußerung s. *Miami Herald Publishing Co. v. Tornillo*, 418 U.S. 241 (1979), bzgl. der Benachteiligung von Rednern s. *Arkansas Writers' Project, Inc. v. Ragland*, 481 U.S. 221 (1987).

[142] *Turner*, 819 F. Supp., aaO, at 57-60 (Williams, J., dissenting).

[143] *Turner*, 819 F. Supp., aaO, at 61 (Williams, J., dissenting). Er urteilte, dass Must-Carrys Beitrag zur Meinungsvielfalt lediglich sei: "[to] replace the mix chosen by cablecasters - whose livelihoods depend largely on satisfying audience demand - with a mix derived from congressional dictate."

[144] *Turner Broadcasting System, Inc. v. FCC*, 512 U.S. 622 (1994) (*"Turner I"*).

[145] *Turner I* war erst der siebte Fall, der sich mit Kabelregulierung beschäftigte und den Supreme Court erreichte. S.a. *Leathers v. Medlock*, 499 U.S. 439 (1991); *City of Los Angeles*

rung. Im Rahmen dieses Verfahrens wurde dem Gericht endlich Gelegenheit gegeben, die Stellung des Kabelfernsehens innerhalb des First Amendment umfassend zu untersuchen.

(1) Die Ansicht der Mehrheit ("The Majority Opinion")

Richter Kennedy verfasste das Urteil für die Mehrheit. Eine für die Entscheidung grundlegende Frage war zunächst, ob man Kabelfernsehen wie Zeitungen oder wie herkömmliche Rundfunksender behandeln sollte.[146] Die Regierung hatte argumentiert, dass Kabelnetzbetreiber mit herkömmlichen Rundfunkunternehmen zu vergleichen seien, und bei Gericht beantragt, in seiner Urteilsfindung die sog. "Scarcity Rationale" aus Red Lion anzuwenden.[147] Das Gericht lehnte aber diesen Standard aus denselben Gründen ab, wie es der District of Columbia Circuit Court schon in Quincy Cable getan hatte: Kabelfernsehen leide nicht an inhärenter Knappheit, welche - aufgrund der Begrenztheit des elektromagnetischen Spektrums - charakteristisch für den Rundfunk sei.[148] Kommentatoren, die eine weitergehende Einschränkung der Kabelindustrie forderten, kritisierten diese Einschätzung des Gerichts als Fehlbeurteilung der Kabeltechnologie. Obschon das elektromagnetische Spektrum bei der Kabeltechnologie keine Rolle spiele, seien die Möglichkeiten, ein Kabelfernsehsignal zu übertragen, immer noch beschränkt, zumal aufgrund der Technik die Anzahl der in einem Kabelnetz zur Verfügung stehenden Kanäle ebenfalls begrenzt sei.[149] Knappheit existiere im Bereich der Kabelindustrie überdies auf zwei Ebenen: Zum einen in der Anzahl der zur Verfügung stehenden Kabelnetze und zum anderen in der Anzahl der zur Verfügung stehenden Kanäle innerhalb des jeweiligen Netzes.[150] Demnach müssten an der Knappheit der Übertragungswege orientierte weitergehende Einschränkungen auch im Bereich des Kabelfernsehens zulässig sein. Und soll-

---

v. Preferred Comm., Inc., 476 U.S. 488 (1986); *Capital Cities Cable, Inc. v. Crisp*, 467 U.S. 691 (1984); *FCC v. Midwest Video Corp.*, 440 U.S. 689 (1979); *United States v. Midwest Video Corp.*, 406 U.S. 649 (1972); *United States v. Southwestern Cable Co.*, 392 U.S. 157 (1986).

[146] *Turner I*, aaO, at 637. Zur Diskussion über den Vergleich von Kabel mit Print- und Rundfunkmedien s.a. *Meyerson*, Authors, Editors, and Uncommon Carriers: Identifying the "Speaker" Within the New Media, 71 Notre Dame L. Rev. 79, 94-100 (1995).

[147] *Turner I*, aaO, at 637. S.o. Fn. 67 ff.

[148] *Turner I*, aaO, at 639.

[149] *Redlich & Lurie*, First Amendment Issues Presented by the "Information Superhighway," 25 Seton Hall L. Rev. 1446, 1451 (1995) ("One might question the *Turner* Court's refusal to expand application of the scarcity rationale to the cable context. The number of cable channels available on each system is limited by technology.").

[150] *Fitzgerald*, aaO, S. 337.

ten die Kanäle tatsächlich nicht knapp sein[151], könnten die Kabelnetzbetreiber sowohl terrestrische als auch Kabelprogramme einspeisen, ohne eine der beiden auszuschließen, wodurch die Kabelindustrie ihr wertvollstes Argument verliere.[152] Das Gericht schien sich jedenfalls nicht darüber einig zu sein, ob Kanäle tatsächlich knapp waren oder nicht.[153]

Zu Beginn seiner Analyse machte das Gericht die ebenfalls von Kommentatoren kritisierte Feststellung, Kabelnetzbetreiber würden sich an Meinungsäußerungen beteiligen und diese weiterverbreiten.[154] Diese verwirrende Beschreibung stelle die gesamte Entscheidung auf ein schwaches Fundament, so ein Kommentator.[155] Sicherlich verbreiteten die Kabelnetzbetreiber Meinungen, dies bedeute aber nicht notwendigerweise, dass sie sich auch daran beteiligten.[156] Die Meinungsäußerungen der Kabelnetzbetreiber beschränkten sich vielmehr auf ihre redaktionellen Entscheidungen, welche Programme sie verbreiteten. Sie legten lediglich ihre Kanalbelegung fest, und daraufhin seien sie, so wörtlich, "still". Dies habe auch das Gericht erkannt, indem es feststellte, dass sobald ein Kabelnetzbetreiber die Programme ausgewählt habe, Kabelfernsehen allein als kontinuierlicher Übertragungsweg für die unveränderten Meinungen anderer zum Abonnenten funktioniere.[157] Das Gericht sah diese redaktionelle Entscheidungsfreiheit aber ebenfalls als eine Art Recht auf freie Meinungsäußerung an, die den Schutz des First Amendment verdiene.[158] Dem wurde in der Literatur jedoch entgegengehalten, dass dieses Recht nur von begrenzter Bedeutung für das First Amendment sei.[159] Da Kabelnetzbetreiber praktisch keinen Einfluss auf den In-

---

[151] S. *Sunstein*, The First Amendment in Cyberspace, 104 Yale L.J. 1757, 1769 (1995): "Scarcity is rarely a problem for new technologies".

[152] *Fitzgerald*, aaO, S. 337 f., der richtigerweise hinzufügt: "It is conceivable that channel scarcity will never be totally eliminated. With a cable channel now devoted to virtually every aspect of life, even a 500-channel universe may not be sufficient to transmit every station that desires carriage".

[153] Vgl. *Turner I*, aaO, at 639 (majority opinion): ". . . given the rapid advances in fiber optics and digital compression technology, soon there may be no practical limitation on the number of speakers who may use the cable medium" mit Turner I, aaO, at 674 (O'Connor, J., dissenting): "There are only so many channels that any cable system can carry".

[154] *Turner I*, aaO, at 636 (". . .[cable operators] engage in and transmit speech.").

[155] *Fitgerald*, aaO, S. 339.

[156] Zur Abgrenzung von Redner und Vertrieb s. *Meyerson*, aaO, at 81-93. Meyerson sagt u.a.: "[the protection given to distributors] is derived from the value the Constitution has placed on the cargo being hauled, not the inherent value of hauling."

[157] *Turner I*, aaO, at 629.

[158] *Turner I*, aaO, at 636.

[159] Vgl. *Schwartz*, Public Access to Cable Television, 33 Hastings L.J. 1009, 1037 (1982) ("An entity that acts as a conduit, rather than as a creator or an editor of speech . . . may not be acting in ways that the first amendment protects. As a conduit merely enables others to speak, some regulation of speech conduits may be permissible under the first amendment.").

halt der von ihnen eingespeisten Programme hätten, sei deren redaktionelle Entscheidungsfreiheit bei weitem nicht so bedeutsam wie die Rechte der Zeitungen oder der Rundfunksender[160], weshalb sich einige Kommentatoren auch aus diesem Grund vom Supreme Court die Anwendung eines strengeren Regulierungsmaßstabs für das Kabelfernsehen gewünscht hätten.[161]

Nachdem die "Scarcity Rationale" als Abwägungsstandard jedenfalls abgelehnt war, wendete sich das Gericht der kritischsten und umstrittensten Frage seiner Urteilsfindung zu, und zwar, ob Must-Carry eine inhaltsbezogene oder inhaltsneutrale Regelung sei.[162] Es kam zu dem Schluss, dass es sich bei den Must-Carry-Vorschriften um eine inhaltsneutrale Regelung handelte. Erstens sei Must-Carry ausdrücklich inhaltsneutral, da ihre Auswirkungen auf die Kabelnetzbetreiber nicht von deren Programmauswahl beeinflusst würden.[163] Must-Carry beeinträchtige alle Kabelnetzbetreiber mit mehr als 300 angeschlossenen Haushalten gleichermaßen, und keine Veränderung des eingespeisten Programms durch einen Kabelnetzbetreiber könnte an dieser Beeinträchtigung etwas ändern. Obschon das Gericht eine Begünstigung der Rundfunksender und eine Benachteiligung der Kabelprogrammveranstalter durch die Must-Carry-Regeln einräumte, stellte es fest, dass diese Ungleichbehandlung lediglich auf der Art und Weise, wie Programmmacher ihre Botschaften zu den Zuschauern weiterleiteten, basierten, und nicht auf den weitergeleiteten Botschaften selbst.[164] Zweitens befand das Gericht, dass Must-Carry auch nicht den Zweck verfolge, Meinungsäußerungen zu regulieren. Dabei lehnte es sich an die Ausführungen des Kongresses an, der das Interesse bekundete, terrestrischen Rundfunk für alle Bürger zu erhalten. Die häufigen Bezugnahmen auf die Bedeutung des terrestrischen Rundfunks seitens des Gesetzgebers seien Ausdruck der Erkenntnis, dass die vom terrestrischen Rundfunk erbrachten Dienste einen inneren Wert hätten und sie es deshalb wert seien, vor den durch das Kabel drohenden Gefahren geschützt zu werden.[165] Mit dieser Begründung lehnte das Gericht auch das Argument ab, die vom Kongress wiederholt gemachten Aussagen zur

---

[160] *Meyerson*, aaO, at 84 ("The fact that a distributor of information may select some of what is carried does not transform that distributor into an 'editor' for all of the information carried. As far as the First Amendment is concerned, while all editing requires selection, not all selection constitutes 'editing.'").

[161] *Fitzgerald*, aaO, S. 240.

[162] *Turner I*, aaO, at 641 f.

[163] *Turner I*, aaO, at 643 f.

[164] *Turner I*, aaO, at 645 (". . . based only upon the manner in which speakers transmit their messages to viewers, and not upon the messages they carry.").

[165] *Turner I*, aaO, at 645 ff. ("[T]he provisions are designed to guarantee the survival of a medium that has become a vital part of the Nation's communication system, and to ensure that every individual with a television set can obtain access to free television programming.").

Bedeutung des terrestrischen Rundfunks implizierten eine verfassungswidrige Rednerbevorzugung.[166]

Bevor das Gericht einen angemessenen Abwägungsstandard für diese inhaltsneutrale Regelung bestimmte, beschäftigte es sich mit einigen im Rahmen seiner Argumentation von Turner angestellten Vergleichen. Zunächst lehnte das Gericht Turners Argument ab, Must-Carry verpflichte Kabelnetzbetreiber zur Tätigung von Meinungsäußerungen. In Anbetracht der langen geschichtlichen Entwicklung des Kabelfernsehens als zusätzliches Weiterverbreitungsmedium von terrestrischen Rundfunksignalen sei nicht zu befürchten, Kabelfernsehzuschauer könnten annehmen, die in ein Kabelnetz eingespeisten terrestrischen Programme enthielten die Ideen und Botschaften der Kabelnetzbetreiber.[167] Das Gericht lehnte auch den Vergleich von Kabelnetzbetreibern mit Zeitungen ab, da es innerhalb der Printmedien vergleichbare Monopolstellungen, wie sie die Kabelunternehmen mittlerweile entwickelt hatten, nicht gebe. Eine Person, der der Zugang zu einer Zeitung verwehrt würde, könnte jederzeit eine andere Zeitung oder eine alternative Form der Publikation wählen. Wenn jedoch ein Kabelnetzbetreiber den Zugang zu einem Rundfunksender verweigere, schließe er diese Stimme aus jenem Markt für Meinungen gänzlich aus. In der vielleicht wichtigsten Aussage der gesamten Entscheidung charakterisierte das Gericht diese Fähigkeit der Kabelnetzbetreiber als sog. "Bottleneck bzw. Gatekeeper Control", die es ihnen ermögliche, das meiste, wenn nicht sogar das gesamte, in die Haushalte der Abonnenten gelangende Fernsehprogramm zu kontrollieren und die Stimme von Wettbewerbern mit einer "einzigen Betätigung des Schalters" erstummen zu lassen.[168] Auch die letzten Argumente Turners, die ebenfalls auf verfassungswidrige Rednerbevorzugung bzw. Ungleichbehandlung abstellten, lehnte das Gericht mit den bereits oben angeführten Begründungen schnell ab.[169]

Schließlich wendete das Gericht den O'Brien-Test als angemessenen Abwägungsmaßstab an und erachtete die drei vom Kongress formulierten Interessen - (1) die Erhaltung des gebührenfreien terrestrischen lokalen Rundfunks, (2) die Förderung einer Vielfalt von Informationsquellen und (3) die Förderung eines fairen Wettbewerbs im Markt für Fernsehprogrammveranstaltung - in zumindest abstrakter Hinsicht als sogar zwingende Regierungsinteressen.[170] Und obwohl

---

[166] *Turner I*, aaO, at 653.

[167] *Turner I*, aaO, at 653 ff.

[168] *Turner I*, aaO, at 656 ("[w]hen an individual subscribes to cable, the physical connection between the television set and the cable network gives the cable operator bottleneck, or gatekeeper" control over most (if not all) of the television programming that is channeled into the subscriber's home."). Vgl. auch die Rede des damaligen Vorsitzenden der FCC, *Hundt*, Toward Regulation That Fosters Competition, 47 Fed. Comm. L.J. 265 (1994).

[169] *Turner I*, aaO, at 657-661.

[170] *Turner I*, aaO, at 662 f.

das Gericht bestimmte, dass Must-Carry nicht per se verfassungswidrig sei, war es nicht in der Lage, den nächsten Schritt in seiner Analyse zu gehen. Die von der Regierung vorgebrachten Interessen, so wichtig sie in abstrakter Hinsicht auch seien, würden nicht durch genügend Beweise gestützt. Beschränkt auf die bis dahin eingereichten Vorbringen habe die Regierung nicht beweisen können, dass lokale Rundfunkunternehmen tatsächlich und direkt durch Kabelfernsehen gefährdet seien, oder dass die Must-Carry-Regeln eng genug gefasst seien, um den O'Brien-Test zu bestehen.[171] Zwar hätten einige Statistiken gezeigt, dass lokale Fernsehsender ohne den Schutz durch die Regierung nicht mehr in das Kabelnetz eingespeist worden seien, aber es seien keinerlei Beweise dahingehend vorgelegt worden, die indizierten, dass daraus notwendigerweise finanzielle Belastungen für diese resultiert hätten.[172] U.a. aus Mangel an Beweisen sah sich das Gericht nicht imstande, die Verfassungsmäßigkeit von Must-Carry in einem abschließenden Urteil zu bestimmen. Dementsprechend hob das Gericht die Entscheidung des District Court auf und verwies es zur weiteren Sachverhaltsaufklärung an dasselbe zurück.[173]

Der Vorsitzende Richter Rehnquist und die Richter Blackmun, Stevens und Souter schlossen sich Richter Kennedys Ansicht an, Must-Carry sei inhaltsneutral und müsse nach dem O'Brien-Test beurteilt werden.[174] Obschon Richter Stevens der Auffassung war, die Aktenlage sei vollständig genug, um die Gefährdung der lokalen Rundfunksender zu beweisen und das Urteil des District Court zu bestätigen, schloss er sich der Zurückverweisung an, um eine Mehrheit herzustellen.[175]

---

[171] *Turner I*, aaO, at 664 ff. ("[The government] must demonstrate that the recited harms are real, not merely conjectural, and that the regulation will in fact alleviate these harms in a direct and material way"). S.a. HBO,aaO, at 36 ("[A] regulation perfectly reasonable and appropriate in the face of a given problem may be highly capricious if that problem does not exist.").

[172] *Turner I*, aaO, at 666 ff. Das Gericht führte u.a. aus: "We think it significant, for instance, that the parties have not presented any evidence that local broadcast stations have fallen into bankruptcy, turned in their broadcast licenses, curtailed their broadcast operations, or suffered a serious reduction in operating revenues as a result of their being dropped from, or otherwise disadvantaged by, cable systems."

[173] *Turner*, aaO, at 668.

[174] *Turner*, aaO, at 624 f.

[175] *Turner I*, aaO, at 670 ff. (Stevens, J., concurring) ("While additional evidence might cast further light on the efficacy and wisdom of the must-carry provisions, additional evidence is not necessary to resolve the question of their facial constitutionality.").

(2) Die Ansicht der Minderheit ("The Dissent")

Richterin O'Connor verfasste die abweichende Meinung; ihr schlossen sich Richter Scalia, Richterin Ginsburg und teilweise Richter Thomas an.[176] Sie blieben bei der schon in Quincy Cable und Century Communications vertretenen Ansicht, bei der Einspeiseverpflichtung handele es sich um eine inhaltsbezogene, also direkte Einschränkung.[177] Auch sei die Bevorzugung des herkömmlichen Rundfunks gegenüber den Kabelprogrammen inhaltsbezogen; im First Amendment verbiete die Verfassung dem Gesetzgeber grundsätzlich, gewisse Meinungsäußerungen von seiner Regulierung auszunehmen, nur weil er sie für besonders wertvoll halte.[178]

Nach der Feststellung, Must-Carry sei inhaltsbezogen, wendete die Mindermeinung folgerichtig "Strict Scrutiny" als Abwägungsmaßstab an und kam zu dem Schluss, dass die Einspeisungspflicht diesem gehobenen Standard nicht genüge. Obschon lobenswert, könnten die Regierungsinteressen nicht als zwingend - wie es von diesem Maßstab vorausgesetzt wird - bezeichnet werden.[179] Die abweichende Ansicht ging mit seiner Kritik an den Must-Carry-Regeln sogar noch einen Schritt weiter, indem es ausführte, dass sie sogar nach dem O'Brien-Standard ("Intermediate Scrutiny") verfassungswidrig seien, selbst wenn sie entsprechend der Mehrheitsauffassung als inhaltsneutrale Regelung angesehen würden.[180] Die Must-Carry-Regeln seien viel zu weit gefasst ("fatally overbroad"), wodurch sie insgesamt einen unverhältnismäßigen Eingriff in die redaktionelle Entscheidungsfreiheit der Kabelnetzbetreiber und die Meinungsfreiheit der Kabelprogrammveranstalter darstellten.[181] Wenn er Wettbewerb fördern wolle,

---

[176] *Turner I*, aaO, at 674. Richterin Ginsburg verfasste eine eigene abweichende Meinung, um ihre Auffassung von der Inhaltsbezogenheit von Must-Carry zu betonen und schrieb u.a.: "[must-carry] hypothesizes a risk to local stations that remains imaginary." Turner I, aaO, at 685 (Ginsburg, J., dissenting). Interessanterweise gehörte sie dem District of Columbia Circuit Court an, als dieser den Fall Quincy Cable entschied und Must-Carry für verfassungswidrig erklärte; vgl. Quincy Cable, aaO, at 1437.

[177] *Turner I*, aaO, at 687 (O'Connor, J., dissenting) (". . .the Court is mistaken in concluding that the interest in diversity . . . is content neutral. . . The interest in ensuring access to a multiplicity of diverse and antagonistic sources of information, no matter how praiseworthy, is directly tied to the content of what the speakers will likely say.").

[178] *Turner I*, aaO, at 679 (O'Connor, J., dissenting). Allein dies genüge, um must-carry - ungeachtet irgendwelcher anderer inhaltsneutraler Zwecke - als verfassungswidrig einzustufen: "[W]e have never held that the presence of a permissible justification lessens the impropriety of relying in part on an impermissible justification".

[179] *Turner I*, aaO, at 680 ff. (O'Connor, J., dissenting).

[180] *Turner I*, aaO, at 682 (O'Connor, J., dissenting).

[181] *Turner I*, aaO, at 680 ff. (O'Connor, J., dissenting) ("For reasons related to the content of speech, the rules restrict the ability of cable operators to put on the programming they prefer, and require them to include programming they would rather avoid") und ("Finally, my conc-

könne das der Gesetzgeber auch mit weniger einschränkenden Mitteln als Must-Carry tun.[182]

Richterin O'Connor verglich die Must-Carry-Regeln mit der Pflicht eines Buchladens, ein Drittel seiner Bücherregale mit kostenlosen Büchern gemeinnütziger Verlage zu füllen, was absolut unvereinbar mit dem First Amendment wäre.[183] Wie ein Kommentator aber passend bemerkte, erschiene eine derartige Zugangsverpflichtung gar nicht mehr so unvereinbar mit der Verfassung, wenn es in jeder Gemeinde nur einen Buchladen gäbe, jeder dieser Buchläden praktisch unendlich viele Bücherregale hätte und diese Buchläden einen wirtschaftlichen Anreiz hätten, einige Verlage nicht zu führen.[184]

cc. Die zweite District Court Entscheidung

Nach der Zurückverweisung an den U.S. District Court for the District of Columbia dauerte es weitere achtzehn Monate, bis das Gericht seine neuerlichen Untersuchungen abgeschlossen und eine Akte von mehreren zehntausend Seiten[185] angehäuft hatte, bevor er auf die vom Supreme Court aufgeworfenen Fragen einging.[186] Der bereits in der ersten Entscheidung der Kabelindustrie äußerst kritisch gegenüberstehende Richter Sporkin verfasste die Ansicht der Mehrheit.[187] Das Gericht beschäftigte sich zunächst mit der Frage, ob Must-Carry tatsächlich erforderlich war, um lokale Rundfunksender vor wirtschaftlichem Schaden zu bewahren.[188] Aus der Annahme, die Umsatzsteigerungen der Kabelnetzbetreiber resultierten aus Werbeeinnahmen[189], folgerte der District Court, dass die Kabelnetzbetreiber die Fähigkeit und den Anreiz hätten, den Rundfunksendern die Einspeisung zu verweigern, um an deren Werbe-Dollars zu gelangen. Diese nachteiligen Einspeiseentscheidungen wiederum würden den Umsatz

lusions that the must-carry rules are content-based leads me to conclude that there are impermissible restraints on the cable operators' editorial discretion as well as on the cable programmers' speech."). S. hierzu auch die Ausführungen bei *Esser-Wellié*, aaO, S. 117 f.

182 *Turner I*, aaO, at 684 (O'Connor, J., dissenting).

183 *Turner I*, aaO, at 675 f. (O'Connor, J., dissenting). Vgl. auch *Winer*, The Red Lion of Cable and Beyond? - Turner Broadcasting v. FCC, 15 Cardozo Arts & Ent. L.J. 1, 26 f. (1997).

184 *Fitzgerald*, aaO, S. 344 f.

185 Allein der Teil, der die Anhörungen durch den Kongress beinhaltete, umfasste 18.000 Seiten.

186 *Turner Broadcasting System, Inc. v. FCC*, 910 F. Supp. 734 (1995), aff'd, 117 S. Ct. 1174 (1997).

187 *Turner*, 910 F. Supp., aaO, at 737.

188 *Turner*, 910 F. Supp., aaO, at 740 f.

189 *Turner*, 910 F. Supp., aaO, at 741. Das Gericht bemerkte: "[Advertising revenue is the] cable industry's hottest and brightest area of growth".

der Rundfunksender schmälern, zu Qualitätseinbußen hinsichtlich ihres Programms führen und schließlich ihre Zuschauerzahlen verringern, wodurch zuguterletzt für diese ein Teufelskreis abnehmender finanzieller Stabilität und Gesundheit entstünde.[190]

Als nächstes widmete sich der District Court dem in Turner I angesprochenen Problem, ob die Must-Carry-Regeln auch eng genug gefasst seien, um dem verfassungsrechtlichen Überprüfungsmaßstab gerecht zu werden.[191] Zuerst bemerkte das Gericht, dass Must-Carrys Auswirkungen in der Praxis relativ gering seien. Die Beweisaufnahme habe gezeigt, dass nur 1,2 Prozent aller Kabelprogramme im Land aufgrund des Gesetzes zusätzlich ins Netz eingespeist worden seien, und dass 69 Prozent aller Kabelnetzbetreiber nach Inkrafttreten des Gesetzes zur Einspeisung anderer Programme nicht verpflichtet gewesen seien.[192] Daraufhin diskutierte das Gericht fünf potentiell weniger einschränkende Alternativen zu Must-Carry, die bereits in Turner I vorgebracht wurden: (1) eine weniger strenge Must-Carry-Regelung, wie sie seinerzeit in Century Communications abgelehnt wurde, (2) der Einsatz der bereits oben erwähnten "A/B switches", (3) die Subventionierung lokaler Rundfunksender, (4) ein Netzzugang auf Mietbasis, wobei gegen Entgelt den lokalen Sendern ein Teil der Kabelkapazität reserviert würde, und (5) das Kartellrecht, welches den lokalen Fernsehsendern Rechtsschutz gewähren würde, sollten sie durch unfaire Netzzugangsentscheidungen benachteiligt werden.[193] Das Gericht fand, dass keine der angeführten Alternativen so effektiv die Regierungszwecke erfüllen würde wie die Einspeiseverpflichtung.[194] Demzufolge erachtete das Gericht Must-Carry als eng genug gefasst, um "Intermediate Scrutiny" zu genügen; wieder entschied das Gericht zugunsten der Regierung und bestätigte noch einmal die Verfassungsmäßigkeit von Must-Carry.

Richter Jackson erklärte in seiner separat verfassten Meinung, dass die Aktenlage äußerst unklar ("most ambiguous") sei.[195] Um allerdings einen Patt zu vermeiden, schloss er sich - wenn auch widerwillig - Richter Sporkins Urteil an.[196] Richter Williams war wie im ersten Verfahren abweichender Auffassung, um wiederum deutlich zu machen, dass die Einspeiseverpflichtung eine inhaltsbezogene Regelung sei.[197] Nach tiefgehender Analyse des vorgelegten Beweisma-

---

[190] *Turner*, 910 F. Supp., aaO, at 741 ff.
[191] *Turner*, 910 F. Supp., aaO, at 745.
[192] *Turner*, 910 F. Supp., aaO, at 746.
[193] *Turner*, 910 F. Supp., aaO, at 747 ff.
[194] *Turner*, 910 F. Supp., aaO, at 751.
[195] *Turner*, 910 F. Supp., aaO, at 752 (Jackson, J., concurring).
[196] *Turner*, 910 F. Supp., aaO, at 749 (Jackson, J., concurring).
[197] *Turner*, 910 F. Supp., aaO, at 755 (Williams, J., dissenting).

terials war er der Ansicht, es sei immer noch nicht erwiesen, dass die Zukunft des lokalen Fernsehens in Gefahr sei.[198]

dd. Die zweite Supreme Court Entscheidung ("Turner II")

Turner legte wiederum Revision ein gegen die Entscheidung des Distict Court, und der Supreme Court nahm das Verfahren an[199], um vier Jahre nach seiner gesetzlichen Verabschiedung endgültig das Schicksal von Must-Carry zu klären.

(1) Die Ansicht der Mehrheit ("The Majority Opinion")

Wieder verfasste Richter Kennedy die Ansicht der Mehrheit. Er begann seine Analyse in Turner II dort, wo er in Turner I aufgehört hatte, indem er sein Urteil wiederholte, Must-Carry sei inhaltsneutral[200] und unterliege dem Maßstab der "Intermediate Scrutiny".[201] Insgesamt stellte das Gericht fest, dass die Must-Carry-Regeln des Cable Act von 1992 deshalb verfassungsmäßig seien, da es sich bei diesen um (1) inhaltsneutrale Regelungen handelte, die (2) wichtige Regierungsinteressen - Erhaltung des unentgeltlichen terrestrischen lokalen Rundfunks, Informationsvielfalt und fairer Wettbewerb im Fernsehmarkt - förderten und (3) dabei nicht wesentlich mehr Meinungsfreiheit beschränkten als erforderlich.[202]

Dabei unterstrich das Gericht seine Beurteilung in Turner I, dass die Regierung ein wesentliches Interesse daran habe, lokale Rundfunkunternehmen zu schützen. Indem es die Wesentlichkeit dieses Interesses bestätigte, erklärte das Gericht auch, dass der Schaden für den lokalen Rundfunk nicht in der gesamten Industrie um sich greifen müsse, damit lokale Rundfunksender diesen gesetzlichen Schutz verdienten.[203] In der mündlichen Anhörung hatte die Regierung nämlich argumentiert, dass es nicht erforderlich sei, eine Gefahr für die gesamte lokale Rundfunkindustrie zu beweisen; statt dessen sei schon der Verlust einiger terrestrischer Fernsehsender von entscheidender Bedeutung.[204] Dagegen hatte Turner eingewendet, dass es sich nicht um ein wesentliches Regierungsinteresse

---

[198] *Turner*, 910 F. Supp., aaO, at 754 ff., 772 (Williams, J., dissenting).
[199] *Turner Broadcasting System, Inc. v. FCC*, 116 S. Ct. 907 (1996).
[200] S. hierzu auch die Ausführungen bei *Ross*, First Amendment Trump?, 50 Fed. Comm. L.J. 281 (1998).
[201] *Turner Broadcasting System, Inc. v. FCC*, 117 S. Ct. 1174, 1184 ff. (1997) ("*Turner II*").
[202] *Turner Broadcasting System, Inc. v. FCC*, 117 S. Ct. 1174, 1203 (1997).
[203] *Turner II*, aaO, at 1186 f.
[204] United States Supreme Court Official Transcript at 23, *Turner II*, aaO (No. 95-992) (". . . the loss of some over-the-air broadcast stations is a matter of critical importance.").

handelte, solange nicht das Überleben der gesamten Industrie auf dem Spiel stünde.[205] Das Gericht schloss sich den Ausführungen des Kongresses an, welcher illustriert hatte, warum die Prinzipien der freien Marktwirtschaft in der Fernsehindustrie nicht funktionierten.[206] Obgleich das Gericht anerkannte, dass ein starkes Networksystem auch auf gewisse Weise das Überleben des lokalen Rundfunks sicherstellte, stelle die Befürchtung der Regierung, eine bedeutende Anzahl lokaler Rundfunksender könnte nicht mehr ins Kabelnetz eingespeist werden, ein hinreichendes Interesse zur Rechtfertigung der Regulierung dar.[207]

Dem Argument, es sei nicht erwiesen, dass sich die Kabelindustrie wettbewerbswidrig verhalte, hielt das Gericht entgegen, dass es erstens in den Akten doch Beweise für derartiges Verhalten seitens der Kabelindustrie gebe, und dass es zweitens darauf für die Regierung und deren Rechtfertigung der Regeln nicht ankomme.[208] In Turner II ist auffällig, dass sich das Gericht insgesamt viel enger an den Beweismitteln der Regierung orientierte als noch in Turner I. Dabei hatte es den Anschein, wie es ein Kommentator formulierte, dass das Gericht die Must-Carry-Regeln vielmehr als Handelsregulierung und nicht als Meinungsregulierung mit verfassungsrechtlicher Bedeutung behandelte.[209] Laut Gericht gebe die Verfassung dem Kongress die Rolle, widerstreitende Interessen im Gesetzgebungsverfahren abzuwägen. Selbst wenn das daraus resultierende Gesetzeswerk den Schutzbereich des First Amendment berühre, müsse das Gericht dem Gesetzgeber einen beträchtlichen Beurteilungsspielraum zubilligen, in den auch Erwägungen im Hinblick auf kollidierende wirtschaftliche Voraussagen miteinbezogen würden.[210]

---

[205] U.S. S. Ct. Official Transcript, aaO, at 46 f. ("[T]his Court has recognized, and Congress has said before, that it is typically not concerned with the fate of individual broadcast stations, but rather with the system as a whole.").

[206] *Turner II*, aaO, at 1187.

[207] *Turner II*, aaO, at 1187 (Dabei zitierte das Gericht Turner I, aaO, at 666).

[208] *Turner II*, aaO, at 1188 ("Federal policy . . . has long favored preserving a multiplicity of broadcast outlets regardless of whether the conduct that threatens it is motivated by anticompetitive animus or rises to the level of an antitrust violation.").

[209] S. *Fitzgerald*, aaO, S. 347 f. Dabei stützt er sich auf ein Zitat der ersten District Court Entscheidung, *Turner*, 819 F. Supp., aaO, at 40: "Congress employed its regulatory powers over the economy to impose order upon a market in dysfunction, but a market in a commercial commodity nevertheless; not a market in 'speech.'" und den Senatsreport, S. Rep. No. 102-92, aaO, at 56: "The Congress has the power under the Commerce Clause to ensure that operators of communications facilities not use them in a discriminatory fashion against competitors. The requirement that local signals be carried, therefore, is not at all based on the content of those signals, but instead to counterbalance cable systems' commercial or economic incentives to exclude such signals."

[210] Vgl. *Turner II*, aaO, at 1191.

Das Gericht sah es als erwiesen an, dass die herkömmliche Rundfunkindustrie tatsächlich durch Kabel gefährdet sei.[211] Indem es Beweise für horizontale wie vertikale Integration anführte, erklärte das Gericht, dass die Struktur der Kabelindustrie den Kabelnetzbetreibern vermehrt die Fähigkeit und den Anreiz gebe, lokale Fernsehsender aus ihren Systemen herauszunehmen oder sie auf weniger nachgefragte Kanäle zu repositionieren.[212] Dieser Anreiz basiere auf dem Verlangen der Kabelnetzbetreiber, die Werbeeinnahmen der Rundfunksender einzustreichen, und es sei erwiesen, dass sich die Kabelnetzbetreiber dementsprechend verhalten hätten. So sei 47 Prozent der lokalen unabhängigen, kommerziellen Sender und 36 Prozent der nichtkommerziellen Sender der Netzzugang verweigert gewesen, als das Gesetz verabschiedet wurde. Dies habe in den Jahren von 1986 bis 1991 doppelt so hohe Werbeeinnahmen für die Kabelindustrie bedeutet, während der Werbeumsatz der Rundfunkunternehmen in derselben Zeitspanne um 11 Prozent gesunken sei.[213]

Dementsprechend kam das Gericht zu dem Schluss, dass nachteilige Einspeiseentscheidungen zu sinkenden Einschaltquoten und sinkendem Umsatz führten. Und so bestätigte es die Ausführungen der Regierung, dass Rundfunksender, denen der Netzzugang verweigert wurde, entweder bankrott gegangen seien, ihre Rundfunkaktivitäten hätten einschränken oder ernsthafte Umsatzeinbußen hätten hinnehmen müssen.[214] Turner versuchte, das Gegenteil zu beweisen, indem er zeigte, dass die Anzahl lokaler Rundfunkunternehmen im Jahre 1992 um 1,7 Prozent gestiegen sei.[215] Aber das Gericht verwarf dieses Vorbringen mit dem Argument, dass es der Einschätzung des Gesetzgebers obliege, ob die Beweismittel tatsächlich einen Schaden für den lokalen Rundfunk zeigten.[216]

Im Verlauf des Verfahrens hatten die Kabelprogrammveranstalter immer wieder darauf hingewiesen, dass die Einspeiseverpflichtung lokaler Fernsehprogramme ihre Programme aus dem Kabelnetz verdrängten und Must-Carry deshalb verfassungswidrig sei. Das Gericht war aber anderer Auffassung und glaubte, dass der auch von Turner vorgebrachte Kapazitätsengpass im Kabelnetz praktisch nicht existent sei. In Anbetracht der Beweislage würden 94,5 Prozent der Kabelnetzbetreiber ihre Einspeiseverpflichtungen erfüllen, ohne irgendwelche Programme aus dem Netz nehmen zu müssen, und die übrigen 5,5 Prozent würden im Durchschnitt nur 1,22 Programme herausnehmen müssen, um ihrer Must-

[211] *Turner II*, aaO, at 1189.
[212] *Turner II*, aaO, at 1191.
[213] *Turner II*, aaO, at 1193 ff.
[214] *Turner II*, aaO, at 1195.
[215] *Turner II*, aaO, at 1197.
[216] *Turner II*, aaO, at 1197 ("We are not at liberty to substitute our judgment for the reasonable conclusion of a legislative body.").

Carry-Verpflichtung nachzukommen.[217] Wie die Regierung schließlich bemerkte, würde diese momentan schon geringe Belastung mit der Erweiterung der Kabelkapazität im Laufe der Zeit weiter abnehmen.

Um darzulegen, dass die Must-Carry-Regeln das mildeste Mittel darstellten und nicht mehr einschränkende Wirkung hatten als erforderlich ("narrow tailoring"), stellte das Gericht auf die 5.880 Fernsehsender ab, die aufgrund der Einspeisepflicht in die Kabelnetze eingespeist wurden. Dies sei der Nutzen von Must-Carry. Da die meisten dieser Sender ohne Must-Carry nicht eingespeist würden, stellte diese Anzahl auch zugleich die Belastung dar, die aufgrund Must-Carry für die Kabelindustrie entstand. Und da der Nutzen einerseits und die Belastung andererseits gleich groß seien, sei die Must-Carry-Regelung eng genug gefasst.[218] Diese Argumentation des Gerichts wurde kommentiert mit den Worten, sie drehe sich im Kreis, und es würde keinen Unterschied machen, wie viele Programme eingespeist bzw. nicht eingespeist würden, da bei dieser Art der Argumentation Nutzen und Belastung immer gleich groß seien.[219] Dieser Kritik ist zuzustimmen, und es verwundert, warum das Gericht bei seiner Erforderlichkeitsprüfung nicht auf die empirisch erwiesenen, tatsächlich nur geringfügig belastenden Auswirkungen der Must-Carry-Regelung abgestellt hat.[220]

Turner hatte argumentiert, dass die Must-Carry-Regeln trotzdem nicht erforderlich seien, da noch weniger einschränkende Alternativen bestünden. Das Gericht lehnte dieses Argument grundsätzlich ab mit den Worten: "[O]ur cases establish that content-neutral regulations are not 'invalid simply because there is some alternative that might be less burdensome on speech'".[221] Im Anschluss daran ging es auf jede einzelne von Turner vorgebrachte Alternative ein, um sie schließlich zurückzuweisen. Der erste Vorschlag war eine Must-Carry-Regelung, ähnlich der, wie sie bereits in Century Communications abgelehnt worden war. Diese Regelung setzte u.a. voraus, dass Fernsehsender, wenn sie eingespeist werden wollten, ein gewisse Mindestzahl an Zuschauern haben, und dass nicht alle, sondern nur einige der Kanäle für Must-Carry zur Verfügung gestellt werden mussten. Diese Alternative wurde aber wegen ihrer mangelnden Effektivität abgelehnt; denn nach dieser Regelung hätten nur 14 Prozent der aufgrund des 1992 Cable Act eingespeisten Sender einen Anspruch auf Einspeisung.[222] Als nächs-

[217] *Turner II*, aaO, at 1198.
[218] *Turner II*, aaO, at 1198 f.
[219] *Fitzgerald*, aaO, S. 350.
[220] Nach Darstellungen der FCC seien nur 1,18 Prozent der in den USA existierenden 500.000 Kabelkanäle aufgrund der Einspeiseverpflichtung belegt worden.
[221] *Turner II*, aaO, 1199; hier zitierte das Gericht die Entscheidung *United States v. Albertini*, 427 U.S. 675, 689 (1989).
[222] *Turner II*, aaO, 1200.

tes lehnte das Gericht die A/B-Schalter als mögliche Alternative ab. Auch diese hätten sich als weniger effektiv erwiesen, da nur 11,7 Prozent aller Kabelhaushalte auch eine Antenne und einen derartigen Schalter hätten. Und von diesen Haushalten hätten nur 38 Prozent den A/B-Schalter tatsächlich benutzt.[223] Die dritte Möglichkeit, die das Gericht ablehnte, war ein System, dass den Netzzugang aufgrund eines Mietverhältnisses gewährleistete, wobei Kabelprogrammveranstalter und Rundfunksender um die Programmplätze bieten sollten. Nachdem der Kongress dieses System bereits als unverhältnismäßige Belastung für kleine Rundfunksender abgelehnt hatte, schloss sich auch das Gericht dieser Meinung an.[224] Viertens lehnte das Gericht die Subvention von in finanzielle Schwierigkeiten geratenen Rundfunksendern ab und begründete diese Entscheidung mit der komplizierten Verwaltungsstruktur, die eine derartige Konzeption erfordern würde.[225] Schließlich lehnte das Gericht auch eine Einspeisemöglichkeit basierend auf dem Wettbewerbsrecht ab, da derartige Verfahren unerschwinglich kosten- und zeitintensiv für Rundfunksender seien.[226]

Indem das Gericht die Must-Carry-Regeln als eng genug gefasst, sprich als erforderlich ansah, bestätigte es die Entscheidung des District Court und mit ihm die Verfassungsmäßigkeit der Regelung.[227] Richter Stevens verfasste eine separate Begründung, um nochmals die Bedeutung der vom Gericht zu respektierenden Einschätzung des Kongresses zu betonen.[228] Richter Breyer, der zwischen den Turner-Entscheidungen Richter Blackmun im Supreme Court ersetzt hatte, lieferte die entscheidende Stimme zugunsten von Must-Carry und hob somit das Patt zwischen den übrigen acht Richtern auf. Während er jedoch die Argumentation der Mehrheit hinsichtlich Wettbewerbswidrigkeit ablehnte, stützte er seine Meinung auf den Nutzen der Einspeiseverpflichtung, der unter anderem darin bestand, eine reiche Mischung von terrestrischen Programmen für Nicht-Kabelhaushalte zur Verfügung zu stellen. Obschon er einräumte, dass die im First Amendment geschützten Rechte für Must-Carry einen hohen Preis zahlen müssten, war Richter Breyer der Ansicht, dass die gesetzlichen Einspeiseregeln ein angemessenes Gleichgewicht zwischen meinungseinschränkenden und meinungsfördernden Konsequenzen gewährleisten würden.[229] Schließlich fügte Richter Breyer noch eine zweite Interessenabwägung zwischen Kabelabonnenten und herkömmlichen Rundfunkzuschauern an. Während die Programmalter-

---

[223] *Turner II*, aaO, 1201. Dabei bemerkte das Gericht, die Ablehnung des A/B-Schalters durch den Kongress basierte auf "substantial evidence of technical shortcomings and lack of consumer acceptance".
[224] *Turner II*, aaO, 1201 f.
[225] *Turner II*, aaO, 1202.
[226] *Turner II*, aaO, 1202.
[227] *Turner II*, aaO, 1203.
[228] *Turner II*, aaO, 1203 (Stevens, J., concurring).
[229] *Turner II*, aaO, 1204 (Breyer, J. concurring in part).

nativen für Kabelabonnenten vielfältig seien und sich rapide vermehren würden, sei die Auswahl der Zuschauer terrestrischen Fernsehens eingeschränkter und würde ohne Must-Carry weiter abnehmen. Auch unter diesem Aspekt würde die Must-Carry-Regelung "Intermediate Scrutiny" standhalten.[230]

(2) Die Ansicht der Minderheit ("The Dissent")

Wieder war es Richterin O'Connor, die die abweichende Ansicht formulierte. Sie stellte die Verfassungsmäßigkeit von Richter Breyers Interessenabwägung in Frage und war der Auffassung, dass seine Argumentation in unerlaubter Weise inhaltsbezogen sei, wodurch die eigentliche Frage dieses Falles aufgeworfen werde. Unter dem Strich schienen ihrer Ansicht nach fünf Richter des Supreme Court die Must-Carry-Regeln nicht als erforderliches Mittel zur Förderung eines erheblichen Regierungsinteresses an der Verhinderung wettbewerbswidrigen Verhaltens anzusehen. Und wiederum fünf Richter würden die Bedeutung des Inhalts terrestrischer Programme, wie sie für die Bemühungen der Regierung und der FCC in ihrer Rechtfertigung des Gesetzes wesentlich sei, tatsächlich erkennen. Unter diesen Umständen müssten die Must-Carry-Regeln einem strengeren verfassungsrechtlichen Abwägungsmaßstab ("Strict Scrutiny") unterworfen werden, dem sie mit Sicherheit nicht gerecht würden.[231]

Dieser von Richterin O'Connor verfassten Ansicht wurde vorgeworfen, sie verkenne die Rolle, die die Inhalte der Programme im Rahmen von Must-Carry tatsächlich spielten.[232] Wie Richter Breyer in seiner Begründung bemerkt hat, sei es ein Grundsatz der nationalen Kommunikationspolitik, Informationen vielfältiger und gegensätzlicher Quellen zu möglichst weiter Verbreitung zu verhelfen und die öffentliche Diskussion und informierte Entscheidungsfindung zu fördern.[233] Diese Politik reflektiere aber keine Präferenz für irgendwelche Inhalte. Mit der Förderung eines breiten Meinungsspektrums werde nicht eine bestimmte Meinung gefördert. Richterin O'Connors Feststellung, Must-Carry sei inhaltsbezogen, impliziere die Ansicht, lokale und nationale Redner stünden grundsätzlich auf der jeweils anderen Seite der Debatte. Diese Ansicht entbehre aber jeglicher Grundlage. Lokale Sender könnten den Meinungen der nationalen Sender zustimmen, diese ablehnen oder sich dazu enthalten. An ihrer Einspeiseberechtigung würde dies nichts ändern. Ginge man davon aus, dass unabhängige lokale

---

230 *Turner II*, aaO, 1205 (Breyer, J. concurring in part).

231 *Turner II*, aaO, 1208 (O'Connor, J. dissenting).

232 Vgl. hierzu *Fitzgerald*, aaO, S. 352 f.

233 *Turner II*, aaO, 1204 (Breyer, J., concurring in part); an dieser Stelle zitierte er die Fälle *Turner I*, aaO, at 663, *United States v. Midwest Video Corp.*, 406 U.S. 649, 668 (1972) und *Associated Press v. United States*, 326 U.S. 1, 20 (1945). S.a. Bender, aaO, S. 46.

Sender andere Ansichten verträten als die nationalen Medien, würde dies für Richterin O'Connors Argumentation, den 1992 Cable Act als verfassungswidrig zu verwerfen, sogar bedeuten, dass sie bezogen auf den Inhalt der Programme den nationalen Sendern den Vorrang einräumen würde.[234]

Auf das Schärfste kritisierte Richterin O'Connor als nächstes die Interessenanalyse der Mehrheitsansicht. Sie basiere auf einer höchst zweifelhaften Wirtschaftstheorie ("highly dubious economic theory"), die die im Zusammenhang mit dem First Amendment entscheidenden Probleme trivialisiere.[235] Aus zwei Gründen seien die Regierungsinteressen in verfassungsrechtlicher Hinsicht nicht ausreichend. Erstens sei die wettbewerbswidrige Motivation der Kabelindustrie nicht erwiesen und zweitens habe die durch Zuschauerbefragungen festzustellende Popularität von Fernsehsendern bei der Beurteilung keine Rolle gespielt.[236] Insofern glaubte Richterin O'Connor auch nicht, dass die Regierung ein wesentliches Interesse daran habe, kleine Randsender oder wenig nachgefragte Programme zu schützen. Zu Recht wird dieser Argumentation entgegengehalten, dass die Berücksichtigung von Einschaltquoten bei der Kabeleinspeisung dazu tendiere, nur den populären Redner zu schützen; aber der Schutz der Meinungsfreiheit sei noch nie vom kommerziellen Wert oder der Popularität der Meinung abhängig gewesen.[237]

Obwohl die abweichende Meinung auch die Monopolstellung der Kabelnetzbetreiber einräumte, argumentierte sie, die Kabelnetzbetreiber würden sich vornehmlich von den Kabelgebühren finanzieren und deswegen ihre Abonnentenbasis nicht gefährden, indem sie populäre Sender nur deswegen nicht mehr in ihre Netze einspeisen würden, um die Werbegelder dieser Sender einzunehmen.[238] Sollten sie es dennoch tun, könnten die Abonnenten immer noch auf terrestrisches Fernsehen oder Satellitenfernsehen zurückgreifen.[239] Diese Ansicht ignoriert allerdings die Tatsache, dass es im Vergleich zum Kabelfernsehen die weitaus schwächeren Alternativen sind. Neben der schlechteren Bildqualität bieten die beiden Alternativen eine wesentlich geringere Programmvielfalt. Während Antennenfernsehen ausschließlich lokale Programme sendet, bietet das Satellitenfernsehen überhaupt keine lokalen Programme an.[240]

---

[234] S. *Fitzgerald*, aaO, S. 352 f.
[235] *Turner II*, aaO, 1215 (O'Connor, J., dissenting).
[236] *Turner II*, aaO, 1209 ff. (O'Connor, J., dissenting).
[237] Vgl. *Fitzgerald*, aaO, S. 354 unter Verweisung auf *Texas v. Johnson*, 491 U.S. 397, 408 ff. (1989) und *Cohen v. California*, 403 U.S. 15, 24 f. (1971).
[238] *Turner II*, aaO, 1210 (O'Connor, J., dissenting).
[239] *Turner II*, aaO, 1213 (O'Connor, J., dissenting).
[240] Diesen Aspekt hatte das Gericht in seiner Mehrheitsansicht bereits berücksichtigt: "[I]f viewers are faced with the choice of sacrificing a handful of broadcast stations to gain access to dozens of cable channels . . . , it is likely they would still subscribe to cable even if they

Auch kritisierte die Minderheitsmeinung die Erforderlichkeitsanalyse des Gerichts und nannte sie sogar einen Versuch, die gerichtliche Überprüfung zu umgehen.[241] Die Must-Carry-Regeln seien viel zu weit gefasst, insbesondere hinsichtlich der Bestrebung, vertikale Integration zu verringern. Ein Kabelnetzbetreiber habe keinen größeren Vorteil unter Must-Carry, wenn er einen Kabelprogrammveranstalter, an dem er nicht beteiligt ist, einspeist, als wenn er einen mit ihm in Verbindung stehenden Programmveranstalter einspeist. Und der Gesetzgeber habe immer noch mindestens ein Drittel der Kabelkapazität eines Netzes belegt, auch wenn der jeweilige Netzbetreiber nur an einem Programmveranstalter beteiligt sei.[242]

Zuguterletzt beschäftigte sich Richterin O'Connor in ihrer Begründung mit den fünf vom Gericht abgelehnten Alternativen zur Einspeiseverpflichtung.[243] Zwar bestätigte sie die Auffassung, dass das mildeste Mittel hier nicht erforderlich sei, aber sie sagte auch, dass das Bestehen weniger einschränkender Alternativen die Möglichkeit einer zu weitgefassten Regelung indiziere. Im einzelnen vertrat sie die Auffassung, dass insbesondere der Netzzugang auf Mietbasis oder die Subventionslösung die Probleme der lokalen Sender verringern könnten und gleichzeitig die Kabelnetzbetreiber nicht derartig schwer belasten würden.

ee. Die Abschlussbetrachtung des Turner-Verfahrens

Das Urteil in Turner II wurde von Kommentatoren mit größter Überraschung aufgenommen. Fast jeder hatte erwartet, dass die Must-Carry-Regeln bei ihrer zweiten Betrachtung durch den Supreme Court als verfassungswidrig erklärt würden.[244] Obgleich die unmittelbaren Auswirkungen auf die Kabelnetzbetreiber minimal waren, da Must-Carry bereits seit fast fünf Jahren praktiziert wurde, sprachen Kabelnetzbetreiber davon, beliebte Programme opfern zu müssen, um dem Gesetz zu entsprechen.[245] Und Kabelprogrammveranstalter bezeichneten

---

would prefer the dropped channel television stations to the cable programming that replaced them. *Turner II*, aaO, at 1192.

[241] *Turner II*, aaO, 1215 (O'Connor, J., dissenting); Richterin O'Connor zitierte hier *Simon & Schuster, Inc. v. Members of N.Y. Crime Victims Bd.*, 502 U.S. 105, 120 (1991).

[242] *Turner II*, aaO, 1216 (O'Connor, J., dissenting).

[243] *Turner II*, aaO, 1216 f. (O'Connor, J., dissenting).

[244] So z.B. *Sokler & Lloyd*, Supreme Court Surprises Observers, Upholds Must-Carry, Cable TV and New Media: L. & Fin., Apr. 1997, at 1 ("Virtually every observer at oral argument, even the government and broadcasters, had expected the Court to strike must-carry down . . . .").

[245] *Haddad*, High Court Upholds 'Must-Carry' Law for Cable Operators, Stunning Turner, Atlanta J.-Const., Apr. 1, 1997, at D1.

die Entscheidung als Behinderung des Wettbewerbs um Kabelplätze.[246] Andererseits wurde das Urteil auch als neuer Antrieb für kleine unabhängige Fernsehstationen, die Nischenmärkte versorgten, empfunden; also genau die Rundfunkunternehmen, die der Gesetzgeber schützen wollte.[247] Insgesamt wird das Turner II-Urteil als entscheidender Maßstab für die Regulierung des zusammenwachsenden Bereichs des Rundfunks, der Neuen Medien und der Informationstechnologie durch den Gesetzgeber gesehen. Je innovativer ein Industriebereich ist und je rasanter sich dieser Bereich in wirtschaftlicher und technischer Hinsicht entwickelt[248], desto größer scheint die Einschätzungsprärogative und der Ermessensspielraum zu sein, die der Supreme Court dem Gesetzgeber einräumt, sofern der Gesetzgeber die erforderlichen Untersuchungen in all ihrer Vollständigkeit angestellt hat.[249]

6. Der Telecommunications Act von 1996

Der Telecommunications Act von 1996[250], der am 8. Februar 1996 von Präsident Clinton unterzeichnet wurde[251], betrifft nicht in direktem Maße die Must-Carry-Regulierung, aber doch in entscheidender Weise die Rundfunk-, Kabel- und

---

[246] S. *Greenhouse*, High Court Rules Cable Must Carry Local TV Stations, N.Y. Times, Apr. 1, 1997, at A1. Brian Lamb, Vorstandsvorsitzender von C-SPAN, gab nach der Entscheidung an, dass sein Unternehmen seit Inkrafttreten des Gesetzes 3,5 Millionen Zuschauer verloren hat.

[247] S. z.B. *Felsenthal*, Justices Uphold 'Must Carry' Broadcast Rules, Wall St. J., Apr. 1, 1997, at B1 ("[T]he high court's ruling secures a place for small channels, start-ups and specialty programmers, such as Spanish-language stations, religious broadcasters, home-shopping channels and small public-TV stations.").

[248] Das Gericht sprach in diesem Zusammenhang von "industries undergoing rapid economic and technological change"; *Turner II*, aaO, at 1189.

[249] Vgl. hierzu *Fitzgerald*, aaO, S. 357 f. und Cf. Comment, Constitutional Substantial-Evidence Review? Lessons from the Supreme Court's Turner Broadcasting Decisions, 97 Colum. L. Rev. 1162, 1176 (1997) ("*Turner II* raises the cost of passing statutes without findings - by threatening them with stricter scrutiny - and lowers the cost of passing statutes with findings - by offering deference.").

[250] *Telecommunications Act of 1996*, Pub. L. No. 104-104, 110 Stat. 56 (1996) (codified at scattered sections of 47 U.S.C.). Der Gesetzestext ist auch im Internet abrufbar unter http://www.fcc.gov/telecom.html.

[251] S. dazu ausführlich *Krattenmaker*, The Telecommunications Act of 1996, 49 Fed. Comm. L.J. 1 (1996) und *Kreile*, Das neue amerikanische Telekommunikationsrecht, ZUM 1996, S. 227. Für eine rechtsvergleichende Betrachtung vgl. auch: *Moritz/Neus*, Telekommunikationsgesetz und US Telecommunications Act, CR 1997, S. 239 ff. und *Kubicek*, Universaldienstregelungen in den USA und in Deutschland, CR 1997, S. 1 ff.

Kommunikationsindustrien.[252] Unter anderem ermöglicht das neue Telekommunikationsgesetz den Netzzugang innerhalb der Kabelindustrien (Fernsehen und Telefon), indem es den sog. "telephone company-cable cross-ownership ban" aufgehoben hat.[253] Dies fördert den Wettbewerb, da Telefongesellschaften wie Kabelnetzbetreiber nunmehr in den jeweils anderen Markt eindringen können, indem Telefongesellschaften Kabelfernsehen anbieten können und umgekehrt.[254] Neue Kabelgesellschaften (die FCC nennt sie "multi-video program distributors") können sich aussuchen, wie sie operieren und vor allem wie sie reguliert werden wollen, ob als Rundfunkunternehmen ("broadcasters")[255] oder Telefongesellschaften ("common carriers")[256] oder als Kabelfernsehgesellschaften ("cable companies")[257] oder als etwas ganz Neues: sog. "Open Video Systems".[258] Jedenfalls gelten für alle Unternehmen, die Kabelfernsehdienstleistungen ("cable-like Open Video Services") erbringen, die Regeln, wie sie für die Kabelfernsehindustrie geschaffen wurden, dementsprechend auch die Must-Carry-Regeln.[259]

Neben den erwähnten Veränderungen ist im Zusammenhang mit dem 1996 Telecommunications Act ein weiterer Aspekt herauszustellen, der wesentliche Bedeutung für die Anwendung und Entwicklung der Must-Carry-Regulierung hat. Die Vorschriften des Telekommunikationsgesetzes begründeten in juristischer Hinsicht die Entstehung des digitalen Fernsehens ("DTV") in den USA.[260] § 336 des Gesetzes bestimmt unter anderem, dass den Zusatz- bzw. Hilfsdiensten des fortgeschrittenen Fernsehens ("advanced television") kein Must-Carry-Status zukommt[261], entsprechend der Intention des Gesetzgebers, wie sie bereits aus der Entstehungsgeschichte des § 614(b)(4)(B) des Cable Act von 1992 zu entnehmen gewesen sei.[262] Diese Entscheidung solle vielmehr Bestandteil eines separaten Verwaltungsverfahrens vor der FCC sein. Die FCC schuf dementspre-

---

252 Zu den Veränderungen der Medienkonzentrationsregulierung und den einzelnen Bestimmungen betreffend das digitale Fernsehen s.a. *Jones*, Digital Television and Media Concentration in the US, aaO, S. 27 ff.

253 S. 47 U.S.C. § 302(b)(1) (1996) (repealing 47 U.S.C. § 533(b)).

254 Vgl. *Lubinsky*, aaO, IV.C.2.

255 S. 47 U.S.C. § 302(a), § 651(a)(2) (1996).

256 S. 47 U.S.C. § 302(a), § 651(a)(2) (1996).

257 S. 47 U.S.C. § 302(a), § 651(a)(3) (1996).

258 S. 47 U.S.C. § 302(a), § 651(a)(4) (1996).

259 S. 47 U.S.C. § 651(a)(3) (1996).

260 Vgl. *Jones*, Digital Television and Media Concentration Regulation in the US, aaO, S. 27 ff.

261 47 U.S.C. § 336(b)(3).

262 S. *Carriage of the Transmissions of Digital Television Broadcast Stations*, Notice of Proposed Rule Making, in CS Docket No. 98-120, FCC 98-153, at para 8 (1998).

chend Regeln[263], wonach unter anderem jeder, der bereits in Besitz einer analogen Lizenz war, sich um den Betrieb einer neuen digitalen Station, die dasselbe geographische Gebiet versorgte, bewerben konnte. Die Sender können dabei unter Anwendung verschiedener digitaler Fernsehstandards, einschließlich "High Definition Television" (HDTV)[264], ihre Programme senden. Im November 1998 sollte die digitale Fernsehübertragung in den USA offiziell beginnen[265], während die Übergangsphase bis zum Ende des Jahres 2006 festgelegt wurde. Während dieser Zeit werden die Sender sowohl analoge als auch digitale Fernsehsignale übertragen. Ab dem 1. April 2003 sind die Rundfunkunternehmen verpflichtet, mindestens 50 Prozent ihrer Fernsehprogramme auch digital zu übertragen, ein Jahr später 75 Prozent und nach dem 1. April 2005 müssen sie das gesamte Programm analog wie digital übertragen, um nach der Übergangsphase die analoge Übertragung ganz einzustellen.[266]

Wie allerdings die Kabeleinspeisung während der Übergangsphase praktiziert werden soll - mit Hilfe der Must-Carry- und Retransmission Consent-Regeln oder ganz anders - ist derzeit noch nicht absehbar[267] und Bestandteil öffentlicher Anhörungsverfahren seitens der FCC.[268] Die Maltrite Communications Group

---

[263] *Fifth Report and Order*, in MM Docket No. 87-268, 12 FCC Rcd 12809 (1997). Im Anschluss daran wurde auch die DTV Kanalbelegungstabelle erlassen, Sixth Report and Order, in MM Docket No. 87-268, 12 FCC Rcd 14588 (1997).

[264] Für einen sehr guten Überblick über die Entwicklung von High Definition Television s. *HDTV Chronology*, auf: http://www.cemacity.org/digital/files/timeline.htm. Die neue Allokation des Übertragungsspektrums erlaubt jedem Sender, zwei HDTV-Signale, vier bis fünf SDTV-Signale (standard-definition television) oder ein HDTV- plus andere Informationssignale zu übertragen. Vgl. *Jones*, Digital Television and Media Concentration Regulation in the US, aaO, S. 28.

[265] Bereits am 27. Februar 1998 begann WFAA in Dallas, Texas, mit der digitalen Übertragung seiner Rundfunksignale. S. *Jones*, Digital Television and Media Concentration Regulation in the US, aaO, S. 27. Alle Sender in den sog. "Top 10 Fernsehmärkten" mussten im Mai 1999 mit der digitalen Übertragung beginnen.

[266] S. *Benton Foundation*, Digital Television and Cable TV, I.B., http://www.benton.org/Policy/TV/cabledtv. html. Der "analog switch-off" erfolgt tatsächlich aber nur unter der Voraussetzung, dass 95 % der Haushalte digitales Fernsehen empfangen können.

[267] Zu beachten ist hierbei, dass der Supreme Court in *Turner II* den Bereich des digitalen Fernsehens noch nicht ausdrücklich in seine Entscheidung einbezogen hatte.

[268] S. z.B. *Advanced Television Systems and Their Impact upon the Existing Television Broadcast Service*, Memorandum Opinion and Order on Reconsideration of the Fifth Report and Order, in MM Docket 87-268, FCC 98-23, at para. 84 ff. (1998) oder *Carriage of the Transmissions of Digital Television Broadcast Stations*, Notice of Proposed Rule Making, aaO, at para. 39 ff. In dieser Notice of Proposed Rule Making werden fünf alternative Vorschläge für eine Einspeiseverpflichtung während der Übergangsphase diskutiert: (1) The Immediate Carriage Proposal, (2) The System Upgrade Proposal, (3) The Phase-In Proposal, (4) The Either-Or Proposal und (5) The Equipment Penetration Proposal. Für eine ausführliche Betrachtung der Proposals s. auch: *Burger & Gray*, Digital Television and the Law, auf:

hatte bei der FCC z.B. beantragt, die Must-Carry-Regeln dahingehend zu modifizieren, dass Kabelnetzbetreiber verpflichtet werden müssten, angemessene Digitaltechnologien, die mit den Rundfunk DTV Standards kompatibel seien, einzusetzen. Die FCC entschied daraufhin, dass dieses Verfahren nicht der richtige Schauplatz für die Entscheidung sei, ob die Must-Carry-Regeln im digitalen Bereich Anwendung fänden. Es müssten weitere Anhörungen und Untersuchungen zu diesem Thema stattfinden, um eine vernünftige und den in Turner II entwickelten Grundsätzen gerecht werdende Lösung zu finden, die die allerneuesten Erkenntnisse auf dem Bereich des digitalen Fernsehens miteinbezögen.[269] Dementsprechend entzieht sich die zukünftige Regulierung des Bereichs des digitalen Fernsehens in den USA und die damit eventuell einhergehenden Kabeleinspeiseverpflichtungen trotz bereits umfangreicher Untersuchungsergebnisse[270] momentanen noch der Beurteilung. Mit Sicherheit lässt sich allerdings jetzt schon sagen, dass die derzeit noch praktizierte Must-Carry-Regelung weiteren Veränderungen ausgesetzt sein und sich in wenigen Jahren von dem, was heute noch gängige Praxis ist, deutlich unterscheiden wird.

---

http://www.dlalaw.com/computer/articles/dtv_ new.html. Es bleibt abzuwarten, wie die Regulierung zukünftig im einzelnen aussehen wird.

269 *Memorandum Opinion and Order on Reconsideration of the Fifth Report and Order*, aaO, para. 85 f.

270 *Carriage of the Transmissions of Digital Television Broadcast Stations*, Notice of Proposed Rule Making, aaO, para. 1 ff.

III. Die tatsächliche und rechtliche Situation der Kanalbelegung in Deutschland

Obschon in Deutschland über Kabel, Satellit und terrestrische Sender[271] im wesentlichen dieselben TV-Programme - wenn auch in unterschiedlicher Anzahl - angeboten werden, kommt dem Kabelnetz bei der Verbreitung von Fernsehprogrammen eine größere Bedeutung zu als den anderen Übertragungswegen. Mehr als die Hälfte der deutschen Fernsehhaushalte empfangen heute ihr Programm über das Kabelnetz.[272] Und aufgrund der neuen, vielfältigen Verbreitungsmöglichkeiten von Fernsehprogrammen, die sich zukünftig durch die Digitalisierung ergeben werden, wird die Bedeutung des Kabelnetzes weiter zunehmen. Aus diesem Grund soll das deutsche Kabelnetz und dessen Belegungspraxis den Hauptgegenstand der folgenden Darstellung bilden.

1. Die drei Arten technischer Rundfunkübertragung im deutschen Fernsehmarkt

Obschon der Kabelrundfunk hier im Mittelpunkt der rechtlichen Untersuchung steht, sind der Vollständigkeit halber zunächst die zwei weiteren technischen Wege vorzustellen, auf denen die Verbreitung von Fernsehprogrammen in der Bundesrepublik Deutschland faktisch stattfindet.[273]

a. Die terrestrische Fernsehübertragung

Zum einen gibt es den terrestrischen Rundfunk, welcher auf dem Gebiet des Fernsehens das sogenannte PAL-Fernsehen[274], lokale Fernsehsender und Digital Video Broadcasting (DVB-T) umfasst. Unter Benutzung der Fernsehbereiche I und III (47 bis 68 MHz und 174 bis 230 MHz) und IV und V (470 bis 790 MHz) und lokaler Fernsehfrequenzen werden analoge terrestrische Fernsehprogramme vom Zuschauer mittels der herkömmlichen Hausantenne empfangen. Für die

[271] Für eine Übersicht über das bestehende Versorgungs- bzw. Übertragungssystem für TV und Hörfunk s. die Abbildung bei *Ziemer*, Digitales Fernsehen, 2. Aufl., 1997, S. 132.

[272] S. z.B. *Bericht der Bundesregierung über die Lage der Medien in der Bundesrepublik Deutschland 1998*, Medienbericht '98, S. 176.

[273] Für einen Gesamtüberblick s. *Müller-Römer*, Rundfunkversorgung (Hörfunk und Fernsehen), Internationales Handbuch für Hörfunk und Fernsehen 1998/99, S. 169 ff.

[274] PAL ist die in Deutschland eingeführte Norm für die Übertragung von TV-Signalen. Sie wird sowohl in der terrestrischen Übertragung als auch in der Programmverteilung über Satellit und über Breitbandkabel genutzt. Weltweit gibt es neben PAL mit SECAM und NTSC (National Television System Committee) zwei weitere analoge TV-Standards. Schließlich wird auch die in Europa entwickelte Übertragungsnorm D2-Mac vor allem in Großbritannien und Skandinavien als Satellitennorm genutzt.

terrestrische Verbreitung von Fernsehprogrammen[275] sind neben leistungsstarken Grundnetzsendern (GNS)[276] und einer Vielzahl weiterer Fernsehsender geringerer Leistung (TVU)[277] große Sendemasten erforderlich, die zur möglichst dichten Abdeckung der Bevölkerung auf möglichst hohen Bergen untergebracht werden müssen. Denn die technische Reichweite eines Senders, das heißt die Region, in der das vom Sender abgestrahlte Programm mit der gewünschten Qualität empfangen werden kann, wird von der Ausbreitung elektromagnetischer Wellen bestimmt. Und diese hängt wiederum von mehreren Faktoren, wie der Topographie des Geländes oder der Leistung des Senders, ab. Um die bundesweite Versorgung mit einem bestimmten Fernsehprogramm zu sichern[278], ist also ein Sendernetz aus einer Vielzahl von Einzelsendern erforderlich, wobei die Aufgabe der einzelnen Füllsender darin besteht, kleine Abschattungen - beispielsweise in bergigem Gelände - in einer von einem großen Sender sonst versorgten Region sendetechnisch zusätzlich zu versorgen. Von der ARD und der Deutschen Telekom AG (DTAG) werden heute insgesamt 225 GNS sowie mehr als 6500 TVU betrieben.[279] Im Bereich der privaten Rundfunkanbieter konnten Ende 1997 von 309 Sendern neben drei führenden kommerziellen, bundesweit in fast allen Bundesländern terrestrisch ausgestrahlten Programmen acht weitere überregional und eine größere Anzahl regional bzw. lokal verbreitete Programme vorwiegend in den Ballungsräumen über terrestrische Antennen empfangen werden.[280] Insgesamt lässt sich aber feststellen, dass es für die terrestrische Verbreitung öffentlich-rechtlicher und privatwirtschaftlich finanzierter Fernsehprogramme u.a. wegen des Frequenzmangels noch erhebliche Einschränkungen gibt.

---

[275] Zum Problem der Verteilung neuer bzw. wieder frei werdender terrestrischer Frequenzen s. z.B. *Engels*, Regelungen zur rundfunkrechtlichen Frequenzoberverwaltung, ZUM 1997, S. 106 ff.

[276] Grundnetzsender haben eine Leistung von 10 kW bis 500 kW.

[277] TVU = TV-Umsetzer. Hierbei handelt es sich um sogenannte Füllsender mit einer Leistung von 0,1 W bis 10 kW.

[278] Die Programme von ARD (Erstes sowie Dritte Regionalprogramme) und ZDF haben heute einen Versorgungsgrad von bis zu 99 Prozent, d.h. sie können in 99 Prozent des gesamten Bundesgebiets mit terrestrischen Antennen empfangen werden.

[279] Die Zahl der GNS und TVU für die Grundversorgung mit TV-Programmen von ARD und ZDF in ganz Deutschland, aufgeteilt nach Bundesländern, ist dem *Medienbericht '98*, aaO, S. 159, zu entnehmen.

[280] Die Zahl der TV-Sender (Lokal- und Regionalsender) für Privatprogramme in ganz Deutschland, aufgeteilt nach Bundesländern, findet sich im *Medienbericht '98*, aaO, S. 160.

b. Die Fernsehübertragung per Satellit

Als zweite Art des drahtlosen Fernsehempfangs gibt es den Satellitenrundfunk, welcher sich neben dem terrestrischen Empfang und dem Kabelanschluss als drittes Marktsegment der Programmversorgung in deutschen Haushalten etabliert hat. Im Fall des Satellitendirektempfangs[281] werden die Satellitensignale mittels Empfangsanlagen (sogenannter Satellitenschüsseln) in den privaten Haushalten direkt vom Satelliten empfangen; diese Satellitenantennen dienen neben dem Empfang der Programme auch der Verstärkung der Signale und ihrer Umsetzung in einen von handelsüblichen Fernsehgeräten empfangbaren Frequenzbereich. Die jeweiligen Satellitensender befinden sich auf einer geostationären Erdumlaufbahn in 36.000 km Höhe. Das gesamte Satellitensystem[282] besteht neben Satellit und Satellitenantennen schließlich aus einer Erdfunkstelle ("Up-link"), von der mit einem großen Parabolspiegel die Programme als Radiowellen zum Satelliten gesendet werden, nachdem sie von den Studios über Leitungsverbindungen oder terrestrische Richtfunksysteme den Erdfunkstellen zugeführt worden sind.[283]

Mitte 1998 verfügten ca. 10,34 Millionen Haushalte (31,1 Prozent) in ganz Deutschland über eine Einzel-Satelliten-Empfangsanlage. Von insgesamt etwa 33,11 Millionen Fernsehhaushalten in der Bundesrepublik Deutschland empfingen dagegen lediglich 4,33 Millionen Haushalte (13,1 Prozent) ausschließlich terrestrisch, und rund 18,44 Millionen Haushalte (55,7 Prozent) besaßen einen Kabelanschluss.[284] Festzustellen ist, dass die Bedeutung der terrestrischen TV-

---

[281] Neben dem Satellitendirektempfang werden die Satellitensysteme auch für andere Aufgaben genutzt: z.B. für den Programmaustausch zwischen den Rundfunkanbietern oder für die Einspeisung von Programmen in Kabelnetze, so dass die Programmzuführung zu den Kabelnetzen heute überwiegend über Satellit erfolgt.

[282] Für eine Übersicht verschiedener Satellitensysteme, von denen ASTRA in Deutschland einen Marktanteil von rund 90 Prozent erreicht, s. auch den *Medienbericht '98*, aaO, S. 164 f. und *Dodel*, Weltweite Satellitensysteme für die persönliche Telekommunikation, Unterhaltung und Funkortung, CR 1997, S. 567 ff.

[283] Für eine Darstellung landesmedienrechtlicher Frequenzplanung und -zuteilung von Satellitenkanälen und terrestrischer Frequenzen s. *Herrmann*, Rundfunkrecht, 1994, S. 683 ff.

[284] Stand: 1. Juli 1998, s. *ALM Jahrbuch 1997/1998*, S. 338. Vgl. auch die Zahlen bei: Fachverband Consumer Electronics im ZVEI auf Basis u.a. Burke International, GfK, Institut für Demoskopie Allensbach in: *Bericht "Markteinführung des digitalen Hörfunks und Fernsehens in Deutschland der Arbeitsgruppe Initiative "Digitaler Rundfunk" der Bundesregierung* (Stand: 8/1998), S. 10 (im Internet abrufbar über die Homepage des Bundeswirtschaftsministeriums auf http://www.bmwi.de/infogesellschaft.html); *Medienbericht '98*, aaO, S. 163 ff.; *Breunig*, Marktchancen des digitalen Fernsehens, 1996, S. 47 u. *Mattern/Künstner/Möckel/Saschek*, Kommunikationsordnungen im Vergleich, Kommunikationsordnung 2000, S. 28 f.

Versorgung in Deutschland immer mehr abnimmt[285], während gleichzeitig Satellit und Breitbandkabel ihren Siegeszug in die deutschen Wohnzimmer fortsetzen.[286] Bis zum Jahre 2005 prognostiziert die Arbeitsgemeinschaft der Landesmedienanstalten in der Bundesrepublik Deutschland (ALM) eine weitere Halbierung der Haushaltssättigung durch terrestrisches Fernsehen, während die Empfangsraten für Satelliten- und Kabelfernsehen langsam weiter ansteigen sollen.[287]

c. Das Kabelfernsehen

Die Errichtung von Kabelnetzen - anders als z.B. die Einspeisung von Programmen - unterliegt in Deutschland der Kompetenz des Bundes.[288] Diese Kompetenz bedeutet die Befugnis, die fernmeldetechnischen Mittel für die Rundfunkübertragung, also den gesamten sendetechnischen Bereich des Rundfunks unter Ausschluss der sogenannten Studiotechnik bereitzustellen, um ein Chaos im Funkverkehr zu vermeiden. Bis zur Postreform II im Jahre 1995 besaß

---

[285] In den Jahren 1993 bis 1998 sank der terrestrische Empfang von 36 auf 13,1 Prozent, vgl. u.a. *AG-Bericht Initiative "Digitaler Rundfunk"*, aaO, S. 10 u. *ALM Jahrbuch 1997/1998*, S. 338. Allein in den Großstädten und beim mobilen Empfang spielt die Terrestrik noch eine Rolle. Neue Impulse verspricht man sich insofern natürlich von der digitalen Übertragung via Terrestrik (DVB-T).

[286] Im Fünf-Jahres-Zeitraum von 1993 bis 1998 hat sich der Satellitenempfang von 13 auf 31,1 Prozent deutlich gesteigert, während die Zuwachsraten für den Kabelempfang von 50 auf 55,7 Prozent wesentlich geringer ausfielen. Vgl. u.a. *AG-Bericht Initiative "Digitaler Rundfunk"*, aaO, S. 10 u. *ALM Jahrbuch 1997/1998*, S. 338. Zur ungleichen Entwicklung von Kabel- und Satellitenempfang in Europa s.a. *Lange*, Die Entwicklung des Fernsehens in Europa, Internationales Handbuch für Hörfunk und Fernsehen 1996/97, S. 53 ff.

[287] S. *ALM Jahrbuch 1995/1996*, S. 295. Der Verband Privater Rundfunk und Telekommunikation e.V. (VPRT) sagt bis zum Jahr 2005 eine weitere Steigerung des Anteils der versorgten Haushalte über Satellit auf etwa 39 Prozent und über Kabel auf etwa 53 Prozent voraus, wohingegen der Anteil der Haushalte die ausschließlich terrestrische Programme empfangen, auf etwa 8 Prozent sinken soll, vgl. *AG-Bericht Initiative "Digitaler Rundfunk"*, aaO, S. 10.

[288] Im 1. Rundfunkurteil (Deutschland-Fernsehen) sah das Bundesverfassungsgericht die Bundeskompetenz in diesem Bereich lediglich darin begründet, dass die Zuteilung und Abgrenzung der Wellenbereiche der Sender, die Bestimmung ihrer Standorte und Sendestärken unter funktechnischen Gesichtspunkten, die sogenannte Leitungstechnik, die Überwachung des Funkverkehrs, ihr Schutz gegen großräumige und örtliche Störungen sowie die Durchführung internationaler Vereinbarungen nach Lage der Sache nur einheitlich geregelt werden könnten. Somit durfte und darf der Bund seine Kompetenzen für das Fernmeldewesen nicht dazu missbrauchen, Einfluss auf die Veranstaltung und die Zulassung von Rundfunksendungen zu nehmen. Das Massenkommunikationsmittel Rundfunk ist insofern nämlich nicht Teil, sondern "Benutzer" der Einrichtungen des Fernmeldewesens. S. *BVerfG*, Urteil v. 28.2.1961 (2 BvG 1, 2/60) in: BVerfGE 12, 205, 226 ff. Vgl. auch *Wagner*, Rechtsfragen digitalen Kabelfernsehens, S. 45 f.

die Deutsche Bundespost aufgrund der damaligen Bestimmungen des Gesetzes über Fernmeldeanlagen (FAG)[289] ein Netzmonopol, wobei ihr das ausschließliche Recht zur Bereitstellung der Rundfunkinfrastruktur zustand. Davon ausgenommen waren lediglich die in der ARD zusammengeschlossenen Landesrundfunkanstalten, die die sendetechnische Infrastruktur für die Ausstrahlung des Ersten Programms in den alten Bundesländern aufgrund einer Rechtsverleihung selbst errichten und betreiben durften, sowie private Unternehmen, die aufgrund der "Handwerkerverordnung"[290] private Kabelnetze ebenfalls selbst errichten und betreiben durften. Die Bundespost baute die Kabelnetze seinerzeit nicht aufgrund wirtschaftlicher oder unternehmerischer Gründe, sondern vielmehr aufgrund politischer Entscheidungen auf.[291] Bereits 1972 begann sie mit dem Bau von zwei Kabelversuchsanlagen in Hamburg und Nürnberg. Um ähnlich wie in den USA durch Hochhäuser oder Berge verursachte Versorgungslücken für den terrestrischen Empfang zu schließen, errichtete die Bundespost seit 1974 Breitbandkabelnetze (BK-Netze), welche zunächst ausschließlich der Rundfunkübertragung dienen sollten.[292]

Ende der siebziger Jahre, als die ersten Breitbandinseln geschaffen waren, entbrannte in Teilen der deutschen Gesellschaft eine Debatte um den Sinn der flächendeckenden Verkabelung der Republik basierend auf der Angst, der "gläserne Mensch" könne geschaffen werden. Während sich die Befürworter von einer zügigen Verkabelung die Überwindung von Frequenzengpässen und die Verbesserung der Reichweite der zukünftig möglichen kommerziellen Programme erhofften[293], beschränkte sich die sozialliberale Regierungskoalition auf die gesellschaftspolitische Diskussion und verhinderte so in einem Fall z.B. die von der Bundespost geplante umfassende Verkabelung von elf Großstädten.[294] Mit dem Regierungswechsel im Herbst 1982 vollzog sich eine politische Trendwende im Breitbandkabelbereich, und der neue Bundespostminister Schwarz-Schilling er-

[289] S. Gesetz über Fernmeldeanlagen i.d.F. der Bekanntmachung vom 17. März 1977, geändert durch Gesetz vom 27. Juni 1986.

[290] Gemeinsame Erklärung von Bundespost und Handwerk vom 15. Juni 1984.

[291] Dementsprechend spielten private Initiativen für die Errichtung von Kabelnetzen - anders als in den USA oder den meisten europäischen Ländern - bis zum Jahre 1995 eine nur untergeordnete Rolle. S. dazu auch *Holznagel*, Rundfunkrecht in Europa, 1996, S. 20 ff.

[292] S. *Müller-Römer*, Rundfunkversorgung, aaO, S. 187; *Ziemer*, Digitales Fernsehen, aaO, S. 140 ff.

[293] Zu beachten ist in diesem Zusammenhang, dass mit der Verkabelungsdebatte die heftig diskutierte Frage um die Zulässigkeit privaten Rundfunks einherging, welche im in dieser Phase ergangenen FRAG-Urteil des Bundesverfassungsgerichts (3. Rundfunkurteil) grundsätzlich bejaht wurde, vgl. *BVerfG*, Urteil v. 16.6.1981 (1 BvL 89/87) in: BVerfGE 57, 295 ff.

[294] Die damalige CDU-Opposition machte der Regierung Schmidt den Vorwurf des Investitionsstaus, vgl. insofern *Börnsen*, Neue Entwicklungen beim Fernsehbreitbandkabel, MMR 1999, S. 249 u. *Holznagel*, Rundfunkrecht in Europa, aaO, S. 21.

ließ unverzüglich ein Investitionsprogramm zur Schaffung eines Kupferkoaxialnetzes, welches jährliche Investitionsbeträge teilweise in Milliardenhöhe vorsah.[295] Seit 1983[296] erfolgt der Ausbau der Netze in Kupferkoaxialtechnik entsprechend der deutschen Übertragungsnorm im Frequenzbereich von 47 bis 300 MHz, dem sog. VHF-Bereich[297]. Dass die BK-Netze nicht in Form eines einheitlichen Netzes errichtet wurden, sondern in Form vieler Einzelnetze unterschiedlicher Größe und unterschiedlicher Eigentümerstruktur[298], ist - wie oben bereits angesprochen - unter anderem darauf zurückführen, dass aufgrund der beabsichtigten Partizipierung des Handwerks und des Mittelstandes beim Ausbau der Kabelnetze der direkte Anschluss zwischen regionaler Netzstruktur und Hausstandort auf der neugeschaffenen Netzebene 4 vom Handwerk realisiert wurde und seither in rund 6.000 eigenen regionalen Kabelgesellschaften[299] verwaltet wird.[300]

Das Kabelfernsehen wird heute ausschließlich über die BK-Netze verbreitet, welche als solche neben den Netzen für die Individualkommunikation Teil des öffentlichen Fernmeldenetzes des Nachfolgeunternehmens der Deutschen Bun-

---

[295] Kritiker bezweifelten seinerzeit den Sinn einer flächendeckenden Verkabelung mit Kupferkoaxialkabeln, zumal diese den in damals absehbarer Zeit ausgereiften Glasfaserkabeln weit unterlegen seien.

[296] Breitbandverteilanlangen wurden 1983 mit der 23. Verordnung zur Änderung der Fernmeldeordnung gesetzlich niedergelegt. Seit 1.1.1988 sind sie in der Telekommunikationsordnung aufgeführt und seit 1.7.1991 sind sie Bestandteil der allgemeinen Geschäftsbedingungen der Deutschen Telekom AG.

[297] VHF = Very High Frequency

[298] Das Breitbandverteilnetz der DTAG besteht aus mehr als 1.200 Insel-Netzen, womit insgesamt 25,6 Millionen Haushalte in Deutschland auf den Kabelanschlussdienst der DTAG zugreifen können. Von diesen 25,6 Millionen anschließbaren Haushalten nutzen rund 18,7 Millionen Haushalte diesen Dienst. Obwohl nur knapp 6 Millionen Haushalte (das entspricht rund 1/3) von der DTAG direkt bedient werden, weist die DTAG heute trotzdem die weltweit höchsten Teilnehmerzahlen im BK-Bereich auf. Demgegenüber haben die Mehrzahl der deutschen Haushalte Anschlüsse regionaler Kabelnetzbetreiber und Wohnungsbaugesellschaften, die ihrerseits die Signale an Übergabepunkten (sog. ÜP 40) vom BK-Netz der DTAG übernehmen und/oder sie direkt über Satellit (in seltenen Fällen auch über Dachantennen) empfangen.

[299] 70 mittelständische Kabelnetzbetreiber sind Mitglied im Verband privater Kabelnetzbetreiber e.V. (ANGA) mit einem Kundenstamm von ca. 7,5 Millionen Abonnenten. S. http://www.anga.de. Neben den zwei größten Kabelnetzbetreibern Bosch Telecom GmbH und Mannesmann o.tel.o GmbH gibt es weitere private Kabelnetzbetreiber, die über sog. Gemeinschaftsantennen-Anlagen (GA) rund 4,5 Millionen Haushalte versorgen.

[300] Nur ausnahmsweise durften die privaten Kabelnetzbetreiber in der Vergangenheit auch im Randbereich des Netzmonopols der Deutschen Telekom, auf der sogenannten Netzebene 3, tätig werden.

despost, der Deutschen Telekom AG, sind. Das Kupferkoaxialkabel[301] bietet dabei mit rund 30 nutzbaren Kanälen eine relativ große Übertragungskapazität und stellte im Vergleich zu anderen Materialien bisher die technisch und wirtschaftlich beste Lösung für die Verbreitung und den Empfang von Fernsehsignalen im Breitbandnetz dar.[302] Wie beim Telefon werden bei der Verkabelung eines Gebietes mit Kabelfernsehen die Kabel entlang der Straße von Haus zu Haus gelegt. Allerdings anders als die Telefonkabel sind die BK-Netze aufgrund politischer Entscheidungen in den achtziger Jahren heute noch nicht dialogfähig; als sogenannte Verteilnetze sind sie lediglich in der Lage, Fernsehsignale zu verteilen.[303] Üblicherweise werden die Fernsehprogramme über Satellit von zentralen Einspeisestellen, den sogenannten Kabelkopfstationen, empfangen und von dort über das jeweilige BK-Netz an die angeschlossenen Haushalte weitergeleitet. Insgesamt werden fünf Netzebenen unterschieden[304]: Die erste Netzebene umfasst die Produktion der Fernsehsignale beim Programmveranstalter. Mit der Netzebene 2 bezeichnet man den Übertragungsweg der Signale vom Produktionsort zum terrestrischen Sender oder Satelliten und von dort zur Rundfunkempfangsstelle des Kabelnetzbetreibers. Die Netzebene 3 umfasst die örtlichen Verteilnetze und betrifft die Weiterleitung der Signale von der Rundfunkempfangsstelle zum sogenannten Übergabepunkt 40 (ÜP 40). Der ÜP 40 liegt im Vorgarten oder Keller der einzelnen Häuser und bildet den Abschluss des sich baumartig verzweigenden Leitungssystems; er grenzt das Netz der Telekom gegen die Netzebene 4 ab. In der Netzebene 4 wird das Fernsehsignal vom ÜP 40 bis zur Antennenanschlussdose im Haushalt des jeweiligen Teilnehmers geführt. Das Empfängeranschlusskabel, das schließlich die Verbindung zwischen der Steckdose und dem jeweiligen Empfangsgerät schafft, wird als eigene Netzebene 5 bezeichnet.

Allein das Material der Kupferkoaxialkabel verursacht bereits unverhältnismäßig hohe Kosten und Abschreibungen, so dass der Ausbau der BK-Netze bis

---

[301] Für eine plastische Darstellung der Kanalbelegung eines Kupferkoaxialkabels siehe die anschauliche Abbildung bei *Engelke*, Die Interpretation der Rundfunkfreiheit des Grundgesetzes, 1992, S. 186.

[302] Vgl. insofern *Müller-Römer*, aaO, S. 187. Obschon ihnen in Zukunft für die Fernsehübertragung wachsende Bedeutung zukommen wird, soll es an dieser Stelle lediglich bei der Erwähnungen weiterer Übertragungswege und -verfahren wie Glasfasernetze, das "Asynchronous Transfer Mode"-Verfahren (ATM) und das über Telefonnetze mögliche "Asymetric Digital Subscriber Line"-Verfahren (ADSL) bleiben.

[303] Zur Unterscheidung von Verteilnetzen und Wählnetzen s. *Breunig*, aaO, S. 51.

[304] Für einen umfassenden Überblick s. *VPRT*, Zukunftssichere Breitbandverteilnetze. Strategien und Forderungen zur volkswirtschaftlich sinnvollen Nutzung der bestehenden Kabelnetze in Deutschland, 1995, S. 1 ff. Vgl. auch *Ziemer*, Digitales Fernsehen, aaO, S. 141 ff.; *Engel*, Der Anspruch privater Kabelbetreiber auf ein Entgelt für die Durchleitung von Rundfunkprogrammen und das Medienrecht, ZUM 1997, S. 497.

heute zu jährlichen Defiziten[305] führt; damals bei der ehemaligen Bundespost und heute bei der Deutschen Telekom AG.[306] Für die Feststellung der Rentabilität der BK-Netze sind weiterhin die Kosten des jeweiligen Übergabepunktes im Keller eines jeden Hauses, insbesondere die für Erdarbeiten, die Zahl der tatsächlich genutzten Übergabepunkte und die Zahl der an einen Übergabepunkt anschließbaren Wohneinheiten ausschlaggebend. Aufgrund der mangelnden Kostendeckung ist die Deutsche Bundespost bereits im Jahre 1984 von ihrem ursprünglichen Plan einer flächendeckenden Verkabelung des Bundesgebietes abgerückt[307]; die Deutsche Telekom ihrerseits strebt nunmehr lediglich eine großflächige Verkabelung der Ballungsräume und anderer dicht besiedelter Gebiete an.[308] Auch stoppte die Telekom bei der Übernahme des Netzes seinen weiteren Ausbau aufgrund wirtschaftlicher Überlegungen, nur um nach der im Januar 1999 durchgeführten Ausgliederung und Regionalisierung des Geschäftsbereichs Breitbandkabel[309] nunmehr die regional unterteilten Koaxialnetze im Laufe des Jahres 2000 voraussichtlich ganz zu veräußern.[310]

---

[305] Wie hoch im einzelnen ihre Defizite tatsächlich sind, scheint nicht einmal die Telekom selbst zu wissen, die Zahlen schwankten im Jahr 1998 zwischen 1,1 Mrd. DM (epd medien 9/98) und 1,5 Mrd. DM (epd medien 47/98). Vgl. insofern *Morhart*, Verwickelt: Das Kabel in der Klemme, epd medien 56/98, S. 3 f.

[306] Um das Ergebnis des defizitären Breitbandkabelgeschäftes zu verbessern, hatte die DTAG am 1. November 1997 die Tarife für die Nutzung von Kabelanschlüssen um durchschnittlich 15 Prozent angehoben. Als Ergebnis eines im Jahre 1998 durchgeführten Missbrauchsverfahrens sah die neu geschaffene Regulierungsbehörde für Telekommunikation und Post (RegTP) zunächst bis zum Jahresende 1998 keine Veranlassung, gegen die Gebührenerhöhung einzuschreiten. Nachdem daraufhin die RegTP die DTAG im Interesse der Kunden aufgefordert hatte, ihre Effizienz im Kabelnetz zu steigern, d.h. höhere Investitionen insbesondere zugunsten des Kunden nachzuweisen, stellte sie auch im Frühjahr 1999 einen Preishöhenmissbrauch bei den Entgelten für die Programmeinspeisung in das BK-Netz der DTAG nicht fest. Vgl. u.a. epd medien 94/98, 90/98, 85/98, 59/98, 36/98, 34/98 u. auch die Pressemitteilungen der RegTP auf http://www.regtp.de/Aktuelles/pmbreitbandkabel.htm und http://www.regtp.de/Aktuelles/pm2903b.htm. Zur Stellung und zu den Aufgaben der RegTP allgemein s.a. *Ulmen/Gump*, Die neue Regulierungsbehörde für Telekommunikation und Post, CR 1997, S. 396 ff.

[307] Die Entscheidung basierte auf der Vorlage eines Sondergutachtens des Bundesrechnungshofes zu den Kosten der Verkabelung.

[308] Die Versorgungsdichte mit Kabelanschlüssen betrug im Jahr 1982 lediglich 1,5 Prozent der vorhandenen Hauhalte; im ersten Halbjahr 1998 betrug sie schon etwas über 45 Prozent im Bundesdurchschnitt. Die Anschlussdichte lag 1998 demgegenüber bei knapp 68 Prozent - eine in der Vergangenheit von der Deutschen Telekom AG behauptete Anschlussdichte von 90 Prozent im Jahr 1998 ist mithin nicht realisiert worden. Dennoch gilt die flächendeckende Verkabelung in Deutschland seit 1997 als beinahe abgeschlossen, s. insofern *ALM Jahrbuch 1997/1998*; S. 339 u. vgl. *Müller-Römer*, aaO, S. 189.

[309] Die DTAG hat ihr Breitbandkabelgeschäft in zwei Tochtergesellschaften ausgegliedert: in die Kabel Deutschland GmbH (KDG) und die MediaServices GmbH (MSG). Während die KDG den Betrieb und die Vermarktung des gesamten BK-Netzes übernimmt, fungiert die MSG als zentrale Dienstleistungsgesellschaft, welche optional Marketing, Vertrieb, Pro-

2. Die aktuelle Kanalbelegungspraxis

a. Die technischen Rahmenbedingungen für die Kanalbelegung

In den Breitbandverteilnetzen ist bisher die Übertragung einer unterschiedlichen Zahl von Programmen in analoger Technik möglich. In den Kabelnetzen der Deutschen Telekom AG lassen sich derzeit bis zu 33 TV-Programme analog übertragen: zur Verfügung stehen 30 Kanäle im Normalband[311] und drei Kanäle im Hyperband, dem sogenannten erweiterten Sonderkanalbereich[312]. Mit Hilfe der analogen Übertragungstechnologie konnte bisher nur ein Fernsehprogramm pro Kanal durchgeleitet werden, wobei die Begrenztheit der Übertragungskapazität nicht auf das Kupferkoaxialkabel - dies wäre imstande, etwa 100 Fernsehkanäle zu transportieren - zurückzuführen ist, als vielmehr auf die Zwischenverstärker. Einige private Kabelunternehmer haben stellenweise Kabelnetze mit einer deutlich höheren Kapazität installiert, da sie aufgrund der geringeren Ausdehnung ihrer Netze mehr Zwischenverstärker einbauen und die Frequenzbereiche bis auf 606 MHz, stellenweise sogar bis auf 862 MHz ausbauen konnten,

---

grammanbieterbetreuung, Kundenmanagement und SMS-Systeme aus einer Hand anbietet. Die KDG wurde in neun regional abgegrenzte Kabelgesellschaften eingebracht, für die die DTAG derzeit Käufer bzw. Partner sucht und teilweise auch schon gefunden hat.

[310] Neben finanziellen Aspekten sprechen auch mögliche regulatorische Eingriffe durch die RegTP und die am 23. Juni 1999 von der EU-Kommission angenommene Kabelrichtlinie, die Telekommunikationsunternehmen dazu verpflichtet, Kabelfernsehnetze in rechtlich selbständigen Einheiten zu betreiben, für eine Veräußerung des BK-Netzes. Aber insbesondere strategische Überlegungen seitens der DTAG, sich auf das Telefongeschäft zu konzentrieren, um durch den Ausbau des schmalbandigen Telefonnetzes und die Verstärkung der ADSL-Technologie selbst breitbandige Dienste dem Kunden anbieten zu können, machen eine bis auf wenige Ausnahmen gänzliche Trennung von den regional unterteilten BK-Netzen wahrscheinlich. S. dazu auch *Börnsen*, Koax-Breitbandkabel - von der Fernsehsignalverteilung zum neuen Medium der Zukunft, MMR 1999, S. 272 f.

[311] Das sind die Standardbereiche I (K 2 - K 4) u. III (K 5 - K 12), der Untere Sonderkanalbereich (S 2 - S 10) und der Obere Sonderkanalbereich (S 11 - S 20) im Frequenzbereich 47 - 300 MHz. Stellenweise stehen allein im Normalband bis zu 33 analoge Fernsehprogramme zur Verfügung.

[312] Hierbei handelt es sich um die Sonderkanäle S 21 - S 38 im Frequenzbereich 302 - 446 MHz, die ursprünglich zur Nutzung der Satellitenfernsehnorm D2-MAC ausgebaut wurden. Nachdem vorübergehend die digitalen Hyperbandkanäle S 24 und S 25 für die analoge Nutzung umgerüstet wurden, sind es nunmehr die zuvor vom Digitalen Satelliten Radio genutzten TV-Kanäle S 2 und S 3, die an deren Stelle zusätzlich für das analoge Fernsehen bereitgestellt wurden. Für einen Frequenzplan der Telekom-Breitbandverteilnetze s. die Abbildungen bei *Breunig*, aaO, S. 53; *Ziemer*, Digitales Fernsehen, aaO, S. 143 oder beispielsweise die Anlage 1 der LfK-NutzungsplanVO, S. 11 f. bzw. die Übersicht über die Kabelbelegungspläne in den nordrhein-westfälischen Breitbandverteilnetzen in: *LfR-Bericht über die Entwicklung der Angebots- und Meinungsvielfalt*, 1997, S. 52 ff.

was die Übertragung von zusätzlich 17 bzw. 32 analogen Programmen ermöglicht.[313]

Da die Fernsehsignale als elektromagnetische Wellen transportiert werden, müssen die von der Empfangsstelle ausgesandten Wellen in regelmäßigen Abständen verstärkt werden. Und da die Dämpfung eines Signals mit der verwendeten Frequenz steigt und Signale höherer Frequenz dementsprechend in kürzeren Abständen verstärkt werden müssen, besteht ein erstes Kapazitätsproblem in der Positionierung der Verstärkerstellen. Basierend auf der seinerzeit üblichen Nutzung von Frequenzen bis zu 300 MHz für die Weiterleitung von Fernsehsignalen wurden ursprünglich die einzelnen Standorte der Zwischenverstärker in Deutschland gewählt. Schon einmal hat die Deutsche Telekom AG die Verstärkerleistung an diesen Punkten erhöht, indem sie den bereits oben erwähnten Hyperbandbereich auf bis zu 450 MHz ausbaute, um damit die Reichweite ihrer Netze zu steigern.[314] Darüber hinaus kann die Kapazität des Netzes mit herkömmlichen Methoden nur nochmals gesteigert werden, wenn die Verstärkerpunkte repositioniert würden, was wiederum teure Erdarbeiten erforderlich machen würde. Da sich aber auch bei jedem Verstärkungsvorgang die Qualität der Signale verschlechtert[315], müsste die Telekom auch die Zahl der regionalen Einspeisestellen deutlich erhöhen. Dagegen hat sie sich trotz der seit 1996 erhobenen Forderungen seitens der privaten Programmveranstalter und der Direktorenkonferenz der Landesmedienanstalten (DLM) nach einem weiteren Ausbau der BK-Netze für analog übertragene Programme bislang mit dem Hinweis auf zu hohe Investitionskosten offiziell gesperrt.[316]

---

[313] S. *Engel*, Kabelfernsehen, 1996, S. 50 und *Medienbericht '98*, aaO, S. 164. Während sich zwar auch die privaten Kabelanlagenbetreiber im allgemeinen des von der DTAG in ihren Kabelanlagen verbreiteten Programmpaketes bedienen, speisen sie mittels eigener Empfangsanlagen noch zusätzliche Programme ein. S. *LfR-Bericht über die Entwicklung der Angebots- und Meinungsvielfalt*, aaO, S. 5.

[314] Dies war nur deshalb möglich, weil ursprünglich die Positionen der Zwischenverstärker vorsorglich etwas enger als unvermeidlich gewählt worden waren.

[315] Die Grenze ist nach aktuellem Stand der Technik bei ca. 25 Verstärkungsvorgängen erreicht.

[316] Dies, obschon intern intensive Vorbereitungen für einen flächendeckenden Ausbau des Fernsehbereichs IV bis 606 MHz - jedoch ausschließlich für digital gesendete Signale - getroffen wurden. S. *Müller-Römer*, aaO, S. 190. Für eine Gesamtdarstellung der Auseinandersetzung mit der DTAG über die Kapazitätserweiterung ihrer BK-Netze einschließlich dem verwaltungsgerichtlichen Verfahren mit der MABB in Berlin und dem sog. "Kabelgipfel" in Bonn s. *ALM Jahrbuch 1997/1998*, S. 16 ff. Obwohl wie oben angesprochen die DTAG ihr BK-Netz ausgegliedert und regionalisiert hat und zumindest zu weiten Teilen verkaufen will, hat sie Ende 1998 in Berlin mit dem Ausbau ihres Netzes auf 862 MHz begonnen, wobei dies nach Angaben des Telekom-Vorstandsmitglieds Gerd Tenzer bundesweit die "einzige Kabelinvestition" im Zuge der Regionalisierung sein soll. S. epd medien 92/98.

b. Die rechtlichen Rahmenbedingungen für die Kanalbelegung

Da die digitale Welt auf der analogen aufbaut, hat auch die Regulierung des digitalen Fernsehens als Basis das herkömmliche Rundfunkrecht.[317] Insofern ist auch eine Darstellung der rundfunkrechtlichen Rahmenbedingungen des analog verbreiteten Fernsehens in Deutschland an dieser Stelle erforderlich.

aa. Die Zuständigkeit der Landesmedienanstalten

Nachdem die Einspeisung der Fernsehprogramme bei den ersten Kabelversuchsanlagen noch aufgrund interner Richtlinien der Deutschen Bundespost erfolgte, sind es nunmehr die Länder und deren Landesmedienanstalten[318], die für die Kanalbelegung der Kabelnetze in den einzelnen Bundesländern zuständig sind.[319] Die Landesmedienanstalten wurden seinerzeit als mehrheitlich pluralistisch zusammengesetzte Anstalten zur Durchführung der Landesmediengesetze geschaffen. Aufgrund ihrer staatsfernen Organisation sind sie nicht Teil der staatlichen Verwaltung, sondern unabhängige, rechtsfähige Anstalten des öffentlichen Rechts mit dem Recht auf Selbstverwaltung. Ihr Aufgabengebiet umfasst neben der Vergabe von Frequenzen und Kanälen die Lizenzierung, Kontrolle, Beratung und Förderung des privaten Rundfunks.[320] Insgesamt haben sie sicherzustellen, dass der private Rundfunk nicht vom Staat oder einzelnen gesellschaftlichen Gruppen abhängig ist, so dass die Anstalten letztlich einen Beitrag zur Garantie der Rundfunkfreiheit leisten.

---

[317] Vgl. *Hege*, Digitales Fernsehen: Regulierung der Medienkonzentration in Deutschland und Europa, in: *Kremp/Mielke*, aaO, S. 30; *Janik*, Der deutsche Rundfunkbegriff im Spiegel technischer Entwicklungen, in: AfP 2000, S. 7 ff.

[318] Im einzelnen sind dies: Landesanstalt für Kommunikation Baden-Württemberg (LfK), Bayerische Landeszentrale für neue Medien (BLM), Medienanstalt Berlin-Brandenburg (MABB), Bremische Landesmedienanstalt, Hamburgische Anstalt für neue Medien (HAM), Hessische Landesanstalt für privaten Rundfunk (LPR Hessen), Landesrundfunkzentrale Mecklenburg-Vorpommern (LRZ), Niedersächsische Landesmedienanstalt für Privaten Rundfunk (NLM), Landesanstalt für Rundfunk Nordrhein-Westfalen (LfR), Landeszentrale für private Rundfunkveranstalter Rheinland-Pfalz (LPR), Landesmedienanstalt Saarland (LMS), Sächsische Landesanstalt für privaten Rundfunk und neue Medien (SLM), Landesrundfunkausschuss für Sachsen-Anhalt (LRA), Unabhängige Landesanstalt für das Rundfunkwesen Schleswig-Holstein (ULR), Thüringer Landesmedienanstalt (TLM). Für einen Gesamtüberblick über die in der Arbeitsgemeinschaft der Landesmedienanstalten in der Bundesrepublik Deutschland (ALM) zusammengeschlossenen Landesmedienanstalten s. auch die Homepage der ALM auf: http://www.alm.de.

[319] Der Grundsatz der Zuordnung und Nutzung von Übertragungskapazitäten ist in § 50 Rundfunkstaatsvertrag geregelt.

[320] Zum Aufbau und den Aufgaben der Landesmedienanstalten s. *ALM Jahrbuch 1997/1998*, S. 45 ff. und auch http://www.alm.de/aufgab.htm.

In der Vergangenheit standen aufgrund der mangelnden Anzahl angebotener Programme genügend Kanäle für Kabelfernsehen zur Verfügung; der Begriff "Kapazitätsengpass" war in diesem Bereich jahrelang ein Fremdwort. Dementsprechend beschränkte sich die Rolle der Landesmedienanstalten zu dieser Zeit lediglich auf die Entgegennahme von Weiterverbreitungsanzeigen der Programmveranstalter und die laufende Kontrolle des Programms.[321] Aufgrund der durch die Satellitentechnik[322] möglichen Heranführung nicht lokaler, insbesondere internationaler Programme und der damit einhergehenden steigenden Anzahl privater deutscher und ausländischer Fernsehveranstalter entstand im Laufe der neunziger Jahre jedoch eine grundlegend neue Situation auf dem Kabelbelegungsmarkt.[323] Mittlerweile liegen den Landesmedienanstalten für die zuvor erwähnten maximal 33 möglichen Kanäle regelmäßig Wartelisten mit Anträgen von Programmanbietern[324] auf Einspeisung vor. Dies hat zur Folge, dass ein Rundfunkunternehmen, nachdem es die Sendelizenz erlangt hat, nicht mehr automatisch auch in das jeweilige Kabelnetz eingespeist wird. Dementsprechend wurde es erforderlich, dass die Landesgesetzgeber bzw. Landesmedienanstalten entsprechende Regeln und Auswahlkriterien entwarfen, um sogenannte Rangfolgeentscheidungen treffen zu können, aufgrund derer die Kanäle der Kabelnetze mit den jeweiligen Programmen zu belegen waren.[325] Im folgenden werden die Kriterien und rechtlichen Rahmenbedingungen dargestellt, nach denen die Landesmedienanstalten ihr hoheitliches Kabelallokationsregime[326] ausüben, d.h. die Kanalbelegung des deutschen Kabelfernsehnetzes mit in analoger Technik verbreiteten Programmen derzeit noch praktiziert wird.

---

[321] S.a. *Beucher/von Rosenberg*, Kapazitätsknappheit und Programmvielfalt, ZUM 1996, S. 644.

[322] Eine wachsende Zahl von Fernmeldesatelliten ermöglichte es, Programme an die Rundfunkempfangsstellen der Kabelnetze heranzuführen.

[323] Nachdem es bis Mitte 1994 gerade zehn bundesweite deutsche Fernsehangebote gab, stellten allein im zweiten Halbjahr 1994 zwölf TV-Sender einen Zulassungsantrag bei der entsprechenden Landesmedienanstalt. Seither ist die Zulassungswelle privater Fernsehveranstalter ungebrochen. S. *ALM Jahrbuch 1995/1996*, S. 34.

[324] Für eine umfassende Übersicht der mittlerweile über 100 in Deutschland zugelassenen privaten Fernsehanbieter s. *ALM Jahrbuch 1997/1998*, S. 388 f.

[325] Für einen detaillierten Überblick über die unterschiedlichen Kanalbelegungspraktiken in den einzelnen Bundesländern s. insbesondere *Dörr*, Die Kanalbelegungsregelungen in den Landesmediengesetzen, ZUM 1997, S. 337 ff. m.w.N. u. *Thomaschki/Krakies*, Verfassungsrechtliche Anforderungen an die Kanalbelegung in Kabelnetzen, ZUM 1995, S. 368 ff.

[326] Vgl. den Begriff bei *Schütz*, Breitbandkabel - "Closed Shop" für neue Diensteanbieter?, MMR 1998, S. 11 ff.

bb. Das Vollbelegungsrecht der Landesmedienanstalten

Die analoge Weiterverbreitung von Fernsehprogrammen und die Belegung der Kabelkanäle ist in § 52 des Rundfunkstaatsvertrages vom 31. August 1991[327] in der Fassung des Dritten Rundfunkänderungsstaatsvertrages vom 26. August 1996 bis 11. September 1996[328] (RStV) geregelt. Dabei normiert § 52 RStV, dass die zeitgleiche und unveränderte Weiterverbreitung von bundesweit empfangbaren Fernsehprogrammen, die in Europa in rechtlich zulässiger Weise und entsprechend den Bestimmungen des Europäischen Übereinkommens über das grenzüberschreitende Fernsehen veranstaltet werden, durch Landesrecht im Rahmen der vorhandenen technischen Möglichkeiten zu gestatten ist. Weiterverbreitung im Sinne des RStV betrifft hier lediglich den Transport von Fernsehsignalen aus ihrem jeweiligen Veranstaltungsort bzw. ursprünglichen Verbreitungsgebiet mittels fernmeldetechnischer Mittel (z.B. mit Hilfe des BK-Netzes der Telekom) zu dem Standort der Kabelanlage, an dem letztendlich die Einspeisung und Zuführung zu den einzelnen Haushalten erfolgt.[329] Obschon § 52 RStV für das Landesrecht gewisse Vorgaben hinsichtlich der Weiterverbreitung von Fernsehprogrammen vorsieht, welche insbesondere den Regelungen der Art. 2a i.V.m. Art. 22 EU-Fernsehrichtlinie[330] und Art. 4 i.V.m. Art. 24

---

[327] Nach der Herstellung der Einheit Deutschlands wurden mit dem Staatsvertrag über den Rundfunk im vereinten Deutschland vom 31. August 1991 die grundlegenden Regelungen für den öffentlich-rechtlichen und den privaten Rundfunk in einer dualen Rundfunkordnung in allen 16 Bundesländern festgelegt. Er trat am 1. Januar 1992 in Kraft und löste den Staatsvertrag von 1987 ab. Der Staatsvertrag wurde mit den Zustimmungsgesetzen der vertragschließenden Länder im Jahr 1991 wie folgt veröffentlicht: Baden-Württemberg: GBl., S. 745; Bayern: GVBl., S. 451; Berlin: GVBl., S. 309; Brandenburg: GVBl., S. 580; Bremen: GBl., S. 273; Hamburg: GVBl., S. 425; Hessen: GVBl., S. 367; Mecklenburg-Vorpommern: GVDBl., S. 494; Niedersachsen: GVBl., S. 311; Nordrhein-Westfalen: GV.NW., S. 408; Rheinland-Pfalz: GVBl., S. 369; Saarland: Amtsbl., S. 1290; Sachsen: GVBl., S. 425; Sachsen-Anhalt: GVBl., S. 478; Schleswig-Hostein: GVOBl., S. 596; Thüringen: GVBl., S. 635.

[328] Die Änderungen durch die Landesgesetze zum Ersten Rundfunkänderungsstaatsvertrag vom 2. Februar bis 1. März 1994 sind am 1. August 1994 in Kraft getreten (vgl. insofern z.B. Zustimmungsgesetz des Landes Schleswig-Holstein, GVBl. 1994, S. 306), die Änderungen durch die Landesgesetze zum Zweiten Rundfunkänderungsstaatsvertrag vom 22. Juni 1995 sind am 1. Januar 1996 in Kraft getreten (vgl. insofern z.B. Zustimmungsgesetz des Landes Schleswig-Holstein, GVBl. 1995, S. 450), die Änderungen durch die Landesgesetze zum Dritten Rundfunkänderungsstaatsvertrag vom 26. August bis 11. September 1996 sind am 1. Januar 1997 in Kraft getreten (vgl. insofern z.B. Zustimmungsgesetz des Landes Schleswig-Holstein, GVBl. 1996, S. 463).

[329] Im einzelnen und zur Unterscheidung zwischen Verbreitung einerseits und Einspeisung in die Kabelanlage andererseits s. *Dörr*, Die Kabelbelegungsregelungen, aaO, S. 339.

[330] S. *Richtlinie 89/552/EWG des Rates zur Koordinierung bestimmter Rechts- und Verwaltungsvorschriften der Mitgliedstaaten über die Ausübung der Fernsehtätigkeit vom 3. Oktober 1989 (Fernsehrichtlinie)*, ABl. EG Nr. L 298, S. 23 u. Nr. L 331, S. 51 u. *Richtlinie 97/36/EG*

Abs. 2 des Europäischen Übereinkommens über das grenzüberschreitende Fernsehen (FsÜ)[331] Rechnung tragen[332], enthält der Rundfunkstaatsvertrag selbst keine detaillierten Maßgaben darüber, in welcher Rangfolge die Fernsehprogramme in die Kabelnetze einzuspeisen sind. Die Regelung dieser Frage ist ausschließlich die Angelegenheit des jeweiligen Landesgesetzgebers, denn Einzelheiten, insbesondere die Rangfolge bei der Belegung der Kabelkanäle, soll das Landesrecht regeln.

In diesem Zusammenhang gelten in den einzelnen Bundesländern momentan folgende landesrechtlichen Regelungen: Das Landesmediengesetz Baden-Württemberg in der Fassung vom 24. November 1997 (BaWüLMedienG)[333], das Gesetz über die Entwicklung, Förderung und Veranstaltung privater Rundfunkangebote und anderer Mediendienste in Bayern in der Fassung vom 26. Januar 1999 (BayMG)[334], der Staatsvertrag über die Zusammenarbeit zwischen Berlin und Brandenburg im Bereich des Rundfunks in der Fassung vom 3. November 1998 (MStV BB)[335], das Bremische Landesmediengesetz in der Fassung des Änderungsgesetzes vom 1. Juni 1999 (BremLMG)[336], das Hamburgische Mediengesetz in der Fassung vom 20. April 1994 (HmbMedienG)[337], das Gesetz über den privaten Rundfunk in Hessen in der Fassung vom 25. Januar 1995 (HPRG)[338], das Rundfunkgesetz für das Land Mecklenburg-Vorpommern in der Fassung vom 29. November 1994 (RGMV)[339], das Niedersächsische Landesrundfunkgesetz in der Fassung vom 12. November 1998 (NdsLRG), das Rundfunkgesetz für das Land Nordrhein-Westfalen in der Fassung vom 25. April 1998 (LRG NW)[340], das Landesrundfunkgesetz Rheinland-Pfalz in der Fassung vom 17. Dezember 1998 (LRG RP)[341], das Rundfunkgesetz für das Saarland in der Fassung vom 5. August 1996 (SaarlLRG)[342], das Gesetz über den privaten Rundfunk und neue Medien in Sachsen in der Fassung vom 9. März 1998

---

des Europäischen Parlaments und des Rates vom 30. Juni 1997 zur Änderung der Fernsehrichtlinie, ABl. EU Nr. L 202, S. 60.

331 Abgedruckt in BGBl. 1994 II, S. 638. Der Text der Europaratskonvention ist auch auf der Homepage der ALM im Internet abrufbar unter: http://www.alm.de/eu_konv.htm#artikel1.

332 Vgl. dazu im einzelnen *Hartstein/Ring/Kreile/Dörr/Stettner*, Rundfunkstaatsvertrag, 2. Aufl., 1995, § 35 Rn. 8 f. § 52 RStV entspricht insofern wörtlich der Vorschrift des § 35 Abs. 1 RStV a.F.

333 BaWü. GBl. 1997, S. 483.

334 Bay. GVBl. 1999, S. 8.

335 Berlin GVBl. 1998, S. 406; Brandenburg GVBl. 1998, S. 258.

336 Brem. GBl 1999., S. 143/144.

337 Hamb. GVBl. 1994, S. 113, zuletzt geändert am 23.4.1996.

338 Hess. GVBl. 1995, S. 87 u. 1996, S. 90 u. S. 454 u. 1997, S. 134.

339 GVDBl. Meckl.-Vorp. 1994, S. 1058.

340 GV.NW. 1998, S. 240.

341 GVBl. Rh.-Pf. 1998, S. 426.

342 Saarl. ABl. 1996, S. 913 u. 1998, S. 1074.

(SächsPRG)[343], das Gesetz über privaten Rundfunk in Sachsen-Anhalt in der Fassung vom 3. November 1997 (PRG LSA)[344], das Rundfunkgesetz für das Land Schleswig-Holstein in der Fassung vom 7. Dezember 1995 (LRG SH)[345] und schließlich das Thüringer Rundfunkgesetz in der Fassung vom 4. Dezember 1996 (TRG)[346].

Wegen der dominierenden Position des Kabelempfangs sind die zur Vergabe von Kabelkanälen ergangenen landesrechtlichen Regelungen einerseits zu einem Politikum, andererseits Gegenstand zahlreicher juristischer Untersuchungen[347] und Gerichtsverfahren[348] geworden. Aufgrund der Vorgaben des § 52 RStV sind bei den Kabelbelegungsvorschriften der einzelnen Landesmediengesetze grundsätzlich deutliche Gemeinsamkeiten erkennbar. Grundsätzlich entscheiden die Landesmedienanstalten in einem öffentlich-rechtlichen Verfahren über die Belegung der Kanäle in Kabelanlagen mit in analoger Technik verbreiteten Programmen, falls die Übertragungskapazität einer Kabelanlage zur Verbreitung von Fernsehprogrammen nicht ausreichen sollte. Die einzige Ausnahme bildet in diesem Zusammenhang lediglich das Sächsische Privatrundfunkgesetz, welches

---

[343] Sächs. GVBl. 1998, S. 106.
[344] GVBl. LSA 1997, S. 925.
[345] GVOBl. Schl.-H. 1995, S. 422.
[346] GVBl. Thr. 1996, S. 271.
[347] S. z.B. *Beucher/von Rosenberg*, aaO, S. 643 ff.; *Castendyk*, Die Rangfolge im Kabel, ZUM 1993, S. 464 ff.; *Dörr*, Die Kabelbelegungsregelungen, aaO, S. 337 ff.; *Dörr/Charissé*, Die Rangfolge im Kabel und die Dienstleistungsfreiheit, AfP 1999, S. 18 ff.; *Engel*, Der Anspruch privater Kabelbetreiber, aaO, S. 497 ff.; *Hess*, Zur Rangfolge bei der Weiterverbreitung von Fernsehprogrammen in Kabelanlagen, AfP 1996, S. 233 ff.; *Libertus*, Durchleitung digitaler Rundfunksignale im Breitbandkabelnetz, K&R 1999, S. 259 ff.; *Raisch/Gudera*, Anmerkung zum Beschluss OLG Naumburg, in: ZUM 1999, S. 904 ff.; *Ricker*, Kriterien der Einspeisung von Rundfunkprogrammen bei Kapazitätsengpässen in Kabelanlagen, ZUM 1992, S. 521 ff.; *ders.*, Zur Rangfolge der Kabeleinspeisung des "Kinderkanals" und des "Ereignis- und Dokumentationskanals", ZUM 1997, S. 1 ff.; *ders.*, Zur Zulässigkeit bundesweiter Einspeisung landesfremder 3. Fernsehprogramme des öffentlich-rechtlichen Rundfunks in Kabelanlagen, ZUM 1995, S. 824 ff.; *Sieber*, Bundesweit empfangbarer Rundfunk, ZUM 1996, S. 867 ff.; *Stettner*, Anmerkungen zum Urteil des Oberverwaltungsgerichts der Freien Hansestadt Bremen vom 14. September 1999 - OVG 1 HB 433/98, in: ZUM 2000, S. 204ff.; *Thomaschki/Krakies*, aaO, S. 368 ff.
[348] S. beispielhaft folgende Verfahren: BGH, Urteil v. 19. März 1996 (KZR 1/95) in: ZUM 1996, S. 674 ff.; VG Düsseldorf, Beschluss v. 31. Oktober 1997 (15 L 1950/97) in: ZUM-RD 1998, S. 352 ff.; BayVGH, Beschluss v. 26. Januar 1998 (7 N 96/3279) in: MMR 1998, S. 158 ff.; BayVerfGH, Urteil v. 29. Januar 1998 (Vf. 95-VI-97) in: MMR 1998, S. 318 ff.; VG Bremen, Urteil v. 26. März 1998 (2 KK 3073/97) in: AfP 1998, S. 536 ff. u. MMR 1998, S. 107 ff.; VG Berlin, Beschluss v. 29. Juli 1998 (VG 27 A 23/98) in: AfP 1998, S. 544 ff. u. MMR 1998, S. 552 ff.; OLG Naumburg, Beschluss v. 28. Juli 1999 (10 Wkart 1/98 - nicht rechtskräftig) in: ZUM 1999, S. 944 ff.; OVG Bremen, Urteil v. 14. September 1999 (OVG 1 HB 433/98 - nicht rechtskräftig) in: AfP 2000, S. 103 ff. bzw. ZUM 2000, S. 250 ff.

in § 38 neben einer Aufzählung von zwingend zu berücksichtigenden Programmen ("Must-Carry") die Kanalbelegung unter Berücksichtigung gewisser Kriterien im übrigen den Betreibern der Kabelanlagen überlässt.

Insofern lässt sich festhalten, dass den Landesmedienanstalten grundsätzlich ein sogenanntes Vollbelegungsrecht[349] hinsichtlich der Belegung der Kabelkanäle zusteht, welches in den jeweiligen Bundesländern lediglich unterschiedlich ausgeprägt ist.[350] Hierbei lassen sich mit Ausnahme Sachsens zwei Grundmodelle[351] unterscheiden, wonach die dreizehn Landesmediengesetze und der zwischen Berlin und Brandenburg geschlossene Staatsvertrag über die Zusammenarbeit im Bereich des Rundfunks eine Rangfolgeentscheidung über die Einspeisung von Fernsehprogrammen im Falle eines Kapazitätsengpasses vornehmen.

(1) Das Vorrangmodell

Zwölf Bundesländer enthalten bereits in ihren jeweiligen Landesmediengesetzen eine konkrete Aufzählung von im wesentlichen drei Programmgruppen.[352] Diese

---

[349] *Dörr* spricht insofern von einem unterschiedlich ausgestalteten Kabelbelegungsmonopol der Landesmedien-anstalten, vgl. *Dörr*, Die Kabelbelegungsregelungen, aaO, S. 350.

[350] Einige Landesmedienanstalten haben in diesem Zusammenhang detaillierte Kanalbelegungssatzungen (KBS) und -verordnungen erlassen. So z.B. in Baden-Württemberg die Rechtsverordnung der LfK über einen Nutzungsplan für die drahtlosen Frequenzen und für die Kabelnetze vom 21. April 1999 (LfK-NutzungsplanVO), die Satzung über die Weiterverbreitung von Rundfunkprogrammen und Mediendiensten in Kabelanlagen in Bayern vom 23. Juli 1998, zuletzt geändert am 1. März 1999 (BayKBS), der Kabelbelegungsplan (Fernsehen) der Bremischen Landesmedienanstalt vom 5. November 1997 (BremKBP), die Satzung über die Grundsätze der Kanalbelegung in Kabelanlagen in Hessen vom 2. Dezember 1996, zuletzt geändert am 15. Dezember 1997 (HessKBS), die Satzung der LfR über die Grundsätze der Kanalbelegung für die Kabelanlagen in Nordrhein-Westfalen vom 19. Juni 1998 (KBS NW), die Satzung der LPR über die Grundsätze der Kanalbelegung für die Kabelanlagen des Landes Rheinland-Pfalz vom 5. Mai 1997 in der Fassung vom 1. Dezember 1997 (KBS RP) oder die Satzung der LMS über die Grundsätze der Kanalbelegung für die Kabelanlagen im Saarland vom 1. Februar 1994, zuletzt geändert am 10. Dezember 1998 (SaarlKBS).

[351] Die Grundmodelle haben in der Vergangenheit unterschiedliche Namen erhalten. Einerseits wurden sie als A-Modell und B-Modell (vgl. *Thomaschki/Krakies*, aaO, S. 370 ff.), andererseits als Vorrangmodell und Auswahlmodell bezeichnet (vgl. *Dörr*, Die Kabelbelegungsregelungen, aaO, S. 350 ff.). Hier soll letzterer Terminologie der Vorrang gegeben werden.

[352] S. im einzelnen: § 10 i.V.m. § 7 BaWüLMedienG, § 32 BremLMG, § 51 HmbLMedienG, § 42 HPRG, § 37 RGMV, § 52 NdsLRG, § 41 LRG NW, § 59 LRG RP, § 69 SaarlLRG, PRG LSA, § 50 LRG SH und § 38 TRG. Dass z.B. Nordrhein-Westfalen und Rheinland-Pfalz eine viergliedrige Rangfolge aufstellen, soll an der grundsätzlichen Zuordnung zu diesem Modell nichts ändern. Vgl. insofern auch *Castendyk*, aaO, S. 465. Obschon neuerdings auch von einer zweistufigen Grundstruktur gesprochen wird, kann angesichts der derzeit in diesem Zusammenhang noch nicht wesentlichen Unterschiede zu älteren Fassungen der einzelnen Landes-

Programmgruppen stehen in einem Nachrangigkeitsverhältnis, wobei die Programme der höherrangigen Programmgruppe jeweils vorrangig zu berücksichtigen sind. Diese gesetzlich festgelegte Rangfolge ist eine verbindliche Vorgabe, an die die Landesmedienanstalten bei ihrer Aufsicht über die Kabelnetze gebunden sind. Etwaige Auswahlentscheidungen der Landesmedienanstalten sind nur bei Gleichrangigkeit von Programmen und dem Vorliegen eines Kapazitätsengpasses innerhalb der jeweiligen Kabelanlage zu treffen.

In der ersten Programmgruppe finden sich zunächst die sogenannten gesetzlich bestimmten Programme.[353] Das sind diejenigen Programme, die aufgrund einer Vorschrift, welche in einem förmlichen Verfahren durch einen legislativen Akt beschlossen wurde, veranstaltet werden. Dementsprechend sind gesetzlich bestimmte Programme die vom Gesetzgeber selbst für die Rundfunkrezipienten und im Hinblick auf die Gestaltung der dualen Rundfunkordnung vorgesehenen Programme. In einem legislativen Akt beschlossen wurden z.B. die Zustimmungsgesetze der Länder, mit denen der Staatsvertrag über den Rundfunk im vereinten Deutschland sowie die einzelnen Rundfunkänderungsstaatsverträge in Landesrecht umgesetzt wurden. Unter gesetzlich bestimmten Programmen versteht man danach das Erste Deutsche Fernsehprogramm, das Zweite Deutsche Fernsehen, 3sat gemäß § 19 Abs. 1 RStV, ARTE gemäß § 19 Abs. 4 RStV, der Kinderkanal und Phoenix gemäß § 19 Abs. 2 RStV.[354] Die dritten Programme der Landesrundfunkanstalten basieren auf landesgesetzlichen Regelungen wie Rundfunkgesetzen[355] oder Staatsverträgen über Mehrländeranstalten.[356] Diese

---

mediengesetze und aus Gründen einer detaillierteren Darstellung hier weiterhin von im wesentlichen drei Programmgruppen ausgegangen werden. Vgl. insbesondere *Dörr/Charissé*, aaO, S. 19.

353 Für eine nähere Erläuterung dieses Begriffs vgl. auch die Darstellung bei *Wille/Heckel*, Verfassungsrechtliche Aspekte bei der Kabeleinspeisung - Zur Auslegung des Begriffs "gesetzlich bestimmtes Programm", ZUM 1997, S. 240 ff.

354 S. die kontroverse Diskussion zur vorrangigen Einspeisung der neuen öffentlich-rechtlichen Spartenkanäle u.a. bei *Ricker*, Zur Rangfolge der Kabeleinspeisung des "Kinderkanals" und des "Ereignis- und Dokumentationskanals", aaO, S. 1 ff.

355 S. z.B. *Gesetz über den "Westdeutschen Rundfunk Köln" (WDR-Gesetz)* in der Fassung der Bekanntmachung vom 25.04.1998, wonach das Rundfunkunternehmen "Westdeutscher Rundfunk Köln" als gemeinnützige Anstalt des öffentlichen Rechts die Aufgabe hat, Rundfunk zu veranstalten und zu verbreiten und das Land Nordrhein-Westfalen (Sendegebiet) gleichwertig zu versorgen.

356 S. z.B. *Staatsvertrag über den Mitteldeutschen Rundfunk (MDR)* vom 30.05.1991, der die Rundfunkanstalt Mitteldeutscher Rundfunk als gemeinnützige rechtsfähige Anstalt des öffentlichen Rechts zur Veranstaltung von Rundfunk in den Ländern Sachsen, Sachsen-Anhalt und Thüringen (Sendegebiet) mit Sitz in Leipzig errichtet. So auch der *Staatsvertrag über den Norddeutschen Rundfunk (NDR)* vom 17./18.12.1991, wonach der NDR als gemeinnützige Anstalt des öffentlichen Rechts Rundfunksendungen in den Ländern Freie und Hansestadt

Landesgesetze bilden die Grundlage für die Existenz der öffentlich-rechtlichen Rundfunkunternehmen in den jeweiligen Bundesländern. Ihnen wird für ihr jeweiliges Sendegebiet ausdrücklich ein Programmauftrag erteilt.[357] Insofern gelten die von den öffentlich-rechtlichen Anstalten ausgestrahlten dritten Programme im jeweiligen Sendegebiet ebenfalls als gesetzlich bestimmte Programme. Obschon die aufgrund des jeweiligen Landesmedienrechts in den einzelnen Bundesländern zugelassenen privaten Fernsehprogramme nicht als gesetzlich bestimmte Programme gelten[358], werden sie diesen regelmäßig innerhalb der ersten Programmgruppe gleichgestellt. Schließlich umfasst die erste Programmgruppe in einigen Landesmediengesetzen auch noch die Offenen Kanäle.[359]

Die zweite Programmgruppe beinhaltet regelmäßig die sogenannten ortsüblichen und ortsmöglichen Programme. Das sind diejenigen Programme, die im Bereich der jeweiligen Kabelanlage mittels terrestrischer Verbreitung empfangbar sind, wobei sich die Programme lediglich durch den unterschiedlichen Antennenaufwand unterscheiden, der für ihren Empfang erforderlich ist. Ortsüblich ist das Programm, das mit durchschnittlichem terrestrischem Antennenaufwand empfangbar ist, ortsmöglich hingegen das Programm, das nur mit besonderem Antennenaufwand empfangbar ist.[360] Leitbild dieser Gruppe ist demnach, dass sich die terrestrisch im Bereich der Kabelanlage empfangbaren Programme auch im Kabelnetz wiederfinden sollen. Dadurch wird deutlich, dass das Kabelnetz - ähnlich wie in den USA - als Ersatz und Ergänzung der terrestrischen Rund-

---

Hamburg, Mecklenburg-Vorpommern, Niedersachsen und Schleswig-Holstein (Sendegebiet) veranstaltet.

357 So bestimmt z.B. der NDR-Staatsvertrag, dass der NDR den Rundfunkteilnehmern und Rundfunkteilnehmer-innen im Sendegebiet einen objektiven und umfassenden Überblick über das internationale, nationale und länderbezogene Geschehen in allen wesentlichen Lebensbereichen zu geben hat, wobei der NDR in Wahrnehmung seiner Aufgaben Fernsehprogramme veranstalten kann (vgl. §§ 5, 6 NDR-Staatsvertrag). Nach §§ 3, 4 des WDR-Gesetzes veranstaltet und verbreitet der WDR in Nordrhein-Westfalen Rundfunk als Medium und Faktor des Prozesses freier Meinungsbildung und als Sache der Allgemeinheit.

358 Zutreffend insofern die Ausführungen bei *Wille/Heckel*, aaO, S. 242 unter Verweis auf ein Urteil des Hessischen VGH vom 27. August 1996 (6 UE 872/96); a.A. *Ricker*, Zur Rangfolge der Kabeleinspeisung, aaO, S. 2 u. *ders.*, Zur Zulässigkeit bundesweiter Einspeisung landesfremder 3. Fernsehprogramme des öffentlich-rechtlichen Rundfunks in Kabelanlagen, aaO, S. 825. *Rickers* Verweis auf u.a. § 51 HmbLMedienG zeigt insoweit allenfalls, dass zugelassene private Rundfunkprogramme neben den gesetzlich bestimmten Programmen in die erste Programmgruppe aufgenommen wurden, nicht aber dass zugelassene Programme mit gesetzlich bestimmten Programmen gleichzusetzen sind.

359 So z.B. in Hamburg (§ 51 Abs. 1 S. 1 Nr. 1 HmbLMedienG), Hessen (§ 42 Abs. 1 Nr. 1 HPRG) oder im Saarland (§ 69 Abs. 1 Nr. 1 SaarlLRG).

360 Vgl. insofern z.B. die Legaldefinitionen in § 51 Abs. 1 S.1 Nr. 2 u. 3 HmbLMedienG oder § 42 Abs. 1 Nr. 3 u. 4 HPRG.

funkverbreitung fungieren sollte und immer noch fungieren soll.[361] Diesem Ausgangsbild weiterhin verhaftet unterscheiden von den zwölf Landesmediengesetzen, die dieses Vorrangmodell anwenden, jedoch nur noch fünf zwischen ortsüblichen und ortsmöglichen Programmen (Bremen, Hamburg, Hessen, Sachsen-Anhalt und Thüringen), während die übrigen sieben in der zweiten Programmgruppe lediglich die ortsüblichen Programme berücksichtigen.

Die dritte Gruppe umfasst schließlich die sogenannten herangeführten Programme. Dies sind alle übrigen Programme, wobei es nur innerhalb dieser Gruppe regelmäßig zu Kapazitätsengpässen kommt, welche die Landesmedienanstalten dann zu Auswahlentscheidungen nach Maßgabe der in den jeweiligen Landesmediengesetzen bestimmten Kriterien zwingen. Für diese Auswahlentscheidungen halten die einzelnen Landesmediengesetze und Kanalbelegungssatzungen sehr unterschiedlich ausgeprägte Differenzierungsmaßstäbe[362] bereit. Sie reichen von einem einzigen Vorrangmerkmal in Hamburg ("Programme, die in Europa in rechtlich zulässiger Weise und entsprechend den Bestimmungen der Europaratskonvention über grenzüberschreitendes Fernsehen verbreitet werden")[363] bis zu sehr umfangreichen und ausdifferenzierten Katalogen in zum Beispiel Nordrhein-Westfalen[364]. Als Auswahlkriterien zur Bestimmung des Vorrangs werden die folgenden Maßstäbe immer wieder genannt[365]:

- Programme mit Grundversorgungsauftrag vor sonstigen Programmen (Hessen, Thüringen)
- Voll- vor Spartenprogrammen (Saarland)
- deutschsprachige vor fremdsprachigen Programmen (Baden-Württemberg, Saarland)
- inländische vor ausländischen Programmen (Mecklenburg-Vorpommern)
- Programme aus Mitgliedstaaten der Europäischen Union vor Programmen aus sonstigen europäischen Staaten und diese wiederum vor Programmen aus dem Ausland (Mecklenburg-Vorpommern, Saarland)

---

[361] Zur eingehenden Kritik an diesen Kriterien, die aufgrund der Entwicklung im Satellitendirektempfang veraltet und überholt seien, s. *Castendyk*, aaO, S. 472 f. Dem ist insoweit zuzustimmen, dass Kabelfernsehen mittlerweile mehr als nur eine Ergänzung zur terrestrischen Rundfunkübertragung ist.

[362] Diese Maßstäbe werden auch als Binnendifferenzierung bezeichnet, vgl. *Thomaschki/Krakies*, aaO, S. 371.

[363] S. § 51 Abs. 2 S. 2 HmbLMedienG.

[364] S. § 41 Abs. 2, 3 u. 5 LRG NW.

[365] Im einzelnen vgl. folgende Vorschriften: § 10 Abs. 2 BaWüLMedienG, § 8 Abs. 2 HessKBS, § 37 Abs. 1 RGMV, § 7 Abs. 3 SaarlKBS, § 38 Abs. 1 TRG.

Darüber hinaus enthalten die meisten Landesmediengesetze bzw. Kanalbelegungssatzungen zusätzliche generalklauselartige Merkmale, an denen sich die weitere Auswahlentscheidung ebenfalls zu orientieren hat.[366] Bei diesen, grundsätzlich auf Pluralität abstellenden Merkmalen handelt es sich insbesondere um:

- Programmvielfalt und -ausgewogenheit (Bremen, Baden-Württemberg, Niedersachsen, Saarland, Thüringen)
- Meinungsvielfalt (Bremen, Hessen, Mecklenburg-Vorpommern, Nordrhein-Westfalen, Saarland, Thüringen)
- Informationsvielfalt (Mecklenburg-Vorpommern, Nordrhein-Westfalen, Thüringen)
- Angebotsvielfalt (Bremen, Hessen, Nordrhein-Westfalen, Saarland)
- Spartenvielfalt (Bremen, Hessen, Nordrhein-Westfalen, Saarland)
- kulturelle und Sprachenvielfalt (Bremen, Hessen, Nordrhein-Westfalen, Saarland)
- okale, regionale und Landesbezüge (Nordrhein-Westfalen)
- Minderheiteninteressen, ausländischer Bevölkerungsanteil und europäische Integration (Hessen, Nordrhein-Westfalen)
- Zuschauerakzeptanz (Baden-Württemberg, Hessen, Nordrhein-Westfalen)

In diesem Zusammenhang ist bemerkenswert, dass sich eines der oben angeführten Bundesländer bei der Auswahlentscheidung zwischen ranggleichen Programmen auf die Anwendung lediglich einer einzigen Generalklausel beschränkt. Niedersachsen stellt im wesentlichen nur auf den Beitrag des jeweiligen Programms zur Vielfalt des Programmangebots in der Kabelanlage ab.[367]

(2) Das Auswahlmodell

Bayern und Berlin-Brandenburg haben sich in ihrem Landesmedienrecht jeweils für ein anderes als das oben beschriebene Vorrangmodell entschieden. Diese drei Länder verzichten bei der Kanalbelegung ihrer Kabelanlagen auf die Festlegung einer Rangfolge von bestimmten Programmgruppen. Sie ordnen vielmehr die Einspeisung bestimmter Fernsehprogramme gesetzlich explizit an, wobei die

---

[366] Im einzelnen vgl. folgende Vorschriften: § 10 Abs. 2 BaWüLMedienG, § 3 BremKBP i.V.m. § 31 Abs. 2 BremLMG, § 8 Abs. 2 bis 4 HessKBS, § 5 Abs. 2 RGMV, § 52 Abs. 4 NdsLRG, § 41 Abs. 2 S. 2 LRG NW, § 6 SaarlKBS, §§ 37 Abs. 1 u. 38 Abs. 1 Nr. 5 TRG.

[367] Für eine genauere Darstellung weiterer, immer noch geltender Besonderheiten unter den Auswahlregelungen der Bundesländer des Vorrangmodells s. *Thomaschki/Krakies*, aaO, S. 372, Fn. 15 f.

übrigen freien Kanäle nach Auswahl der jeweiligen Landesmedienanstalt belegt werden.

Obschon das Bayerische Mediengesetz und die Bayerische Kanalbelegungssatzung als Reaktion auf die Digitalisierung erst Anfang 1999 erheblichen Veränderungen unterzogen wurden[368], hat sich an dem grundlegenden Modell, bestimmte, analog zu verbreitende Programme zunächst gesetzlich festzulegen und im übrigen hoheitlich auszuwählen, nichts geändert. Für die Belegung von Kanälen in Kabelanlagen mit in analoger Technik verbreiteten Programmen bestimmt Art. 36 Abs. 2 BayMG, dass die auf gesetzlicher Grundlage für Bayern veranstalteten Programme und die für das Gebiet der jeweiligen Kabelanlage ortsüblichen Programme vorrangig zu berücksichtigen sind. Dabei werden nach § 13 BayKBS i.V.m. Anlage 2 BayKBS im Ergebnis neben einer genau festgelegten Anzahl von deutsch- und fremdsprachigen Spartenprogrammen und der Reservierung mindestens eines Kanals für Mediendienste sämtliche öffentlich-rechtlichen Programme (von den Dritten Fernsehprogrammen sind neben Bayern 3 jedoch nur noch drei weitere zwingend zu berücksichtigen) sowie alle in Bayern konzessionierten privaten Programme zwingend eingespeist.[369]

Im Anschluss daran entscheidet die Bayerische Landeszentrale für neue Medien (BLM) über die Einspeisung der übrigen Programme gegenüber dem jeweiligen Kabelanlagenbetreiber durch Verwaltungsakt, wobei der neue § 8 BayKBS nunmehr folgende Kriterien für die Auswahlentscheidung vorsieht[370]:

1. der Beitrag des Programms zur Angebots- und Meinungsvielfalt, einschließlich der Sprachenvielfalt,
2. der lokale oder regionale Bezug des Programms und seine Bezüge zu Bayern,
3. das durch Gesetz oder anderen Rechtsakt vorgesehene Verbreitungsgebiet,

---

[368] Bemerkenswert ist die akribische Trennung der Regeln für die Belegung von Kanälen in Kabelanlagen mit in analoger Technik und mit in digitaler Technik verbreiteten Programmen.

[369] Im einzelnen sind dies: ARD, ARTE, BFS, DSF, 3sat, lokale Fernsehangebote, lokale und landesweite Fernsehfenster, Kabel 1, Kinderkanal, Phoenix, TM 3, ZDF, zwei Dritte Programme (hessen fernsehen, MDR-Fernsehen, N 3, Südwest 3 oder WDR-Fernsehen), ProSieben, RTL Television, RTL 2, SAT 1, VOX, ORF 1/ORF 2/DRS (soweit ortsüblich empfangbar), n-tv, BR-alpha, Euronews, Eurosport, VIVA, MTV, Premiere, Super RTL, CNN, TV 5 (in München und Nürnberg zeitpartagiert mit einem polnischsprachigen Programm) und TRT Int.

[370] Die in der Vergangenheit geäußerten verfassungsrechtlichen Bedenken aufgrund der vormals eher rudimentären Vorgaben dürften angesichts des nunmehr ausführlichen Kriterienkatalogs der neuen BayKBS in dieser Form nicht mehr gelten, vgl. insofern *Thomaschki/Krakies*, aaO, S. 378.

4. die technische Empfangsqualität,
5. die Interessen der Teilnehmer (Zuschauerakzeptanz)
6. die Bereitschaft des Anbieters/Veranstalters, an einer möglichst effizienten Kanalbelegung mitzuwirken (z.B. gemeinsame Kanalnutzung) und
7. die vom Anbieter/Veranstalter gebotene Gewähr für die Einhaltung der medienrechtlichen Vorschriften.

In Berlin-Brandenburg ordnet der Erste Staatsänderungsvertrag über die Zusammenarbeit im Bereich des Rundfunks (MStV BB) in § 41 Abs. 1 an, dass die "nach diesem Staatsvertrag und anderen landesrechtlichen Regelungen im Bereich der jeweiligen Kabelanlage veranstalteten, erdgebunden ausgestrahlten und mit durchschnittlichem Antennenaufwand im Gebiet der jeweiligen Kabelanlage empfangbaren (ortsüblichen) Rundfunkprogramme" in die Kabelanlagen zwingend einzuspeisen sind. Gleiches gilt für die Programme der in der ARD zusammengeschlossenen Landesrundfunkanstalten und des ZDF, die auf der Grundlage staatsvertraglicher Vereinbarungen aller Länder gemeinsam veranstaltet oder mitveranstaltet werden. Hierbei handelt es sich also um die Programme, die auch in der ersten Gruppe des Vorrangmodells genannt werden, wobei es allerdings zusätzlich auch auf die terrestrische Ausstrahlung ankommt.

Im übrigen legt die Medienanstalt Berlin-Brandenburg (MABB) gemäß § 42 Abs. 1 S. 1 MStV BB die Belegung der Kabelkanäle in den Kabelanlagen fest. Dabei hat sie sich an den folgenden Kriterien des § 41 Abs. 2 MStV BB zu orientieren:

1. der Beitrag des jeweiligen Programms zur Vielfalt der in der Kabelanlage enthaltenen Programme,
2. die Nachfrage der Teilnehmer,
3. der lokale Bezug des Programms und
4. das durch die Veranstalter in Aussicht gestellte medienwirtschaftliche Engagement in Berlin und Brandenburg.

Neu und scheinbar (aber nur scheinbar) in die Richtung des Sächsischen Modells tendierend ist die Regelung in § 42 Abs. 2 MStV BB, welche es der MABB ermöglicht, die Auswahlentscheidung über die Belegung der Kabelkanäle den Betreibern von Kabelanlagen unter Berücksichtigung u.a. der oben skizzierten Kriterien selbst zu überlassen. Dieses Selbstbelegungsrecht kann die MABB den Kabelanlagenbetreibern entweder durch zu veröffentlichenden Beschluss oder durch öffentlich-rechtlichen Vertrag gestatten. Jedoch kommt diese Regelung bei genauem Hinsehen - anders als in Sachsen - keinem Kompetenzverlust der Landesmedienanstalt bei der Kanalbelegung gleich, da sie den jeweiligen Kabelanlagenbetreiber bei Verstoß gegen die gesetzlichen Kriterien oder Vorgaben der MABB anweisen kann, die Kanalbelegung entsprechend zu ändern. Im äußersten Fall kann die MABB immer noch selbst eine Belegungsentscheidung treffen oder die Gestattung ganz widerrufen. Insofern behält die MABB auch nach den Vorgaben des Ersten Staatsänderungsvertrages das Vollbelegungsrecht nach dem Auswahlmodell.

(3) Das Sächsische Modell

Der Freistaat Sachsen stellt mit seiner Kanalbelegungsregelung einen ausgesprochenen Sonderfall dar. Das SächsPRG beschränkt sich darauf, einen Must-Carry-Bereich festzulegen, während die Belegung der übrigen Kanäle den Kabelbetreibern selbst überlassen bleibt. Gemäß § 38 Abs. 1 sind zunächst die in Nr. 2 Buchst. a) bis d) explizit genannten vier Programme - ARD, ZDF, MDR und ARTE - zwingend einzuspeisen. Des weiteren sind die in Sachsen landesrechtlich zugelassenen privaten Programme, drei weitere öffentlich-rechtliche Fernsehprogramme (unter Einbeziehung der Satellitenfernsehprogramme für ARD und ZDF gemäß § 19 Abs. 1 u. 2 RStV[371]) und mindestens ein zu reservierender Kanal für Mediendienste bei der Kanalbelegung vorrangig zu berücksichtigen. Ansonsten überlässt der Sächsische Landesgesetzgeber in § 38 Abs. 2 SächsPRG die Auswahlentscheidung für die Kanalbelegung den Betreibern der Kabelanlagen.[372] Mithin entscheidet nicht die Sächsische Landesanstalt für privaten Rundfunk und neue Medien (SLM) darüber, welche Programme in die Kabelnetze einzuspeisen sind; diese Kompetenz ist ihr gänzlich entzogen worden. In einem bemerkenswerten Urteil des Sächsischen Verfassungsgerichtshofs vom 10. Juli 1997[373] ist diese umstrittene und bundesweit einmalige Regelung[374]

---

[371] Diese wären 3 Sat, Kinderkanal und Phoenix.

[372] Für eine eingehende Untersuchung, warum der sächsische Landesgesetzgeber mit seinem Rundfunkgesetz seinem verfassungsrechtlichen Auftrag nicht gerecht geworden sei und die Meinungsvielfalt zugunsten individuellen Eigennutzes geopfert werde, s. das Gutachten von *Dörr*, Die Kabelbelegungsregelungen, aaO, S. 347 f. u. 352 ff. Vgl. a. *Betz*, Kabelbelegung: Diktatur des Marktes?, Media Perspektiven 1997, S. 431 ff., der fordert, der Tendenz zur Unterordnung der gesellschaftlichen Aufgabe der Medien unter Wirtschaftsinteressen nachhaltig entgegenzuwirken.

[373] S. *Sächs. VerfGH*, Urteil v. 10.7.1997 (Vs 10/IV-96) in: Sächs.VBl. 1997, S. 136 f. Während die Verfassungsbeschwerde der SLM wegen mangelnder Grundrechtsfähigkeit als unzulässig abgewiesen wurde, gab das Gericht mit der Entscheidung einer Normenkontrollklage von 42 Landtagsabgeordneten von SPD- und PDS-Opposition recht. Neben der Verfassungswidrigkeit des ursprünglich beschlossenen Wahlverfahrens für den Medienrat der SLM stellten die Richter fest, dass alle gesetzlichen oder gleichgestellten (z.B. durch Staatsverträge) öffentlich-rechtlichen Programme in die Kabelnetze vorrangig einzuspeisen seien. S. insgesamt dazu auch epd medien 53/97.

u.a. mit der Begründung gebilligt worden, dass die Pflicht zur Schaffung einer positiven Rundfunkordnung den Gesetzgeber nicht zwinge, die Landesmedienanstalt zum Erlass einer entsprechenden Satzung zu ermächtigen, "wenn das Gesetz hinreichend andere bestimmte Regelungen über die Kanalbelegung trifft". Nach folgenden Kriterien steht den Kabelnetzbetreibern in Sachsen die Programmauswahl zu:

- Nachfrage der Anschlussinhaber;
- Vielfalt im Programmangebot und Vielfalt der Veranstalter;
- Vielfalt nach den Programmsparten "Information", "Bildung", "Kultur", "Sport", "Film", "Musik" und angebotene fremdsprachige Programme;

c. Die ersten digital verbreiteten Fernsehprogramme im deutschen Kabelnetz

Ohne die eigentliche Diskussion der hier in Frage stehenden Problematik vorwegzunehmen, ist an dieser Stelle zumindest auf die ersten im deutschen Kabelnetz veranstalteten Digital-TV-Programme hinzuweisen. Obschon die analoge Verbreitung der Fernsehprogramme derzeit noch die aktuelle Kabelbelegungspraxis beherrscht, ist seit der Satelliten-Aufschaltung der digitalen Programm-Angebote von Pay-TV-Anbieter Premiere und dem Start der Digital-TV-Plattform DF 1 im Juli 1996 das digitale Fernsehen in Deutschland Wirklichkeit.[375] Die ersten bundesweiten DVB-Aktivitäten[376] wurden seinerzeit von den Landesmedienanstalten HAM und BLM im Rahmen eines DVB-

---

[374] Überdies galt in Sachsen eine ungewöhnlich hohe "Bagatellgrenze" von 700 angeschlossenen Wohneinheiten, wohingegen in anderen Bundesländern lediglich Wohneinheiten in einer Größenordnung von 50 bis 100 (einzig in Baden-Württemberg sind es 250) von den jeweiligen Kabelbelegungsvorschriften ausgenommen sein sollen. Diese Bagatellgrenze erklärten die Sächsischen Verfassungsrichter in ihrem Urteil für verfassungswidrig und erklärten, dass in solchen Kabelanlagen eine eigenverantwortliche Bestimmung der Meinungsbildung durch die Rezipienten nicht gesichert sei. Eine derartige Bagatellgrenze könne dazu führen, dass die Kabelbetreiber nach ihren Vorstellungen, nach speziellen Wünschen der Empfänger oder nach rein wirtschaftlichen Gesichtspunkten über die Einspeisung von Programmen entscheiden. Schließlich könne sie auch bewirken, dass ein Kabelnetzbetreiber alle oder einzelne Programme des öffentlich-rechtlichen Rundfunks unberücksichtigt lässt, s. *Sächs. VerfGH*, aaO, S. 136 f.

[375] S. *ALM Jahrbuch 1997/1998*, aaO, S. 348 ff. Für eine detaillierte chronologische Übersicht über die Entwicklung des digitalen Fernsehens in Deutschland und der damit einhergehenden verwaltungstechnischen wie gerichtlichen Verfahren s. die Chronik in den *ALM Jahrbüchern 1995/1996* und *1997/1998*, S. 675 ff.

[376] DVB = Digital Video Broadcasting. Dazu näher s. auch *Bartosch*, Digital Video Broadcasting (DVB) im Kabel, CR 1997, S. 517 ff.

Betriebsversuchs[377] bzw. eines DVB-Pilotprojekts genehmigt.[378] Von Oktober 1997 an wurden die Digitalprogramme von Premiere und DF 1 in den meisten Bundesländern sukzessive in die Breitbandkabelnetze der Deutschen Telekom eingespeist.[379] Daneben gab es auch zumeist von den Landesmedienanstalten mitinitiierte Digital-TV-Aktivitäten in einzelnen Bundesländern, wobei im Rahmen lokaler bzw. regionaler DVB-Betriebsversuche bzw. -Pilotprojekte versucht wurde, die technologischen, inhaltlichen und somit auch gesellschaftspolitischen Möglichkeiten und Auswirkungen des digitalen Fernsehens auszuloten.[380] An einigen Stellen mussten bereits eingespeiste Fernsehprogramme den digitalen Versuchsprojekten weichen, an anderen Stellen wurden für digitale Pilotprojekte zusätzliche Kapazitäten von der Telekom geschaffen. In der Folgezeit folgten weitere deutsche private wie öffentlich-rechtliche, aber auch einige fremdsprachige digitale Fernsehprogramme. Nachdem im September 1998 bereits 59 Digital-TV-Programme im deutschen Kabelnetz präsent waren[381], ist ein nächster bedeutender Schritt in der digitalisierten deutschen Fernsehlandschaft im Spätsommer 1999 vollzogen worden: durch die Übernahme der gesamten Gesellschaftsanteile bis auf 5 % der CLT-UFA an Premiere durch die Kirch-Gruppe werden die vormals getrennten Programme von DF 1 und Premiere seit dem 1. Oktober 1999 auf der gemeinsamen digitalen Plattform Premiere World zusammen angeboten.

---

[377] Dieser Versuch umfaßte zunächst die Versuchszulassung von Premiere digital in das Kabelnetz der Stadt Hamburg. Erst in einer zweiten Phase des DVB-Pilotversuches wurden auch die Digital-Programme von DF 1, MultiThématiques, ARD, ZDF und anderen Veranstaltern in das Hamburger Kabelnetz eingespeist.

[378] Zur allgemeinen Darstellung der Pilot- und Markteinführungsprojekte von digitalem Fernsehen in Deutschland und den USA s. *Beckert/Kubicek*, Multimedia möglich machen: Vom Pilotprojekt zur Markteinführung, Media Perspektiven 1999, S. 128 ff.

[379] Außer in Kabelnetzen wurden Programme ein Jahr früher schon über Rundfunksatelliten digital verbreitet. Die Nutzung terrestrischer Frequenzen für die digitale Verbreitung von Fernsehprogrammen wird derzeit ebenfalls in verschiedenen Pilotprojekten erprobt, wodurch man sich insbesondere für regionale und lokale Anbieter interessante wirtschaftliche Perspektiven verspricht. Diese Form des digitalen Fernsehens nennt sich DVB-T = Digital Video Broadcasting Terrestrial.

[380] Vgl. z.B. die *Verordnung über die Durchführung eines Modellversuchs mit digitalem Fernsehen und neuen digitalen Kommunikationsdiensten in Nordrhein-Westfalen (1. Medienversuchsverordnung)* vom 18.6.1996 (GV.NW. 1996, S. 209), zuletzt geändert durch die Erste Änderungsverordnung vom 17.6.1997 (GV.NW. 1997, S. 115). Nähere Informationen zum aktuellen Stand der einzelnen digitalen Pilotprojekte bzw. Betriebsversuche erhält man über die Homepages der entsprechenden Landesmedienanstalten, zu denen jeweils ein Link über die Homepage der ALM besteht. S. http://www.alm.de.

[381] S. *ALM Jahrbuch 1997/1998*, aaO, S. 348.

3. Das Verfassungsverständnis zur aktuellen Kanalbelegungspraxis

Wie bereits oben angesprochen gab und gibt das Kabelallokationsregime der Landesmedienanstalten Anlass zu zahlreichen juristischen Auseinandersetzungen. Die erhebliche wirtschaftliche Bedeutung der Programmeinspeisung in Kabelanlagen und deren knappe Kapazitäten haben dazu geführt, dass gegenwärtig praktisch jede neue Rangfolgeentscheidung angefochten wird.[382] Im folgenden soll ein Überblick über die vom Bundesverfassungsgericht und anderen Gerichten in diesem Zusammenhang ergangene Rechtsprechung gegeben werden. Dabei wird wegen der Fülle der Urteile nicht jede einzelne Entscheidung zitiert, die im Rahmen eines Streits um die Einspeisung eines Programms ins Kabelnetz ergangen ist. Vielmehr soll an dieser Stelle der verfassungsrechtliche Regelungsrahmen des Rundfunks, insbesondere das grundsätzliche Verfassungsverständnis von medienrechtlicher Kontrolle durch die Rundfunkaufsicht in Form der bisherigen Kanalbelegungspraxis für analog verbreitete Programme dargestellt werden, da dies von entscheidender Bedeutung für die folgende Rechtmäßigkeitsprüfung der Must-Carry-Regeln im Bereich des digitalen Fernsehens sein wird.

Die Rundfunkordnung Deutschlands ist intensiv durch die Rechtsprechung geprägt worden. Das Bundesverfassungsgericht hat seit Beginn der sechziger Jahre zu Fragen der Rundfunkorganisation Stellung bezogen.[383] Normative Grundlage für die Rundfunkurteile ist die in Art. 5 Abs. 1 S. 2 GG garantierte Rundfunkfreiheit.

a. Die Rundfunkfreiheit der Rundfunkveranstalter gemäß Art. 5 Abs. 1 S. 2 GG

Die vom Bundesverfassungsgericht für die Staatsgewalten verbindliche Auslegung der Rundfunkfreiheit hat erhebliche Auswirkungen auf die Interpretation

---

[382] Vgl. *Beucher/von Rosenberg*, aaO, S. 644.

[383] S. insbesondere die sog. acht Rundfunkentscheidungen des Bundesverfassungsgerichts: Urteil v. 28.2.1961 (2 BvG 1, 2/60) in: BVerfGE 12, 205 (*1. Rundfunkentscheidung/Deutschland-Fernsehen*); Urteil v. 27.7.1971 (2 BvF 1/68, 2 BvR 702/68) in: BVerfGE 31, 314 (*2. Rundfunkentscheidung/Umsatzsteuer*); Urteil v. 16.6.1981 (1 BvL 89/87) in: BVerfGE 57, 295 (*3. Rundfunkentscheidung/FRAG-Urteil*); Urteil v. 4.11.1986 (1 BvF 1/84) in: BVerfGE 73, 118 (*4. Rundfunkentscheidung/Niedersachsen-Urteil*); Urteil v. 24.3.1987 (1 BvR 147, 478/86) in: BVerfGE 74, 297 (*5. Rundfunkentscheidung/Baden-Württemberg-Urteil*); Urteil v. 5.2.1991 (1 BvF 1/85, 1/88) in: BVerfGE 83, 238 (*6. Rundfunkentscheidung/Nordrhein-Westfalen-Urteil*); Urteil v. 6.10.1992 (1 BvR 1586/89, 487/92) in: BVerfGE 87, 181 (*7. Rundfunkentscheidung*); Urteil v. 22.2.1994 (1 BvL 30/88) in: BVerfGE 90, 60 (*8. Rundfunkentscheidung*).

und das Verständnis der Kabelbelegungsregelungen.[384] Art. 5 Abs. 1 S. 2 GG bestimmt im Hinblick auf das Fernsehen, dass die Freiheit der Berichterstattung durch Rundfunk[385] gewährleistet wird. Zunächst ist zu bemerken, dass das Gericht für seine Interpretation von Art. 5 Abs. 1 S. 2 GG in ständiger Rechtsprechung davon ausgeht, dass die Rundfunkfreiheit als dienende Freiheit zu verstehen ist.[386] Die Rundfunkfreiheit dient hiernach der freien individuellen und öffentlichen Meinungsbildung, und zwar in einem umfassenden, nicht auf bloße Berichterstattung oder die Vermittlung politischer Meinungen beschränkten Sinn. Im Lichte der funktionalen Ausrichtung der Rundfunkfreiheit vollzieht sich freie Meinungsbildung nach Ansicht des Gerichts in einem Prozess der Kommunikation, wobei sie auf der einen Seite die Freiheit voraussetzt, Meinungen zu äußern und zu verbreiten, auf der anderen Seite die Freiheit, geäußerte Meinungen zur Kenntnis zu nehmen und sich zu informieren.

Der Rundfunk ist laut Rechtsprechung dabei "Medium und Faktor" des verfassungsrechtlich geschützten Prozesses, in dem sich Meinungsbildung vollzieht.[387] Ein Medium ist der Rundfunk insofern, als er im Rahmen dieses Kommunikationsprozesses in möglichster Breite und Vollständigkeit Informationen und Meinungen anderer zu verbreiten hat. Des weiteren ist er als Faktor der Meinungsbildung selbst an diesem Prozess beteiligt, indem er dazu berufen ist, eigene Auffassungen zu vertreten sowie dem einzelnen und den gesellschaftlichen Gruppen Gelegenheit zu meinungsbildendem Wirken zu eröffnen.[388] Angesichts seiner Breitenwirkung, Aktualität und Suggestivkraft erlangt der Rundfunk eine herausragende kommunikative Bedeutung, wodurch freie Meinungsbildung nach Auffassung des Bundesverfassungsgerichts nur in dem Maß gelingen wird,

---

[384] Vgl. Ausführungen bei *Dörr*, Die Kabelbelegungsregelungen, aaO, S. 353 ff.; *Holznagel*, Rundfunkrecht in Europa, aaO, S. 99 ff.

[385] Als Rundfunk ist in verfassungsrechtlichem Sinn die Veranstaltung und Verbreitung von Darbietungen aller Art für die Allgemeinheit mit Hilfe elektromagnetischer Schwingungen zu verstehen, wobei er sich von der Presse durch den technischen Verbreitungsweg unterscheidet. Vgl. § 2 Abs. 1 RStV, der überdies Fernsehtext und verschlüsselte oder gegen besonderes Entgelt empfangbare Darbietungen einschließt; zum Rundfunkbegriff allgemein s. auch *Gersdorf*, Der verfassungsrechtliche Rundfunkbegriff im Lichte der Digitalisierung der Telekommunikation, 1995, S. 84 ff.; *Pieper/Wiechmann*, Der Rundfunkbegriff, ZUM 1995, S. 82 ff.; *Hochstein*, Teledienste, Mediendienste und Rundfunkbegriff, NJW 1997, S. 2977 ff.; *Jarass*, Rundfunkbegriffe im Zeitalter des Internet, AfP 1998, S. 133 ff.; *Janik*, Der deutsche Rundfunkbegriff im Spiegel technischer Entwicklungen, aaO, S. 7 ff.; *Libertus*, Medienrechtliche Einordnung von BusinessTV-Diensten, in: K&R 2000, S. 119 ff.

[386] Vgl. zuletzt BVerfGE 90, 60, 87 ff.; 87, 181, 197; 83, 238, 295; 74, 297, 323 f.; 73, 118, 152; 57, 295, 319. *Gersdorf* spricht in diesem Zusammenhang von dem rundfunkrechtlichen Grundsatz "Dienen statt Verdienen", s. *Gersdorf*, Chancengleicher Zugang zum Digitalen Fernsehen, 1998, S. 21 f.

[387] BVerfGE 83, 238, 296; 74, 297, 323; 73, 118, 152; 57, 295, 320; 12, 205, 260.

[388] zuletzt BVerfGE 90, 60, 87.

wie der Rundfunk seinerseits frei, umfassend und wahrheitsgemäß informiert. Unter den Bedingungen der modernen Massenkommunikation bildet daher der grundrechtliche Schutz der Vermittlungsfunktion des Rundfunks eine unerlässliche Voraussetzung der Erreichung des Normziels von Art. 5 Abs. 1 GG.

Diese Vermittlungsfunktion kann der Rundfunk dementsprechend nur dann wirkungsvoll wahrnehmen, wenn er frei von staatlicher Beherrschung und Einflussnahme organisiert und praktiziert wird.[389] Allerdings wird nach Ansicht des Bundesverfassungsgerichts ein Verständnis von Art. 5 Abs. 1 S. 2 GG, das sich auf die Abwehr staatlicher Einflussnahme beschränkte und den Rundfunk im übrigen den gesellschaftlichen Kräften überließe, dem dienenden Charakter der Rundfunkfreiheit nicht gerecht. Zwar entfaltet das Grundrecht der Rundfunkfreiheit seinen Schutz auch und zuerst gegenüber dem Staat. Daneben ist jedoch eine positive Ordnung erforderlich, die sicherstellt, dass der Rundfunk ebenso wenig wie dem Staat einzelnen gesellschaftlichen Gruppen ausgeliefert wird, sondern die Vielfalt der Themen und Meinungen aufnimmt und wiedergibt, die in der Gesellschaft insgesamt eine Rolle spielen.[390]

Interessant ist in diesem Zusammenhang auch, dass das Bundesverfassungsgericht in seinem 1. Rundfunkurteil die Erforderlichkeit von besonderen gesetzlichen Vorkehrungen zur Verwirklichung und Aufrechterhaltung der in Art. 5 GG gewährleisteten Freiheit des Rundfunks noch von der Sondersituation des Rundfunks im Vergleich zur Presse ableitete. Der Unterschied zwischen Presse und Rundfunk habe seinerzeit darin bestanden, dass innerhalb des deutschen Pressewesens eine relativ große Zahl von selbständigen und nach ihrer Tendenz, politischen Färbung oder weltanschaulichen Grundhaltung miteinander konkurrierenden Presseerzeugnissen existiere, während im Bereich des Rundfunks sowohl wegen der Knappheit der Sendefrequenzen als auch mit Rücksicht auf den außergewöhnlich hohen finanziellen Aufwand für die Veranstaltung von Rundfunkdarbietungen die Zahl der Träger solcher Veranstaltungen verhältnismäßig klein bleiben müsse.[391] Erstmals im FRAG-Urteil bestimmte das Gericht, dass für den Rundfunkbereich die Notwendigkeit ausgestaltender gesetzlicher Regelung auch dann besteht, wenn die Sondersituation des Rundfunks im Zuge der modernen Entwicklung entfällt.[392]

Angesichts der Bedeutung des Mediums Rundfunk für eine funktionierende Demokratie ist nach Auffassung des Bundesverfassungsgerichts die gesetzliche

---

389 BVerfGE 87, 181, 197 f.; 83, 238, 296 u. 322 f.; 74, 297, 324; 73, 118, 152 u. 182 f.; 57, 295, 320; 12, 205, 263.
390 Vgl. insofern BVerfGE 83, 238, 296.
391 S. BVerfGE 12, 205, 261.
392 BVerfGE 57, 295, 322.

Regulierung um so wichtiger, als in der Rundfunkindustrie einmal eingetretene Fehlentwicklungen - wenn überhaupt - nur bedingt und nur unter erheblichen Schwierigkeiten rückgängig gemacht werden könnten.[393] Zur Schaffung dieser positiven Ordnung sind materielle, organisatorische und prozedurale Regelungen notwendig, die an der Aufgabe der Rundfunkfreiheit orientiert und geeignet sind, das Gewährleistungsziel des Art. 5 Abs. 1 GG zu erreichen. Da nach der Rechtsprechung des Bundesverfassungsgerichts das Grundgesetz weder bestimmte Modelle für den Rundfunk vorschreibt noch zu konsistenter Verwirklichung eines einmal gewählten Modells zwingt, enthält sich das Bundesverfassungsgericht zu der Frage, wie diese Ordnung im einzelnen auszugestalten ist. Es liegt vielmehr in der Verantwortung des Gesetzgebers, dafür zu sorgen, dass ein Gesamtangebot besteht, in dem die für die freiheitliche Demokratie konstitutive Meinungsvielfalt zur Darstellung gelangt, wobei der Gefahr begegnet werden muss, dass auf Verbreitung angelegte Meinungen von der öffentlichen Meinungsbildung ausgeschlossen werden und Meinungsträger, die sich im Besitz von Finanzmitteln und begrenzten Rundfunkübertragungskapazitäten befinden, an der öffentlichen Meinungsbildung vorherrschend mitwirken. Insofern spricht man im Bereich des Fernsehens vom rundfunkspezifischen Ausgestaltungsvorbehalt des Landesgesetzgebers.[394]

Die Berücksichtigung dieser vom Bundesverfassungsgericht entwickelten Rechtsgrundsätze beschränkt sich aber nicht nur auf die Art der Rundfunkveranstaltung[395], sondern findet unmittelbare Anwendung auch auf die Verbreitung der von den Rundfunkveranstaltern produzierten und von den Kabelnetzbetreibern weitergeleiteten Inhalte.[396] Denn wenn der Gesetzgeber die Rundfunkfreiheit in Anbetracht der Erhaltung einer funktionsfähigen Demokratie mittels

---

[393] BVerfGE 57, 295, 323.

[394] Zur Abgrenzung der Gesetzgebungskompetenzen von Bund und Ländern auf dem Gebiet des klassischen Rundfunks s. insbesondere die 1. Rundfunkentscheidung, wonach der Bund nicht die Befugnis hat, die Organisation der Veranstaltung und die der Veranstalter von Rundfunksendungen zu regeln, BVerfGE 12, 205 ff. Zum Ausgestaltungsvorbehalt vgl. auch die Ausführungen bei *Gersdorf*, Chancengleicher Zugang zum digitalen Fernsehen, aaO, S. 22 ff. Zur Kompetenzverteilung im Bereich der Multimediadienste vgl. insofern das Gutachten von *Bullinger/Mestmäcker*, Multimediadienste, 1996, S. 1 ff. Auf die Kompetenzverteilung zwischen Bund und Ländern im Bereich des digitalen Fernsehens wird im Verlauf der weiteren Prüfung genauer einzugehen sein.

[395] Mit Ausnahme des Niedersachsen-Urteils war Hauptgegenstand der Rundfunkurteile zumeist die Gesetzgebungskompetenz von Bund und Ländern sowie die Zulässigkeit des privaten Rundfunks und die verfassungsrechtlichen Anforderungen an die duale Rundfunkordnung.

[396] Im Ergebnis so auch *Castendyk*, aaO, S. 466 u. 470, obschon er fälschlicherweise davon ausgeht, erstmals im Niedersachsen-Urteil habe das Bundesverfassungsgericht Stellung zur Kabelweiterverbreitung bezogen. Vgl. insofern BVerfGE 57, 295, 327 f.

Ausgewogenheit und Vielfältigkeit[397] des Gesamtprogrammangebotes von Verfassungs wegen zu gewährleisten hat, hat er auch zu gewährleisten, dass das vielfältige und ausgewogene Fernsehprogramm zum Endabnehmer gelangt; insofern ist den Bewerbern auch Zugang zur Veranstaltung privater Sendungen zu ermöglichen. In diesem Zusammenhang hat das Bundesverfassungsgericht bereits im FRAG-Urteil[398] ausdrücklich zur Regelungskompetenz der Rundfunkweiterverbreitung Stellung genommen. Das Gericht hat ausgeführt, dass - sofern die zur Verfügung stehenden Verbreitungsmöglichkeiten es nicht erlauben, allen auftretenden Bewerbern den Zugang zur Veranstaltung privater Rundfunksendungen zu eröffnen - in die aufgrund des Ausgestaltungsvorbehalts vom Landesgesetzgeber aufzustellenden Zugangsregelungen auch Regeln über die Auswahl der Bewerber aufgenommen werden müssten. Das gebiete auch der Gleichheitssatz des Art. 3 Abs. 1 GG. Die Frage, wem eine der knappen Möglichkeiten zur Programmveranstaltung zugute kommen soll, darf daher nicht dem Zufall oder dem freien Spiel der Kräfte anheimgegeben werden. Es genügt auch nicht, die Entscheidung dem ungebundenen Ermessen der Exekutive zu überlassen. Dies wäre mit dem Vorbehalt des Gesetzes unvereinbar.[399] Vielmehr muss der Gesetzgeber selbst die Voraussetzungen bestimmen, unter denen der Zugang zu eröffnen oder zu versagen ist, und er muss ein rechtsstaatliches Verfahren bereitstellen, in dem hierüber zu entscheiden ist. Die Aufgabe der Gleichbehandlung hat nach Ansicht des Gerichts eine gleiche Chance der Bewerber zu gewährleisten, wobei der Realisierungsgrad der Chancen durch objektiv sachgerechte und individuell zumutbare Kriterien bestimmt werden muss.[400]

Bei der Beurteilung der Anforderungen, die sich hieraus für die Rundfunkgesetzgebung der Länder im Hinblick auf Signalweiterverbreitungsregeln ergeben, dürfen überdies nach Ansicht des Gerichts die modernen technischen Entwicklungen, durch die sich die Voraussetzungen der Veranstaltung und Verbreitung von Rundfunksendungen verbessert haben, nicht unberücksichtigt bleiben.[401] Diesen Entwicklungen kommt Bedeutung für die Auslegung der verfassungsrechtlichen Garantie zu. Sie gehören zu dem konkreten Lebenssachverhalt, auf den das Grundrecht bezogen ist und ohne dessen Einbeziehung eine die normie-

---

397 Zutreffend zur Unterscheidung von Ausgewogenheit und Meinungsvielfalt vgl. die Ausführungen bei *Dörr*, Die Kabelbelegungsregelungen, aaO, S. 353 unter Verweis auf BVerfGE 83, 238, 296 f.

398 BVerfGE 57, 295, 327 f.

399 Vgl. die in diesem Zusammenhang heranziehbare *Numerus Clausus-Entscheidung I* des *BVerfG*, Urteil v. 18.7.1972 (1 BvL 32/70, 25/71) in: BVerfGE 33, 303, 345 f.

400 S. BVerfGE 57, 295, 327 unter Verweis auf *BVerfG*, Urteil v. 8.2.1977 (1 BvF 1/76, 1 BvL 7,8/75, 1 BvR 239/75, 92, 103-114, 115, 140-143, 187/76) in: BVerfGE 43, 291, 316 f. (*Numerus Clausus-Entscheidung II*).

401 BVerfGE 73, 118, 154.

rende Wirkung der Rundfunkfreiheit entfaltende Auslegung nicht möglich erscheint. Vor dem Hintergrund zunehmender Verkabelung haben sich insofern die von den Landesmediengesetzgebern zugrundegelegten und von den Landesmedienanstalten aufgrund des Gebots der Staatsferne auszuführenden[402] Kabelbelegungsvorschriften primär an den oben dargestellten verfassungsrechtlichen Vorgaben der Programm- und Meinungsvielfalt zu orientieren, um letztlich ein umfassendes und ausgewogenes Fernsehangebot im Sinne der dienenden Rundfunkfreiheit zu gewährleisten.[403] Da das Grundrecht der Rundfunkfreiheit nicht nur vor staatlicher Lenkung des Rundfunks, sondern auch vor einer Indienstnahme durch Private schützt, würden angesichts einer rein ökonomischen Determinierung der Entscheidungsrationalität der Netzbetreiber bei der Kanalbelegung nach derzeitigem Verfassungsverständnis erhebliche Gefährdungen für die Rundfunkfreiheit entstehen, was insofern mit Art. 5 Abs. 1 S. 2 GG unvereinbar wäre.[404]

b. Die Informationsfreiheit der Fernsehzuschauer gemäß Art. 5 Abs. 1 S. 1 Hs. 2 GG

Ebenso wie die Rundfunkfreiheit spielt die Informationsfreiheit des Rezipienten gemäß Art. 5 Abs. 1 S. 1 Hs. 2 GG für das Verfassungsverständnis der Kabelbelegungspraxis eine entscheidende Rolle.[405] Die Informationsfreiheit gewährleistet das Recht, sich aus allgemein zugänglichen Quellen ungehindert zu unterrichten. Dieses Grundrecht ist das Ergebnis der Erfahrungen mit den nationalsozialistischen Informationsbeschränkungen (staatliche Meinungslenkung, staatliches Abhörverbot für ausländische Rundfunksender und Literatur- und Kunstverbote) und ist nach Ansicht des Bundesverfassungsgerichts als selbständiges Grundrecht sowohl für die Persönlichkeitsentfaltung des einzelnen als auch für die Aufrechterhaltung der demokratischen Ordnung genauso wichtig wie die

---

402 Auf eine Erörterung der im Widerspruch dazu stehenden Entscheidung des SächsVerfGH wird im folgenden noch einzugehen sein.

403 S. BVerfGE 73, 118 ff.

404 Auf eine nähere Rechtmäßigkeitsuntersuchung der einzelnen landesrechtlichen Kabelbelegungsvorschriften für analog verbreitete Programme soll an dieser Stelle verzichtet werden, da dieses Problem im Rahmen der Rechtmäßigkeitsprüfung der Must-Carry-Regeln für digitales Fernsehen behandelt wird. Vgl. aber insofern die Ausführungen bei *Dörr*, Die Kabelbelegungsregelungen, aaO, S. 355 ff.

405 So schon *Ricker*, Kriterien der Einspeisung von Rundfunkprogrammen, aaO, S. 521. Vgl. auch die Ausführungen bei *Castendyk*, aaO, S. 466 ff. und *Dörr*, Die Kabelbelegungsregelungen, aaO, S. 357 ff.

Freiheit der Meinungsäußerung und der Medienberichterstattung.[406] Es ergänzt diese Grundrechte aus der Empfängerperspektive, wobei der Kommunikationsprozess, den Art. 5 Abs. 1 GG im Interesse der freien individuellen und öffentlichen Meinungsbildung schützen will[407], nur unvollkommen erfasst wäre, wenn die Informationsaufnahme von dem Schutz ausgenommen bliebe.

Als Träger dieses Grundrechts gilt jede natürliche oder juristische Person, die sich informieren will. Informationsfreiheit in diesem Sinne ist also nur das Recht, sich selbst zu informieren, nicht das Recht, einen anderen zu informieren.[408] Als Quellen gelten nach der Rechtsprechung des Bundesverfassungsgerichts alle denkbaren Träger von Informationen, unabhängig davon, ob die Informationen eher Meinungen bzw. Tatsachen enthalten oder ob sie öffentliche oder private Angelegenheiten betreffen.[409] Eine Einschränkung auf bestimmte Arten von Informationen lässt sich der Vorschrift nämlich nicht entnehmen. Geschützt sind ausdrücklich allerdings nur Informationen, die aus allgemein zugänglichen Quellen stammen. Allgemein zugänglich ist nach Ansicht des Gerichts eine Informationsquelle, wenn sie technisch geeignet und bestimmt ist, der Allgemeinheit, d.h. einem individuell nicht bestimmbaren Personenkreis, Informationen zu verschaffen.[410]

Entscheidend ist in diesem Zusammenhang, dass die Allgemeinzugänglichkeit kein durch einfaches Gesetzes- oder Verordnungsrecht präjudizierbarer Begriff sein und seine Bedeutung insofern nicht durch staatliche Maßnahmen beeinträchtigt werden kann.[411] Denn wie das Bundesverfassungsgericht ausdrücklich betont hat, richtet sich die allgemeine Zugänglichkeit allein nach tatsächlichen Kriterien, während Rechtsnormen, die den Informationszugang regulieren, nicht den Schutzbereich der Informationsfreiheit umgrenzen, sondern als grundrechtsbeschränkende Normen an der Verfassung zu messen sind.[412] Hätte der Gesetzgeber oder sonst irgendeine staatliche Instanz das Recht, mit verbindlicher Wir-

---

[406] Vgl. insbesondere *BVerfG*, Urteil v. 3.10.1969 (1 BvR 46/65) in: BVerfGE 27, 71, 80 ff. (*Leipziger Volkszeitung*) und Urteil v. 9.2.1994 (1 BvR 1687/92) in: BVerfGE 90, 27, 32 f. (*Parabolantennen-Entscheidung I*).

[407] Vgl. insofern z.B. BVerfGE 57, 295, 319.

[408] *Maunz/Dürig*, Kommentar z. GG, Band I, 35. Aufl., 1999, Art. 5 Abs. I, II Rn. 81.

[409] BVerfGE 27, 71, 81 ff.

[410] Vgl. BVerfGE 27, 71, 83 f. u. 33, 52, 65.

[411] Vgl. *Maunz/Dürig*, aaO, Band I, Art. 5 Abs. I, II Rn. 89 ff. Für die Allgemeinzugänglichkeit einer Informationsquelle ist es also unerheblich, ob sie etwa wegen Importverboten, Importbeschränkungen, Empfangsstörungen etc. faktisch unzugänglich sind. Insofern ist es ja gerade die Aufgabe der Informationsfreiheit derartige Beeinträchtigungen grundsätzlich auszuschließen und dort, wo sie unumgänglich sind, dem Regime des Art. 5 Abs. 2 GG zu unterstellen.

[412] BVerfGE 90, 27, 32 u. *BVerfG*, Urteil v. 25.4.1972 (1 BvL 13/67) in: BVerfGE 33, 52, 65.

kung für die Anwendung des Art. 5 Abs. 1 S. 1 Hs. 2 GG darüber zu entscheiden, welche Informationsquellen allgemein zugänglich sein sollen und welche nicht, so wäre das Grundrecht entgegen der Bindungswirkung des Art. 1 Abs. 3 GG vollständig dem Willen des Gesetzgebers ausgeliefert; insofern wäre der Gesetzgeber oder die jeweils zuständige staatliche Stelle selbst souverän in der Bestimmung des Anwendungsbereichs der Informationsfreiheit.[413] Massenkommunikationsmittel[414] gehören danach in erster Linie zu den Informationsquellen, die den Schutz der Informationsfreiheit genießen, so dass seit jeher z.B. der Bezug ausländischer Zeitungen ebenso geschützt ist wie der Empfang ausländischer Rundfunksender; für die Anwendbarkeit des Art. 5 Abs. 1 GG genügt es nämlich, dass die Informationsquelle im Ausland allgemein zugänglich ist.[415] Auf die örtliche Empfangbarkeit von Fernsehprogrammen im Einzelfall kommt es nach Auffassung des Bundesverfassungsgerichts in diesem Zusammenhang gerade nicht an.[416] Für die Feststellung der Allgemeinzugänglichkeit analog verbreiteter Fernsehprogramme macht es heutzutage also keinen Unterschied mehr, ob es sich um inländische oder ausländische, ortsübliche oder herangeführte, verschlüsselte oder unverschlüsselte Programme handelt, da das Angebot an einen individuell nicht bestimmbaren Personenkreis gerichtet ist.[417]

Angesichts der Kapazitätsknappheit in den deutschen Kabelnetzen ist der Aspekt, wie weit der von der Informationsfreiheit gewährleistete Grundrechtsschutz für die Nutzung der Kabelanlagen reicht, von entscheidender Bedeutung. Soweit der Empfang von technischen Anlagen abhängt, die eine an die Allgemeinheit gerichtete Information erst individuell erschließen, erstreckt sich der Grundrechtsschutz auch auf die Beschaffung und Nutzung solcher Anlagen.[418] Obschon in der ersten Parabolantennen-Entscheidung des Bundesverfassungsgerichts die Grundrechtsprüfung im Rahmen eines Anspruchs auf Installation einer Satellitendirektempfangsanlage erfolgte, ist diese Ansicht natürlich direkt auch auf den Kabelanschluss und die Programmeinspeisung in das Kabelnetz zu übertragen, denn andernfalls wäre das Grundrecht in Bereichen, in denen der Informationszugang technische Hilfsmittel voraussetzt, praktisch wertlos. Dies führt jedoch nicht dazu, wie in der Literatur eigentlich einhellig ausgeführt

---

413 Vgl. *Maunz/Dürig*, aaO, Band I, Art. 5 Abs. I, II Rn. 89 und auch *Dörr*, Die Kabelbelegungsregelungen, aaO, S. 358.

414 Diese sind insoweit Presse, Film, Rundfunk und Fernsehen. Auf die Frage, inwiefern Multimediadienste und neue Kommunikationsmittel wie Internet etc. Massenkommunikationsmittel darstellen, braucht hier nicht eingegangen werden.

415 Vgl. BVerfGE 27, 71, 84; 33, 52, 65.

416 Vgl. *BVerfG*, Urteil v. 15.10.1991 (1 BvR 976/89) in: AfP 1991, 739 f.

417 Vgl. BVerfGE 90, 27, 32. Insofern zutreffend auch *Castendyk*, der die Differenzierung zwischen "ortsüblichen" bzw. "ortsmöglichen" und "herangeführten" Programmen in den meisten Landesmediengesetzen als überholt ansieht, s. *Castendyk*, aaO, S. 467.

418 BVerfGE 90, 27, 32 und *BVerfG*, Urteil v. 10.3.1993 (1 BvR 1192/92) in: AfP 1993, 562 f.

wird[419], dass der einzelne an das Kabelnetz angeschlossene Fernsehteilnehmer einen individuellen Anspruch bzw. ein Individualrecht auf Einspeisung sämtlicher von ihm gewünschter Programme in das Kabelnetz hat. Da die Wünsche der einzelnen Fernsehzuschauer notwendigerweise unterschiedlich sind, sähe sich die Rechtsordnung einer Vielzahl einander widersprechender Ansprüche ausgesetzt, die aufgrund des Kapazitätsengpasses im Kabelnetz tatsächlich nicht erfüllbar wären.

Das wiederum heißt aber nicht, dass die Informationsfreiheit des Art. 5 Abs. 1 S. 1 Hs. 2 GG für die oben dargestellte Kanalbelegung durch die Landesmedienanstalten keinerlei Bedeutung hätte. Vielmehr sind die Auswahlentscheidungen der Landesmedienanstalten bei der Programmeinspeisung immer noch als Eingriff in die Informationsfreiheit des Kabelteilnehmers anzusehen.[420] Und nach einer in der Literatur teilweise vertretenen Auffassung sei ein solcher Eingriff nicht erforderlich und daher unverhältnismäßig; das Kabelbelegungsmonopol der Landesmedienanstalten sei mithin unzulässig.[421] Denn im Mittelpunkt stehe der Wille der Mehrheit der Kabelkunden[422], und diesem würde am besten durch eine Kabelbelegungsbefugnis der Netzbetreiber entsprochen, weil diese einen ökonomischen Anreiz hätten, den Wünschen der Mehrheit zu entsprechen.[423] Indem die Zulässigkeit des Kabelbelegungsmonopols der Landesmedienanstalten abgelehnt wird, versucht dieser Ansatz, unter Berufung auf die Informationsfreiheit die rundfunkspezifische Ausgestaltungsverpflichtung des Gesetzgebers im Bereich des Kabelrundfunks zu bestreiten.

Dieser Ansatz geht jedoch fälschlicherweise davon aus, dass das durch den Ausgestaltungsvorbehalt geprägte Grundrecht der Rundfunkfreiheit mit dem klassischen Abwehrrecht der Informationsfreiheit in Widerspruch stehe.[424] Dieser Ansatz übersieht, dass sich die beiden Grundrechte im Rahmen der vom Bundesverfassungsgericht entwickelten einheitlichen Kommunikationsverfassung gerade nicht beziehungslos bzw. diametral gegenüberstehen. Vielmehr sind beide

[419] So z.B. *Dörr*, Die Kabelbelegungsregelungen, aaO, S. 358 f. u. *Engel*, Kabelfernsehen, aaO, S. 28.

[420] So auch *BayVerfGH*, Urteil v. 3.2.1994, in: BayVBl. 1994, S. 400 f.

[421] Vgl. *Bullinger*, Verbreitung digitaler Pay-TV-Pakete in Fernsehkabelnetzen, ZUM 1997, S. 281, 301 ff.; *Engel*, Kabelfernsehen, aaO, S. 51 ff.

[422] Dass es hierbei eigentlich nicht um die Kollision von potentiellen Rezipienten- mit Rundfunkanbieterinteressen geht, sondern um die Kollision von tatsächlichen Interessen der Rezipienten und ihren "wahren Interessen", wie sie von einer Gruppe von Rechts- und Sozialwissenschaftlern als gleichsam "objektive Kommunikationsbedürfnisse" postuliert würden, so *Castendyk*, aaO, S. 469 f.

[423] So z.B. *Engel*, Der Anspruch privater Kabelbetreiber, aaO, S. 497, 504, 510 f.

[424] Insoweit zutreffend *Gersdorf*, Chancengleicher Zugang zum digitalen Fernsehen, aaO, S. 82 ff.

Grundrechte im Prozess der individuellen und öffentlichen Meinungsbildung derart verklammert, dass die Rundfunkfreiheit als Outputfreiheit auch der Informationsfreiheit als Inputfreiheit zu dienen bestimmt ist.[425] Überdies ist die Informationsfreiheit nicht nur Abwehrrecht, sondern begründet auch eine Schutzpflicht des Staates.[426] Dies bedeutet wiederum, dass der Gesetzgeber Vorkehrungen gegen die mögliche Verkürzung der Informationsfreiheit durch die Kabelnetzbetreiber zu treffen hat, insbesondere dann, wenn die Einspeisung des jeweiligen Programms nicht von den Gebühren der Kabelkunden finanziert wird, sondern aufgrund von Zahlungen der Rundfunkveranstalter erfolgt.[427] Insofern wird deutlich, dass die pluralitätsvermittelnden Regelungen der einheitlichen Kommunikationsverfassung - geprägt von Rundfunk- und Informationsfreiheit - den Schutz all derjenigen Rezipienten beabsichtigen, deren Versorgung bei einer den Marktgesetzen folgenden Rundfunkordnung nicht mit hinreichender Sicherheit gewährleistet wäre; dies sind insbesondere kulturelle und finanzschwache Minderheiten. Damit die Versorgung der Minderheiten gerade nicht zur Disposition der Mehrheit steht, darf die Belegung der Kabelnetze nicht ausschließlich nach Maßgabe privatwirtschaftlicher Interessen vorgenommen werden. Im Hinblick auf die Informationsfreiheit ist das aktuell praktizierte Kabelbelegungsmonopol der Landesmedienanstalten - wobei deren Auswahlentscheidung angesichts der beschränkten Kabelkapazität nicht nur erforderlich, sondern sogar verfassungsrechtlich geboten erscheint - mithin nicht zu beanstanden.[428] Bei der jeweiligen Auswahlentscheidung müssen schließlich aber auch legitime Kriterien angewendet und der verfassungsrechtliche Grundsatz der Verhältnismäßigkeit berücksichtigt werden, um der Informationsfreiheit und dem dahinter stehenden Demokratieprinzip in besonderer Weise Rechnung zu tragen.[429]

---

[425] Vgl. *Castendyk*, aaO, S. 470.

[426] S. insoweit die Ausführungen bei *Dörr*, Die Kabelbelegungsregelungen, aaO, S. 359 f.

[427] Worauf *Gersdorf* in zutreffender Weise hinweist, vgl. *Gersdorf*, Chancengleicher Zugang zum digitalen Fernsehen, aaO, S. 86 f.

[428] Im Ergebnis auch *Gersdorf*, Chancengleicher Zugang zum digitalen Fernsehen, aaO, S. 85 ff. sowie *Dörr*, Die Kabelbelegungsregelungen, aaO, S. 359. Das Bundesverfassungsgericht hat in diesem Zusammenhang lediglich angemerkt, dass die Erforderlichkeit einer Auswahlentscheidung über die Einspeisung von Fernsehprogrammen in das Kabelnetz bei knappen Übertragungskapazitäten keine Zensur im Sinne des Art. 5 Abs. 1 S. 3 GG darstellt. S. *BVerfG*, aaO, AfP 1993, S. 563. Der Streit, ob das Zensurverbot überhaupt im Bereich der Informationsfreiheit gilt, braucht hier nicht vertieft zu werden. Vgl. insofern *BVerfG*, Urteil v. 14.10.1969 (1 BvR 30/66) in: BVerfGE 27, 88, 102 u. *Maunz/Dürig*, aaO, Band I, Art. 5 Abs. I, II Rn. 297; a.A. *Isensee/Kirchhof*, Handbuch des Staatsrechts, Band VI, S. 660.

[429] Vgl. *BayVerfGH*, aaO, BayVBl. 1994, S. 400 f.; *Dörr*, Die Kabelbelegungsregelungen, aaO, S. 359; *Engel*, Kabelfernsehen, aaO, S. 28.

c. Die Bestimmung des Art. 10 EMRK

Um das deutsche Verfassungsverständnis der aktuellen Kanalbelegungspraxis darzustellen, ist es auch erforderlich, die Europäische Menschenrechtskonvention (EMRK)[430] und das in ihrem Artikel 10 gewährleistete Recht der freien Meinungsäußerung in die nähere Betrachtung miteinzubeziehen. Während die in der EMRK festgeschriebenen Grundrechte einerseits von der Bundesrepublik Deutschland unterschriebene und ratifizierte[431] Vertragsbestimmungen darstellen, gelten sie überdies gemäß Art. 6 Abs. 2 des Vertrages über die Europäische Union[432] auch innerhalb der Europäischen Union als zu beachtende Gemeinschaftsgrundrechte.[433] Art. 10 EMRK verankert die Meinungs- und Informationsfreiheit und ist nach Ansicht des Bundesverfassungsgerichts aufgrund des Gebots der Völkerrechtsfreundlichkeit des Grundgesetzes für das deutsche Verfassungsverständnis – auch wenn er in der Bundesrepublik den Rang von Verfassungsrecht nicht genießt - ein unbedingt zu berücksichtigender Maßstab.[434]

Nach der Rechtsprechung des Bundesverfassungsgerichts sind die Regelungen der EMRK zumindest Bestandteil des positiven Rechts der Bundesrepublik Deutschland im Range eines Bundesgesetzes.[435] Wenn der Wortlaut der EMRK zur Auslegung des Grundgesetzes vom Bundesverfassungsgericht herangezogen wird, so beruht dies auf der rechtlichen Wirkung, die das Inkrafttreten der Konvention auf das Verhältnis zwischen den Grundrechten des Grundgesetzes und ihnen verwandten Menschenrechten der Konvention hat. Insofern sind bei der Auslegung des Grundgesetzes auch Inhalt und Entwicklungsstand der EMRK in Betracht zu ziehen, sofern dies nicht zu einer Einschränkung oder Minderung des Grundrechtsschutzes nach dem Grundgesetz führt.[436] Aus diesem Grund

[430] *Europäische Konvention zum Schutze der Menschenrechte und Grundfreiheiten* vom 4. November 1950, welche gemäß Bekanntmachung vom 15.12.1953 (BGBl. 1954 II S. 14) am 3.9.1953 in Kraft getreten ist. Die Konvention gilt außer für die Bundesrepublik Deutschland und sämtliche EU-Mitgliedsstaaten, zum Teil unter Vorbehalten oder nach Hinterlegung von Erklärungen, für Albanien, Andorra, Bulgarien, Estland, Island, Lettland, Liechtenstein, Litauen, Malta, Mazedonien, Jugoslawien, Norwegen, Polen, Rumänien, San Marino, Schweiz, Slowakei, Slowenien, Tschechische Republik, Türkei, Ungarn und Zypern.

[431] Die Ratifizierung erfolgte am 5.12.1952.

[432] *Vertrag über die Europäische Union (EUV)* vom 7. Februar 1992 – ursprünglich bekannt als Vertrag von Maastricht und in Kraft getreten am 1. November 1993 – ist in seiner durch den Amsterdamer Vertrag vom 2.10.1997 geänderten Fassung am 1.5.1999 in Kraft getreten; vgl. Bek. v. 6.4.1999, BGBl. 1999 II, S. 296. Art. 6 Abs. 2 EUV n.F. hat Art. F Abs. 2 EUV in der Maastrichter Fassung ersetzt.

[433] Vgl. auch *Bullinger/Mestmäcker,* aaO, S. 117 ff.

[434] Vgl. BVerfGE 74, 358, 370.

[435] Vgl. BVerfGE 74, 358, 370 m.w.N.

[436] Eine Wirkung, die die Konvention selbst jedoch ausgeschlossen wissen will (vgl. Art. 60 EMRK).

dient auch die Rechtsprechung des Europäischen Gerichtshofs für Menschenrechte (EGMR) dem Bundesverfassungsgericht als Auslegungshilfe für die Bestimmung von Inhalt und Reichweite von Grundrechten und rechtsstaatlichen Grundsätzen des Grundgesetzes.[437] Entsprechend ist im Bereich der Fernsehkanalbelegung in Deutschland die Rechtsprechung des EGMR zu berücksichtigen, der aus Art. 10 EMRK grundsätzlich ein Recht auf den Empfang von ausgestrahlten Fernsehprogrammen und einen Anspruch auf Bereitstellung der zum Empfang von Informationen erforderlichen technischen Anlagen ableitet.[438] Insofern wirkt sich die Rechtsprechung des EGMR zu Art. 10 EMRK auf die verfassungsrechtliche Beurteilung des deutschen Kabelallokationsregimes und dessen Rechtmäßigkeit hinsichtlich der Meinungs- und Informationsfreiheit der Rundfunkveranstalter und Rezipienten aus.

Nach dem Wortlaut des Art. 10 Abs. 1 EMRK hat jeder Bürger eines Vertragsstaates der Konvention Anspruch auf freie Meinungsäußerung. Dieses Recht schließt die Freiheit der Meinung und die Freiheit zum Empfang und zur Mitteilung von Nachrichten oder Ideen ohne Eingriffe öffentlicher Behörden und ohne Rücksicht auf Landesgrenzen ein. Gewährleistet sind also neben der aktiven ("Mitteilung von Nachrichten oder Ideen") und passiven Informationsfreiheit ("Empfang von Nachrichten oder Ideen") auch die Rundfunk- und Pressefreiheit. Das Recht aus Art. 10 Abs. 1 EMRK garantiert die Freiheit, eine eigene Meinung zu bilden und diese anderen Personen und der Öffentlichkeit mitzuteilen.[439] Die aktive Informationsfreiheit im Sinne des Art. 10 Abs. 1 EMRK schützt nicht nur die freie Mitteilung von selbst gebildeten Meinungen, sondern generell die Vermittlung von Informationen.[440] Die passive Informationsfreiheit schützt schließlich das Recht des Bürgers und der Öffentlichkeit, Informationen anderer frei von staatlichem Einfluss diskriminierungsfrei empfangen zu können.[441] Dabei gewährleistet Art. 10 Abs. 1 EMRK - wie die Informationsfreiheit des Art. 5 Abs. 1 S. 1 Hs. 2 GG - nur den Empfang allgemein zugänglicher Informationen.[442] Insofern gelten die bereits im Rahmen des Art. 5 Abs. 1 S. 1 Hs. 2 GG gemachten Ausführungen, dass es sich bei den in das Kabelnetz eingespeisten (und den nicht eingespeisten) Fernsehprogrammen um allgemein zugängliche Informationen handelt, wobei es für die Beurteilung der Allgemeinzugänglichkeit auch in diesem Zusammenhang nicht auf die Art des technischen Übertragungsmediums zur Informationsverbreitung und die Art des Programms (ortsüblich, ortsmöglich, herangeführt, verschlüsselt etc.) ankommt. Entschei-

---

[437] Vgl. BVerfGE 74, 358, 370.
[438] Vgl. *Dörr*, Die Kabelbelegungsregelungen, aaO, S. 361.
[439] S. *Villiger*, Handbuch der Europäischen Menschenrechtskonvention, 1993, Rn. 590.
[440] So auch *Villiger*, Handbuch der Europäischen Menschenrechtskonvention, aaO, Rn. 598.
[441] Ebenso *Villiger*, Handbuch der Europäischen Menschenrechtskonvention, aaO, Rn. 599.
[442] S. *Dörr*, Die Kabelbelegungsregelungen, aaO, S. 362.

dend ist auch hier, dass die Fernsehprogramme technisch geeignet und bestimmt sind, der Allgemeinheit und gerade nicht einem individuell nicht bestimmbaren Adressatenkreis Informationen zu verschaffen.

Das Recht der freien Meinungsäußerung ist aber wie die meisten Menschenrechte nicht schrankenlos gewährleistet. Abs. 2 beinhaltet die materiellen Voraussetzungen, unter denen das Recht im Sinne des Art. 10 Abs. 1 EMRK einschränkbar ist. Dabei wird ausdrücklich darauf hingewiesen, dass die Ausübung dieser Freiheit auch Pflichten und Verantwortung mit sich bringt, was an den dienenden Charakter des deutschen Verständnisses von Rundfunkfreiheit zumindest erinnert. Demnach können die Rechte aus Art. 10 Abs. 1 EMRK durch gesetzliche Formvorschriften, Bedingungen, Strafdrohungen oder anderweitige Einschränkungen begrenzt werden, wenn diese Einschränkungen für Aspekte wie die nationale Sicherheit, die öffentliche Sicherheit und Ordnung, aber auch zum Schutze der Moral, des guten Rufes oder allgemein der Rechte anderer in einer demokratischen Gesellschaft unentbehrlich sind. Die Bestimmung der Unentbehrlichkeit umfasst dabei eine dem deutschen Verfassungsrecht vergleichbare Verhältnismäßigkeitsprüfung. Dementsprechend sind jegliche Einschränkungen oder Ausgestaltungsregelungen der aktiven und passiven Informationsfreiheit und der Rundfunk- und Pressefreiheit gemäß Art. 10 Abs. 1 EMRK an dem Maßstab des Abs. 2 zu messen.

Im Gegensatz zur Rundfunkfreiheit des Art. 5 Abs. 1 S. 2 GG ist das Recht auf Meinungsfreiheit gemäß Art. 10 EMRK stärker individualrechtlich ausgestaltet.[443] Während nach der Rechtsprechung des Bundesverfassungsgerichts die Rundfunkfreiheit eine dienende Freiheit ist, zu deren Verwirklichung es einer positiven Rundfunkordnung bedarf, sieht der EGMR die Rundfunkveranstalterfreiheit als echtes Individualgrundrecht an.[444] Dementsprechend wird dem Rundfunk im Rahmen des Art. 10 EMRK keine Sonderrolle zugewiesen; nach der Rechtsprechung der EGMR geht es bei Art. 10 EMRK vielmehr um den generellen Schutz der Kommunikation, wobei die Äußerungsfreiheit als solche geschützt und nicht zwischen Individual- und Massenkommunikationsmedien unterschieden wird.[445] Für die deutsche Kabelbelegungspraxis bedeutet dies zunächst, dass die Meinungsfreiheit der Rundfunkveranstalter und die Informationsfreiheit der Zuschauer grundsätzlich nicht durch eine Einschränkung der technischen Möglichkeiten verkürzt werden darf.

---

[443] Vgl. *Dörr*, Die Kabelbelegungsregelungen, aaO, S. 362.

[444] Vgl. *Engel*, Privater Rundfunk vor der Europäischen Menschenrechtskonvention, 1993, S. 39.

[445] So *Engel*, Privater Rundfunk vor der Europäischen Menschenrechtskonvention, aaO, S. 39 f.

In der Autronic-Entscheidung[446] hat der EGMR ausdrücklich bestimmt, dass der Schutzbereich des Art. 10 EMRK nicht nur den Inhalt der Informationen, sondern auch die Mittel zum Empfang der Informationen umfasst. Alle Beschränkungen auf diesem Gebiet würden nämlich notwendigerweise in das Recht zum Empfang und zur Mitteilung von Nachrichten und Ideen eingreifen. Während der EGMR ausdrücklich betonte, dass Art. 10 Abs. 1 EMRK die Freiheit umfasse, Informationen auch tatsächlich zu empfangen, habe der Rezipient das Recht, Satellitenschüsseln oder Antennenanlagen zu installieren. Mit der Freiheit des Rezipienten, Informationen zu empfangen, korrespondiert nach Ansicht des Gerichts auch die entsprechende Freiheit der Rundfunkveranstalter, Informationen zu senden.[447] Natürlich lassen sich auch hier die entwickelten Rechtssätze grundsätzlich auf den Kabelempfang übertragen, da laut Gericht allgemein Übertragungs- und Empfangsmittel geschützt seien und es keine Anhaltspunkte dafür gibt, warum die Entscheidung ausschließlich von den Besonderheiten der Satellitenempfangsanlagen abhängig gemacht worden sei.[448] Dementsprechend schützt Art. 10 Abs. 1 EMRK nicht nur den Kommunikationsinhalt, sondern auch den Kommunikationsprozess als solchen, wodurch alle Kommunikationsvorrichtungen, auch die technische Einspeisung der Programme in das Breitbandkabelnetz, in den Schutz miteinbezogen werden.[449]

Dass die Informationsfreiheit der Zuschauer und die Rundfunkfreiheit der Programmveranstalter im Sinne des Art. 10 EMRK tatsächlich durch die Nichtberücksichtigung eines Programms bei der Kabelweiterleitung beeinträchtigt werden, ist so schließlich auch ausdrücklich in der Groppera-Entscheidung des EGMR[450] entschieden worden. Das Urteil betraf die Kabeleinspeisung eines Hörfunkprogramms des ausländischen Rundfunkveranstalters Groppera in der Schweiz, wobei das Programm aufgrund der fernmelderechtlichen Bestimmungen im Schweizer Kabelnetz nicht weitergeleitet wurde. Nach erfolgloser Erschöpfung des innerstaatlichen Rechtswegs erhob Groppera Menschenrechtsbeschwerde vor dem EGMR. Das Gericht wies darauf hin, dass die angesichts der beschränkten Kabelkapazitäten praktizierten Einschränkungen und Ausgestaltungsregelungen stets den materiellen Voraussetzungen der Schranke des Art. 10 Abs. 2 EMRK genügen müssen. Um bestimmen zu können, ob bei beschränkten Kabelkapazitäten eine Auswahlentscheidung zwischen verschiedenen Pro-

[446] EuGRZ 1990, S. 261.
[447] EuGRZ 1990, S. 261.
[448] Vgl. auch *Dörr*, Die Kabelbelegungsregelungen, aaO, S. 363. Im übrigen hat der EGMR in der unten dargestellten Groppera-Entscheidung ausdrücklich bestimmt, dass die Rundfunkfreiheit des Art. 10 Abs. 1 EMRK auch die Weiterübertragung durch Kabel erfasse; vgl. EuGRZ 1990, S. 255 f. Nr. 53 ff.
[449] Vgl. EuGRZ 1990, S. 261 f.
[450] Vgl. EuGRZ 1990, S. 255.

grammveranstaltern in einer demokratischen Gesellschaft unentbehrlich ist, kommen der Verhältnismäßigkeit im weiteren Sinne und insbesondere dem Zweck der gesetzlich getroffenen Maßnahmen entscheidende Bedeutung zu. Das Gericht befand, dass es den jeweiligen EMRK-Mitgliedstaaten im Falle beschränkter Kabelkapazitäten grundsätzlich gestattet sei, eine Auswahl unter den Programmveranstaltern bei der Kabeleinspeisung vorzunehmen. Allerdings müssten bei der Auswahl der Schutz des kulturellen und politischen Pluralismus im Vordergrund stehen, um verhältnismäßig zu sein.[451] Demnach ist der Ausschluss eines Programms von der Weiterleitung im kapazitätsbeschränkten Kabelnetz nur dann gerechtfertigt, wenn kulturelle und politische Pluralismuskriterien im Vordergrund stehen.[452] Angesichts dieser Rechtsprechung des EGMR begegnet die Rechtmäßigkeit des deutschen, im analogen Bereich praktizierten Kabelallokationsregimes, das in den jeweiligen Landesmediengesetzen und Kabelbelegungssatzungen die Meinungsvielfalt als zentrales Auswahl- und Einspeisekriterium bestimmt, gemessen an Art. 10 EMRK keinen Bedenken.[453]

d. Das Europarecht

Im Rahmen der verfassungsrechtlichen Untersuchung der Belegungsregulierung deutscher Kabelfernsehnetze ist es erforderlich, auch zur Kompetenz der Europäischen Union und der Anwendbarkeit des EG-Rechts im Rundfunkbereich Stellung zu nehmen.[454]

Basis des Gemeinschaftsrechts und erster Bezugspunkt ist insofern der Vertrag zur Gründung der Europäischen Gemeinschaft (EGV).[455] Im Zusammenhang mit dem hier behandelten Themenbereich ist zunächst das Prinzip der begrenzten Einzelermächtigung[456] bzw. das Subsidiaritätsprinzip des Artikels 5 EGV (Art. 3

---

[451] Vgl. EuGRZ 1990, S. 255, 258 Nr. 69 f. S.a. *Bullinger/Mestmäcker*, aaO, S. 214.

[452] Dörr geht so weit, dass er die Verhinderung der Programmdurchleitung im Kabelnetz aus rein wirtschaftlichen Gründen auch nach dem Maßstab des Art. 10 Abs. 2 EMRK für unzulässig hält. S. *Dörr*, Die Kabelbelegungsregelungen, aaO, S. 364.

[453] Im Ergebnis ebenso *Dörr*, Die Kabelbelegungsregelungen, aaO, S. 365.

[454] Vgl. insofern auch *Dörr/Charissé*, aaO, S. 18 ff.; *Dörr*, Möglichkeiten und Grenzen europäischer Medienpolitik, K&R 1999, S. 97 ff.

[455] Abgedruckt in ABl. Nr. C 224 vom 31.8.1992. Ursprünglich handelte es sich dabei um den Vertrag zur Gründung der Europäischen Wirtschaftsgemeinschaft (EWGV), woraus durch den am 7.2.1992 in Maastricht unterzeichneten Vertrag über die Europäische Union (EUV) der EGV entstand; zuletzt geändert durch den Amsterdamer Vertrag vom 2.10.1997, BGBl. 1998 II, S. 387, ber. BGBl. 1999 II, S. 416).

[456] S. *Schweitzer/Hummer*, Europarecht, 1996, Rn. 335 ff.; *Schweitzer*, Staatsrecht III, 3. Aufl., 1991, Rn. 255 f., 272; *Streinz*, Europarecht, 3. Aufl., 1996, Rn. 436 f. Das Prinzip der begrenzten Einzelermächtigung in diesem Zusammenhang bestreitend: *Schwartz*, Subsidiarität und EG-Kompetenzen, in: AfP 1993, S. 410.

b Abs. 1 EGV a.F.)[457] herauszustellen. Danach wird die Gemeinschaft "innerhalb der Grenzen der ihr in diesem Vertrag zugewiesenen Befugnisse und gesetzten Ziele tätig". Somit ist die Europäische Gemeinschaft nicht mit einer - einem souveränen Staat vergleichbaren - unbegrenzten Rechtsetzungsgewalt ausgestattet. Ihre Kompetenzen werden vielmehr ausdrücklich auf die vertraglich zugewiesenen begrenzt, so dass es der Gemeinschaft untersagt ist, in einem Bereich Recht zu setzen, für den es im EGV keine Ermächtigungsgrundlage gibt bzw. für den eine Zuständigkeit der Gemeinschaft ausdrücklich ausgeschlossen ist.[458] Daher ist es mit dem Prinzip der begrenzten Einzelermächtigung unvereinbar, allein aus Vertragszielbestimmungen Aufgaben und Befugnisse der EG zu begründen oder zu erweitern.[459] Im Rundfunkwesen werden deshalb auch Bestrebungen seitens der EG abgelehnt, allein mit der integrations- oder wirtschaftspolitischen Bedeutung des Rundfunks umfassende Regelungsbefugnisse für diesen Bereich zu begründen.[460] Obschon eine Durchbrechung des Subsidiaritätsprinzips durch das sog. Vertragslückenschließungsverfahren nach Artikel 308 EGV (Art. 235 EGV a.F.)[461] generell immer möglich ist, wenn ein Tätigwerden der Gemeinschaft erforderlich wird, um im Rahmen des Gemeinsamen Marktes eines ihrer Ziele zu verwirklichen[462], lässt sich auch daraus eine umfassende EG-Kompetenz für den Rundfunkbereich nicht folgern.

Da der EG-Vertrag grundsätzlich keine feste Aufteilung von Gesetzgebungsmaterien kennt, die die Kompetenzen im Verhältnis von Gemeinschaft und Mitgliedstaaten bestimmen, enthält er auch keine ausdrücklichen Kompetenzzuweisungen für den Rundfunk. Der Vertrag begnügt sich lediglich damit, Indikationsziele und damit final ausgerichtete Querschnittskompetenzen[463] festzulegen.[464] Obschon die EU-Fernsehrichtlinie[465] in Art. 2 a Abs. 1 bestimmt, dass die Mitgliedstaaten den freien Empfang gewährleisten und nicht die Weiterverbreitung von Fernsehsendungen aus anderen Mitgliedstaaten in ihrem Hoheitsgebiet aus Gründen verhindern, die Bereiche betreffen, die durch die Richt-

---

[457] Vgl. auch Artikel 5 EUV (Art. E EUV a.F.).
[458] Vgl. *Holznagel*, Rundfunkrecht in Europa, aaO, S. 128.
[459] Vgl. *BVerfG*, Urt. v. 12.10.1993 (2 BvR 2134, 2159/92), BVerfGE 89, 155, 209.
[460] Vgl. *Dörr*, Die Rolle des öffentlich-rechtlichen Rundfunks in Europa, 1997, S. 26; zu diesem schon im EWGV geltenden Grundsatz s.a. *Schwarze*, Fernsehen ohne Grenzen, 1985, S. 23.
[461] *Schweitzer/Hummer*, aaO, Rn. 339.
[462] So auch *Lenz*, EG-Kommentar, 1994, § 128 Rn. 9.
[463] Vgl. *EuGH*, Rs C-70/88 (Europäisches Parlament/Rat), Slg. 1990, S. I-2041 ff., 2074.
[464] Vgl. *Schwartz*, Subsidiarität und EG-Kompetenzen, aaO, S. 410; *Dörr*, Die Rolle des öffentlich-rechtlichen Rundfunks in Europa, aaO, S. 26.
[465] S. *Richtlinie 97/36/EG des Europäischen Parlaments und des Rates vom 30. Juni 1997 zur Änderung der Fernsehrichtlinie*, ABl. EU Nr. L 202, S. 60; auch abgedruckt in epd medien 90/97, S. 1 ff.

linie koordiniert sind, enthalten sie und das sonstige sekundäre Gemeinschaftsrecht keine Bestimmungen über die Kabelbelegung bei Engpässen. Deshalb kann man auch nicht von einer Harmonisierung der Rechts- und Verwaltungsvorschriften in den Mitgliedstaaten auf dem Gebiet der Kabelbelegung sprechen.[466] Dennoch dürfen die nationalen Regelungen wegen des Vorrangs des Gemeinschaftsrechts den primärrechtlichen Vorgaben, insbesondere den Grundfreiheiten des EG-Vertrages, nicht widersprechen. Für die Zuständigkeit der Gemeinschaft im Rundfunk-, insbesondere im Kabelbelegungsbereich sind schließlich zwei Kompetenzbereiche von besonderer Bedeutung: die Dienstleistungskompetenz der Artikel 49 ff. EGV (Art. 59 ff. EGV a.F.) einerseits und die Kulturkompetenz des Artikel 151 EGV (Art. 128 EGV a.F.) andererseits.[467]

aa. Die Dienstleistungsfreiheit der Artikel 49 ff. EGV[468]

Nach Artikel 49 EGV (Art. 59 EGV a.F.) sind "Beschränkungen des freien Dienstleistungsverkehrs" verboten.[469] Während Artikel 50 EGV (Art. 60 EGV a.F.) Dienstleistungen als Leistungen definiert, die in der Regel gegen Entgelt erbracht werden, ist angesichts der Rechtsprechung des Europäischen Gerichtshofs (EuGH) inzwischen anerkannt, dass es auch im Rundfunkwesen Tätigkeiten gibt, die unter die Artikel 49 ff. EGV fallen.[470] Der EuGH hat bereits im Jahre 1974 in der Sache Sacchi erklärt, dass die Ausstrahlung von Fernsehsendungen als solchen, einschließlich jener zu Werbezwecken, unter die Vertragsvorschriften über Dienstleistungen falle.[471] Nachdem er diese Auffassung im Debauve-Urteil aus dem Jahre 1980 bestätigt hatte[472], bejahte der EuGH auch 1988

---

[466] S. *Dörr/Charissé,* aaO, S. 19.

[467] Vgl. *Dörr,* Möglichkeiten und Grenzen europäischer Medienpolitik, aaO, S. 99. Von einer Betrachtung weiterer funktioneller Zuständigkeiten bzw. Grundfreiheiten der EG (freier Warenverkehr, Arbeitnehmerfreizügigkeit, Niederlassungsfreiheit etc.), die als primär wirtschaftspolitische Zielsetzungen bzgl. der Schaffung eines Gemeinsamen Marktes ebenfalls einzelne Tatbestände des Rundfunks erfassen, wird an dieser Stelle abgesehen. Ebenso wenig kann auf das europäische Kartellrecht, insbesondere die Artikel 81, 82 EGV eingegangen werden, obschon auch die wettbewerbs- und medienkonzentrationsrechtlichen Probleme in diesem Zusammenhang eine wichtige Rolle spielen. S. dazu ausführlich *König,* Die Einführung des digitalen Fernsehens, 1997, S. 97 ff.

[468] In der Maastrichter Fassung des EGV war die Dienstleistungsfreiheit in den Art. 59 ff. geregelt.

[469] Näher zum Grundsatz der Inländergleichbehandlung und den Schranken der Dienstleistungsfreiheit s. *Dörr/Charissé,* aaO, S. 20 ff.

[470] Vgl. hierzu u.a. *Geiger,* EG-Vertrag, 2. Aufl., 1995, Art. 60 Rn. 1 ff.; *Beutler/Bieber/Pipkorn/Streil,* Die Europäische Union, 4. Aufl., 1993, S. 301 ff., 317 ff.; *Kugelmann,* Der Rundfunk und die Dienstleistungsfreiheit des EWG-Vertrages, 1991, S. 67 ff.

[471] S. *EuGH,* Urteil v. 11.7.1974, Rs. 155/73 *(Sacchi),* in: Slg. 1974, S. 430 ff.

[472] S. *EuGH,* Urteil v. 18.3.1980, Rs. 52/79 *(Debauve),* in: Slg. 1980, S. 833, 855.

im Urteil Kabelregeling die Anwendbarkeit der Artikel 49 ff. EGV (Art. 59 ff. EGV a.F.) erstmals ausdrücklich für die Leistung der Betreiber einer Kabelanlage gegenüber einer Sendeanstalt bzgl. der Programmverbreitung im Kabel.[473] Insgesamt kann also nicht mehr geleugnet werden, dass der Rundfunk und dabei insbesondere das Fernsehen insgesamt die Elemente einer Dienstleistung im Sinne des Gemeinschaftsrechts aufweisen, so dass sich in diesem Bereich durchaus Rechtsetzungskompetenzen der Gemeinschaft nach Artikel 55 i.V.m. Artikel 47 Abs. 2 EGV (Art. 66, 57 Abs. 2 EGV a.F.) ergeben.[474]

Trotz dieser Rechtsprechung des EuGH darf daraus allein jedoch nicht gefolgert werden, die Rechtsangleichungsbefugnis der Organe der Gemeinschaft beschränke sich nicht nur auf die wirtschaftlichen Aspekte des Rundfunks, sondern umfasse das gesamte Gebiet des Rundfunkrechts.[475] Während Rundfunkrecht mehr als eine bloße Dienstleistung gegenüber einem Auftraggeber und nicht lediglich Markt ist, wird richtigerweise argumentiert, dass die Entscheidung eines Staates, zur Gewährleistung der Rundfunkfreiheit eine Rundfunkordnung aufzubauen und dynamisch zu erhalten, Ausübung seiner nationalen Gesetzgebungshoheit sei.[476] Auch machen die zum Rundfunk ergangenen Urteile des EuGH deutlich, dass im Hinblick auf die von Land zu Land unterschiedlichen gesellschaftlichen Gegebenheiten, Traditionen und Erfahrungen im Rundfunkbereich vorrangig den Mitgliedstaaten ein Beurteilungs- und Gestaltungsspielraum zusteht, um im einzelnen selbst zu entscheiden, welche Regelungen am besten geeignet und erforderlich sind, eine pluralistische Medienordnung zu garantieren.[477] Ohne der Diskussion im Rahmen des Kulturbegriffs gemäß Artikel 151 EGV vorzugreifen, muss an dieser Stelle jedoch bereits darauf hingewiesen werden, dass trotz der Wertung von Rundfunksendungen und Kabeleinspeisung als Dienstleistung im Sinne der Artikel 49 ff. EGV, selbst die EuGH-Rechtsprechung nicht die Essentialia der Rundfunkordnung erfasst.[478] Anders ausgedrückt bedeutet dies, dass Rundfunkfreiheit und Rundfunkordnung eben nicht pauschal gleichzusetzen sind mit "Handel und Wandel" und die Grund-

---

[473] *EuGH,* Urteil v. 26.4.1988, Rs. 352/85 *(Kabelregeling)*, in: Slg. 1988, S. 2085 ff.

[474] Vgl. *Dörr,* Möglichkeiten und Grenzen europäischer Medienpolitik, aaO, S. 98.

[475] So *Herrmann,* aaO, S. 217; a.A. *Schwartz,* EG-Rechtsetzungsbefugnis für das Fernsehen, ZUM 1989, S. 381, 389.

[476] Vgl. *Herrmann,* aaO, S. 217 f.

[477] S. *Dörr/Charissé,* aaO, S. 22.

[478] Zur Frage, ob das deutsche Verständnis von Rundfunk als Kulturgut und nicht primär als Wirtschaftsgut mit Blick auf das Gemeinschaftsrecht neu überdacht werden muss, eingehend *Gersdorf,* Darf's ein bisschen mehr sein? - Medienregulierung in Deutschland und Europa, http://www.uni-rostock.de/fakult/jurfak/Gersdorf/MuTK_Recht/Medienrecht/OVG_ULR.html.

elemente der Rundfunkfreiheit und Rundfunkordnung nicht qua Artikel 49 ff. EGV zur Disposition der Europäischen Gemeinschaft stehen.[479]

bb. Die Bestimmung des Artikel 151 EGV[480]

Seit Beginn der Diskussion über die EG-Rundfunkkompetenz und intensiviert durch den mit dem Maastricht-Vertrag neu eingeführten Artikel 128 EGV, welcher aufgrund des Amsterdamer Vertrages nunmehr in Artikel 151 EGV geregelt ist, lassen sich auf der Basis des geltenden Rechts zwei Eckpunkte ausmachen, von denen aus - ähnlich wie bei der Diskussion um die Einführung des digitalen Fernsehens in Deutschland - Rundfunkkompetenzen der EG einerseits bejaht, andererseits bestritten werden. Die sich auf die Rechtsprechung des EuGH stützende EG-freundliche Argumentation knüpft an die wirtschaftliche Dimension des Rundfunks an: Rundfunk als Wirtschaftsgut. Aus dieser Qualifikation eröffnen sich dann weite Kompetenzbereiche, in denen der Rundfunk als Dienstleistung oder als Wettbewerbsfaktor zum Regelungsgegenstand wird. Die Gegenposition stellt - durch den Titel XII. Kultur des EGV bestärkt - die kulturelle Funktion des Rundfunks in den Vordergrund: Rundfunk als Kulturgut.[481]

Die Bestimmungen des EGV definieren nicht, wie der Begriff "Kultur" zu verstehen ist. Ausdrückliche Erwähnung findet der Kulturbegriff u.a. in zwei Regelungen des EGV: Artikel 3 Buchst. q EGV[482] und Titel XII., welcher einzig aus Artikel 151 EGV besteht. Welche Rechtsetzungsbefugnisse die EG im Kulturbereich hat, ergibt sich lediglich aus Artikel 151 EGV[483], welcher die in Artikel 3 Buchst. q EGV enthaltenen Ziele und Tätigkeiten spezifiziert, wobei hier auch von sog. komplementären Kompetenzen gesprochen wird.[484]

---

479 Hierzu bereits *Ipsen*, Rundfunk im Europäischen Gemeinschaftsrecht, 1983, S. 99 ff.; s.a. *Herrmann*, aaO, S. 217 f.

480 Vormals Art. 128 EGV Maastrichter Fassung.

481 Vgl. *Eberle*, Das Fernsehen im Zugriff des europäischen Rechts, in: Festschrift für Thieme, 1993, S. 939, 948.

482 Artikel 3 Buchst. q EGV bestimmt, dass die Tätigkeit der Gemeinschaft im Sinne des Aufgabenkatalogs des Artikels 2 EGV auch den Beitrag zu einer qualitativ hochstehenden allgemeinen und beruflichen Bildung sowie zur Entfaltung des Kulturlebens in den Mitgliedstaaten umfasst. Diese Bestimmung formuliert Ziele und Aufgabenstellungen der EG und stellt gerade keine Einzelermächtigung im Sinne einer Kompetenzzuweisung an die Gemeinschaft dar.

483 Vgl. *Dörr*, Die Rolle des öffentlich-rechtlichen Rundfunks in Europa, aaO, S. 25 f. (noch Bezug nehmend auf Art. 128 EGV a.F.).

484 *Schwartz*, Subsidiarität und EG-Kompetenzen, aaO, S. 417; *Stauffenberg/Langenfeld*, Maastricht - Ein Fortschritt für Europa?, in: ZRP 1992, S. 252, 254.

Gemäß Artikel 151 Abs. 1 i.V.m. Artikel 3 Buchst. q EGV hat die Gemeinschaft einen Beitrag zur Entfaltung der Kulturen "der" bzw. "in den" Mitgliedstaaten unter Wahrung ihrer nationalen und regionalen Vielfalt zu leisten.[485] Allein angesichts dieser Formulierung wurde bereits mehrfach darauf hingewiesen, dass die Kultur inzwischen als besonderer Ausdruck der nationalen Identität, welche im Gemeinschaftsrecht besondere Achtung erfährt, anerkannt sei. Aufgrund des Wortlauts beider Bestimmungen wird daher gefolgert, dass für den kulturellen Bereich prinzipiell die Mitgliedstaaten zuständig sind.[486]

Ein genereller Ausschluss der Zuständigkeit der Europäischen Gemeinschaft im kulturellen Bereich kann daraus jedoch auch nicht gefolgert werden.[487] Während die für das frühere Gemeinschaftsrecht vertretene These, die EG besitze überhaupt keine kulturpolitische Zuständigkeit[488], gemeinhin schon als zu überzogen bewertet wurde[489], ist sie nunmehr in Anbetracht des neuen Artikels 151 EGV zu revidieren. Da schon gem. Abs. 2 die EG die Zusammenarbeit zwischen den Mitgliedstaaten fördern, unterstützen und die mitgliedstaatliche Tätigkeit in den aufgeführten Bereichen ergänzen darf, wird deutlich, dass die EG diesbezüglich selbständig tätig werden kann. Aufgrund der vagen Formulierung der Begriffe "Unterstützung" und "Ergänzung" wird klar, dass der EG insofern ein weites Feld von eigenen Organisationsmaßnahmen grundsätzlich eröffnet ist.[490] Abs. 4 ordnet überdies an, dass die Gemeinschaft bei ihrer Tätigkeit aufgrund anderer Bestimmungen des Vertrages den kulturellen Aspekten Rechnung trägt. Allerdings hat Artikel 151 Abs. 4 EGV im Vergleich zu Artikel 128 EGV a.F. einen Zusatz erhalten, der klarstellt, dass die Gemeinschaft keine, auch nicht gestützt auf andere Kompetenzen, Kulturvereinheitlichung betreiben darf. Durch den Zusatz "insbesondere zur Wahrung und Förderung der Vielfalt der Kulturen" ist die Kulturkompetenz der Gemeinschaft in entscheidender Weise Vorgaben der Mitgliedstaaten ausgesetzt. Da darüber hinaus auch Abs. 5 des Artikels 151 EGV eine Harmonisierung der Rechts- und Verwaltungsvorschriften im kulturellen Bereich ausdrücklich ausschließt, wird deutlich, dass die Ausübung der komplementären Kompetenz durch die Gemeinschaft den Mitgliedstaaten keine ihrer eigenen Zuständigkeiten in diesem Bereich entzieht. Die Situation ist hier also anders als z.B. bei der Ausübung einer konkurrierenden Zuständigkeit durch die

---

[485] S. Lenz, aaO, Rn. 2.

[486] S. insofern z.B. *Dörr*, Möglichkeiten und Grenzen europäischer Medienpolitik, aaO, S. 98 f.

[487] So auch *Dörr*, Möglichkeiten und Grenzen europäischer Medienpolitik, aaO, S. 98 f.

[488] Insofern sprach z.B. *Delbrück* von einer Bereichsausnahme für die Kultur, in: *Delbrück*, Die Rundfunkhoheit der deutschen Bundesländer, 1986, S. 39 ff.

[489] Vgl. etwa *Dörr/Beucher/Eisenbeis/Jost*, Die Einflüsse europarechtlicher Entwicklungen auf das Bund-Länder-Verhältnis im Rundfunkwesen, 1992, S. 11 ff.

[490] Vgl. auch *Ress*, Die neue Kulturkompetenz der EG, in: DÖV 1992, S. 944, 947.

Gemeinschaft.[491] Insofern kann man Artikel 151 EGV als Begrenzung der Gemeinschaftskompetenzen im Kulturbereich[492] auffassen, wobei er die Vielfalt der Kulturen in den Mitgliedstaaten anerkennt und, um sie zu bewahren, diesen Bereich grundsätzlich den Mitgliedstaaten vorbehält.[493] Eine eigene Kulturpolitik der Gemeinschaft kommt daher ergänzend nur insoweit in Betracht, wie die Mitgliedstaaten von ihrer Befugnis keinen Gebrauch machen; dabei darf sie der Kulturpolitik der Mitgliedsländer nicht zuwiderlaufen.[494]

An dieser Stelle stellt sich nunmehr die Frage, ob es Sache der Mitgliedstaaten ist oder Sache der Europäischen Gemeinschaft, den Kulturbegriff im Sinne des Artikels 151 EGV zu definieren. Die Auffassungen der Gemeinschaft und die der verschiedenen Mitgliedsländer gehen dabei im Einzelfall nämlich sehr weit auseinander. So umfasst beispielsweise der Kulturbegriff nach deutscher Vorstellung Bereiche wie das gesamte Schul- und Hochschulwesen, die Medien und die Kunst.[495] Dagegen ordnet das Gemeinschaftsrecht sowohl das Bildungswesen in Schule und Hochschule, als auch den Bereich der Forschung innerhalb der Hochschule nicht dem Titel IX. Kultur, sondern zwei separaten Bestimmungen (Titel XI. Kapitel 3. und Titel XVIII. EGV) außerhalb des Kulturbereichs zu.[496]

Zunächst kann unzweifelhaft davon ausgegangen werden, dass der in Artikel 151 EGV enthaltene Kulturbegriff als Bestandteil des EG-Vertrages ein gemeinschaftsrechtlicher Begriff ist. Um zu verhindern, dass die Mitgliedstaaten die Reichweite gemeinschaftsrechtlicher Bestimmungen durch unterschiedliche Definitionen begrenzen und auf diese Weise im Ergebnis die Einheit und Wirksamkeit des Gemeinschaftsrechts beeinträchtigen, hat der EuGH in seiner Rechtsprechung festgelegt, dass Begriffe des Gemeinschaftsrechts grundsätzlich einheitlich zu definieren sind.[497] Angesichts der Jurisdiktionshoheit des EuGH,

---

[491] Vgl. *Schwartz*, Subsidiarität und EG-Kompetenzen, aaO, S. 417.
[492] Insofern a.A. *Lenz*, aaO, Rn. 2.
[493] S. dazu z.B. *Ress*, aaO, S. 944 ff.; *Dörr*, Die Rolle des öffentlich-rechtlichen Rundfunks in Europa, aaO, S. 26 f.
[494] So auch *Lenz*, aaO, Rn. 3. Für den damaligen Artikel 128 EGV a.F. hatten sich seinerzeit auch die Länder eingesetzt, nicht zuletzt, um zunehmenden kulturpolitischen Ambitionen der EG unter primär wirtschaftlichen Gesichtspunkten durch eine klare, aber in der Sache begrenzte Kompetenzzuweisung vorzubeugen. S. *Breitenbach*, Was Europa jetzt werden muss, in: Die Welt v. 1.6.1992, S. 23.
[495] *Oppermann*, Die deutsche Länderkulturhoheit und EG-Aktivitäten in Bildung, Forschung und technologischer Entwicklung, in: *Vogel/Oettinger*, Föderalismus in der Bewährung, 1992, S. 73 ff.
[496] Vgl. *Eberle*, Das europäische Recht und die Medien am Beispiel des Rundfunkrechts, AfP 1993, S. 422 ff.
[497] S. z.B. *EuGH*, Urt. v. 17.12.1980, Rs 149/80, Slg. 1980, S. 3881, 3903, in: NJW 1981, S. 2635.

wonach dessen Urteile für die seiner Rechtsprechungsgewalt unterworfenen Mitgliedstaaten verbindlich sind[498], könnte hier also gefolgert werden, dass der Kulturbegriff ebenfalls gemeinschaftsrechtlich und EG-einheitlich zu definieren ist.

Andererseits kann die genaue Betrachtung des Wortlauts des Artikels 151 EGV zu einer anderen Auffassung führen. Artikel 151 EGV spricht nämlich ausdrücklich von den Kulturen in den Mitgliedstaaten; insofern bringt die Verwendung des Plurals einerseits und die Erwähnung von nationaler sowie regionaler Vielfalt andererseits zum Ausdruck, dass Artikel 151 EGV von unterschiedlichen Kulturen ausgeht. Bei den Vertragsverhandlungen wurde überdies besonderer Wert darauf gelegt, die Formulierung "Europäische Kultur" zu vermeiden, um so klarzustellen, dass durch die Gemeinschaft keine einheitliche "Eurokultur" geschaffen werden soll.[499] Dies wiederum spricht dafür, auf den Kulturbegriff jedes einzelnen Mitgliedstaates abzustellen. Ungeachtet der Tatsache, dass der Begriff "Kultur" ein gemeinschaftsrechtlicher Vertragsbegriff ist, muss demnach die "prinzipielle Definitionsgewalt darüber, was ein Mitgliedstaat unter kulturellen Angelegenheiten versteht, bei ihm verbleiben".[500] Dabei darf der jeweilige Mitgliedstaat diese Definitionsgewalt jedoch nicht missbrauchen und sich den aus dem Vertrag resultierenden Pflichten entziehen.

Nach Artikel 151 Abs. 2 EGV kann die Gemeinschaft unter anderem in Bereichen des künstlerischen und literarischen Schaffens, einschließlich des audiovisuellen Bereichs tätig werden.[501] Die ausdrückliche Erwähnung des audiovisuellen Bereichs macht deutlich, "dass die mediale Verbreitung geistiger Werke miterfasst, also der Rundfunk in den Kulturbegriff gerade eingeschlossen werden soll".[502] Auch die Entscheidung des EuGH in der Sache TV 10 SA vom 5.10.1994[503] bestätigt diese Annahme, indem sie die kulturelle Bedeutung des

---

[498] *Dörr*, Die Entwicklung des Medienrechts, NJW 1995, S. 2236, 2265.

[499] *Lenz*, aaO, Rn. 2.

[500] *Dörr*, Die Rolle des öffentlich-rechtlichen Rundfunks in Europa, aaO, S. 28 ff.; *ders.*, Möglichkeiten und Grenzen europäischer Medienpolitik, aaO, S. 98 f.; so auch *Eberle*, Das Fernsehen im Zugriff des europäischen Rechts, aaO, S. 949.

[501] Die Streitfrage, ob es sich bei den in Abs. 2 enthaltenen Handlungsfeldern um eine abschließende oder lediglich um eine beispielhafte Aufzählung handelt, kann für diesen Themenbereich dahingestellt bleiben, zumal der hier interessierende audiovisuelle Bereich schon explizit erfasst ist. Zu diesem Streit s. *Ress*, aaO, S. 947; *Bohr/Albert*, Die Europäische Union, ZRP 1993, S. 61, 64.

[502] *Dörr*, Die Rolle des öffentlich-rechtlichen Rundfunks in Europa, aaO, S. 29; so auch *Eberle*, Das Fernsehen im Zugriff des europäischen Rechts, aaO, S. 950; *Holznagel*, Rundfunkrecht in Europa, aaO, S. 131.

[503] S. *EuGH*, Urteil v. 5.10.1994, Rs C-23/93 *(TV10 SA)* in: Slg. 1994, S. I 4795 ff.

Rundfunks deutlich hervorgehoben hat; insofern hindert nichts daran, den Rundfunk auch als Teil der Kultur anzusehen.[504]

Wie oben bereits festgestellt, gilt jedoch gerade keine gemeinschaftsweite uniforme Kulturvorstellung, da im kulturellen Bereich die Hoheitsgewalt prinzipiell bei den Mitgliedstaaten verbleibt. Dies wirkt sich natürlich auch auf den Begriff des Rundfunks als Teil der Kultur aus. Insofern muss davon ausgegangen werden, dass sich das Gemeinschaftsrecht auch für den Rundfunkbereich zu einem Europa bekennt, in dem die Mitgliedstaaten ihren Gestaltungswillen ganz im Sinne ihrer nationalen Traditionen, eines Europas der Regionen und der kulturellen Vielfalt ausüben.[505] Somit kommt dem Kulturverständnis der Mitgliedstaaten und aus der unsrigen Sicht insbesondere dem deutschen Kulturverständnis eine große Bedeutung zu, wenn man den Gestaltungs- und Kompetenzbereich der europäischen Mitgliedsländer im Rundfunkwesen bestimmen will. Dementsprechend ist es angebracht, auch hier auf die Rechtsprechung des Bundesverfassungsgerichts einzugehen, da ihr als "Hüterin der Verfassung" letztendlich die Definitionsgewalt obliegt, mit welcher das Mitgliedsland Bundesrepublik Deutschland den Begriff des Rundfunks bestimmt.

Neben den bereits oben erwähnten Fernseh-Urteilen ist hier zunächst das Maastricht-Urteil vom 12.10.1993[506] zu nennen, das zwar nicht den Rundfunkbegriff als solchen zum Gegenstand hat, aber grundlegende Weichenstellungen zum Verhältnis des deutschen Verfassungsrechts und des europäischen Gemeinschaftsrechts vorgenommenen hat, wodurch auch wichtige Aussagen zum Medien- und Rundfunkrecht getroffen wurden. In seiner Entscheidung betont das Bundesverfassungsgericht nämlich seine grundsätzliche Aufgabe, den Wesensgehalt der durch das Grundgesetz gewährleisteten Grundrechte auch gegenüber der Europäischen Union zu sichern. Dabei will das Bundesverfassungsgericht insoweit aber seine Gerichtsbarkeit über die Anwendbarkeit von abgeleitetem Gemeinschaftsrecht in Deutschland im Hinblick auf den Wesensgehalt der Grundrechte in einem sog. Kooperationsverhältnis zum EuGH ausüben. Da hierbei z.B. auch der Wesensgehalt des bundesdeutschen Verfassungsbegriffs der Rundfunkfreiheit erfasst ist und der Zweite Senat in seinem ausdrücklichen Hinweis auf Artikel 128 EGV (nunmehr Artikel 151 EGV) diesen als kompetenzbegrenzend auslegt, muss die EU also die oben dargestellte bundesverfassungsgerichtliche Auffassung des Artikel 5 Abs. 2 GG hinreichend berücksich-

---

[504] Vgl. *Dörr*, Die Rolle des öffentlich-rechtlichen Rundfunks in Europa, aaO., S. 29; *ders.*, Die Entwicklung des Medienrechts, aaO, S. 2265; *Trautwein*, Grenzen der Dienstleistungsfreiheit im Fernsehbereich, ZUM 1995, S. 324 f.

[505] Vgl. *Lenz*, aaO, Rn. 2 ff.

[506] *BVerfG*, Urteil v. 12.10.1993 (2 BvR 2134, 2159/92), in: BVerfGE 89, 155 ff.

tigen.[507] Bereits die erste Rundfunk-Entscheidung aus dem Jahre 1961 bringt zum Ausdruck, dass der Rundfunk jedenfalls auch ein kulturelles Phänomen ist[508], was insoweit im Urteil zur EG-Fernsehrichtlinie vom 22.3.1995[509] nochmals bestätigt wurde. Die zweite Rundfunk-Entscheidung[510] knüpft daran an und bestimmte, dass die Veranstaltung von Rundfunksendungen durch die öffentlich-rechtlichen Rundfunkanstalten keine gewerbliche Tätigkeit im Sinne des Umsatzsteuergesetzes darstelle. Insofern sei Rundfunk eine Sache der Allgemeinheit, die überparteilich und unter Mitwirkung aller gesellschaftlich-relevanten Kräfte zu organisieren sei, wodurch der Rundfunk dem kulturellen Bereich zuzurechnen sei.[511]

Seit Einführung der dualen Rundfunkordnung auch in Deutschland erscheint es allerdings erforderlich, die Auffassung, der Rundfunk sei Bestandteil der Kultur, vor dem Hintergrund von öffentlich-rechtlichem und privatem Rundfunkwesen differenzierter zu betrachten und dabei die unterschiedlichen Funktionen von öffentlich-rechtlichen und privaten Sendern zu berücksichtigen. In Anbetracht des Artikels 151 EGV könnten sich nämlich verschiedene Anwendungs- und Kompetenzbereiche für den öffentlich-rechtlichen Rundfunk einerseits und den privaten Rundfunk andererseits ergeben.[512]

Dem öffentlich-rechtlichen Rundfunk wurde seit jeher eine kulturelle Funktion wegen des ihm zugrundeliegenden Grundversorgungsauftrags zugesprochen. Die damit gestellte Aufgabe umfasse die essentiellen Funktionen des Rundfunks für die demokratische Ordnung ebenso wie für das kulturelle Leben in der Bundesrepublik.[513] Da die Rundfunkfreiheit des Artikel 5 Abs. 1 S. 2 GG der freien, individuellen und öffentlichen Meinungsbildung dient und diese als Grundvoraussetzung für eine funktionsfähige Demokratie gelte, hat das Bundesverfassungsgericht darauf aufbauend den öffentlich-rechtlichen Rundfunkanstalten die Aufgabe der umfassenden medialen Versorgung als Pflichtauftrag zugewiesen und mit einer Bestands- und Entwicklungsgarantie versehen.[514] Insgesamt ist daher nach deutschem Rechtsverständnis zumindest der öffentlich-rechtliche

---

[507] Vgl. *Dörr*, Entwicklung des Medienrechts, aaO, S. 2266 f.
[508] BVerfGE 12, 205, 229.
[509] *BVerfG*, Urteil v. 22.3.1995 (2 BvG 1/89), in: BVerfGE 92, 203 ff.; s. auch *Kresse/Heinze*, Der Rundfunk: Das "jedenfalls auch kulturelle Phänomen", ZUM 1995, S. 394 ff.
[510] BVerfGE 31, 314 ff.
[511] Vgl. auch *Dörr*, Die Rolle des öffentlich-rechtlichen Rundfunks in Europa, aaO, S. 31.
[512] Zu Aufgaben und Zukunft öffentlich-rechtlichen Fernsehens s. auch eine im Auftrag der Bertelsmann Stiftung von Booz Allen & Hamilton erstellte Studie: *Mattern/Künstner/Zirn*, Fernsehsysteme im internationalen Vergleich, in: *Hamm* (Hrsg.), Fernsehen auf dem Prüfstand, 2. Aufl., 1998, S. 11 ff.
[513] BVerfGE 73, 118 ff.
[514] S. *Dörr*, Die Rolle des öffentlich-rechtlichen Rundfunks in Europa, aaO, S. 32.

Rundfunk jedenfalls auch und in erster Linie als Teil des kulturellen Bereichs anzusehen.[515]

Während das Bundesverfassungsgericht in seiner Rechtsprechung festgestellt hat, dass ein breites Programmangebot und die Gewährleistung der Meinungsvielfalt unter den Rahmenbedingungen des dualen Systems einen funktionsfähigen öffentlich-rechtlichen Rundfunk voraussetzt, machte es auch klar, dass nur das Angebot des öffentlich-rechtlichen Rundfunks die Veranstaltung des privaten Rundfunks überhaupt legitimiert. Insofern sei der private Rundfunk verfassungsrechtlich lediglich dann hinnehmbar, wenn der öffentlich-rechtliche Rundfunk seine gesetzlich vorgegebenen Funktionen uneingeschränkt erbringen und im Wettbewerb mit privaten Veranstaltern bestehen könne.[516] Diese Rechtsprechung macht deutlich, dass in der Bundesrepublik Deutschland die rechtliche Einordnung des privaten Rundfunks wesentlich von der des öffentlich-rechtlichen Rundfunks abweicht. Da der private Rundfunk in Deutschland gerade nicht von einem Grundversorgungsauftrag geprägt, sondern lediglich hinnehmbar ist, solange der öffentlich-rechtliche Rundfunk funktioniert, könnte daran gezweifelt werden, dass nach deutschem Rechtsverständnis auch der private Rundfunk vornehmlich als Teil des kulturellen Bereichs anzusehen ist. Während die Entscheidung des Bundesverfassungsgerichts zur EG-Fernsehrichtlinie zeigt, dass neben der gesellschaftspolitischen und kulturellen Dimension des Rundfunks allgemein auch die wirtschaftliche Bedeutung durchaus gesehen wird[517], muss man für den durch Werbeeinnahmen finanzierten privaten Rundfunk im speziellen sagen, dass der wirtschaftliche Aspekt eindeutig im Vordergrund steht. Allerdings ist in diesem Zusammenhang darauf hinzuweisen, dass der verfassungsrechtliche Schutz der Rundfunkfreiheit im Sinne des Artikel 5 Abs. 1 GG prinzipiell auch für den privaten Rundfunk gilt. Überdies ist auch für die Privaten ein Grundstandard maßgeblich, der die wesentlichen Voraussetzungen von Meinungsvielfalt umfassen muss, nämlich: "die Möglichkeit für alle Meinungsrichtungen - auch diejenigen von Minderheiten -, im privaten Rundfunk zum Ausdruck zu gelangen, und den Ausschluss einseitigen, in hohem Maße ungleichgewichtigen Einflusses einzelner Veranstalter oder Programme auf die Bildung der öffentlichen Meinung, namentlich die Verhinderung des Entstehens vorherrschender Meinungsmacht".[518] Schließlich hat das Bundesverfassungsgericht trotz der unterschiedlichen Einstufung von privatem und öffentlich-rechtlichem Rundfunk klargestellt, dass in einer dualen Rundfunkordnung der Gesetzgeber verfassungsrechtlich nicht gehalten ist, beide

[515] Insofern auch Dörr, Die Rolle des öffentlich-rechtlichen Rundfunks in Europa, aaO, S. 33.
[516] BVerfGE 83, 238, 297.
[517] BVerfGE 92, 203 ff.; vgl. auch *Deringer*, Pyrrhussieg der Länder, ZUM 1995, S. 316 ff.
[518] BVerfGE 73, 118.

Rundfunkveranstalter strikt voneinander zu trennen.[519] Dies hat somit auch im privaten Sektor die Konsequenz, dass die nach dem Grundgesetz geschützten Elemente der Rundfunk- und Meinungsbildungsfreiheit stets zu berücksichtigen sind. Insofern bleibt festzuhalten, dass nach deutschem Verständnis, zu dessen Anwendung man im Rahmen des Artikels 151 EGV im audiovisuellen Bereich kommt, auch der private Rundfunk nicht nur wirtschaftlicher Faktor, sondern zumindest auch als kulturelle Einrichtung zu begreifen und einzuordnen ist.

Auf der Basis der grundsätzlichen Primärzuständigkeit der Mitgliedstaaten für die Kultur und ihrer Definitionsgewalt darüber, was unter kulturellen Angelegenheiten zu verstehen ist, gründet sich die Folgerung, dass es Sache Deutschlands - wie auch jedes anderen Mitgliedstaates - ist, auf welche Weise und in welchem Umfang es den Rundfunk in seiner kulturellen Bedeutung und mithin auch die Rangfolge von Fernsehprogrammen bei der Belegung von Kabelkanälen in den Kabelnetzen regelt und gestaltet.[520] Abschließend bleibt festzuhalten, dass die Europäische Gemeinschaft stets die internationale und regionale Vielfalt im Rundfunkbereich zu beachten hat und deswegen allenfalls äußerst vorsichtig und zurückhaltend tätig werden darf, sobald auch kulturelle Aspekte berührt sind. Trotzdem ist davon auszugehen, dass die EG, gestützt auf Artikel 151 EGV, in Zukunft noch mehr als bisher "Kulturförderung" - wie auch immer diese aussehen mag - betreiben wird. Den sich daraus ergebenen Kompetenzstreitigkeiten zwischen Gemeinschaft und Mitgliedstaaten kann auch durch den neuen Artikel 151 EGV kein endgültiger Einhalt geboten werden, da diese Regelung insofern letztendlich zu viel Auslegungsspielraum gelassen hat.

Die Behandlung weiterer verfassungsrechtlicher Bestimmungen würde an dieser Stelle zu weit und zu Wiederholungen führen, so dass grundgesetzlich geschützte Interessen wie die Eigentumsfreiheit gemäß Art. 14 GG oder die Berufsfreiheit gemäß Art. 12 GG im Rahmen der eigentlichen Rechtmäßigkeitsprüfung von Must-Carry für digital verbreitete Fernsehprogramme in den Blickpunkt der Untersuchung gestellt werden.

---

[519] BVerfGE 83; S. 238 f.

[520] In diesem Zusammenhang zu den deutschen Kabelbelegungsregelungen vgl. auch *Dörr*, Möglichkeiten und Grenzen europäischer Medienpolitik, aaO, S. 101 f.

IV. Die Digitalisierung des Kabelfernsehens

Im Vergleich zum klassischen analogen Rundfunk gestaltet sich die Distribution digitalen Fernsehens[521] aufgrund einer Reihe erforderlicher, technisch-administrativer Dienstleistungen[522] weitaus komplexer, so dass diesem Umstand auch im Rahmen gesetzlicher Einspeiseregeln Rechnung getragen werden muss.[523] Um die Rechtmäßigkeit entsprechender Einspeiseregulierung, insbesondere der Must-Carry-Regeln, beurteilen zu können, ist es unumgänglich, an dieser Stelle die technischen Zusammenhänge der Digitalisierung im Bereich des Kabelfernsehens zu erläutern. Während die technischen Vertriebsdienstleistungen zusammengenommen die technische Plattform des digitalen Fernsehens bilden, ist davon die Vermarktungs- bzw. Programmplattform zu trennen.[524]

1. Die technische Plattform des digitalen Kabelfernsehens

Wie bereits zuvor erwähnt, bilden die einzelnen technisch zur digitalen Programmübertragung notwendigen Vertriebsdienstleistungen zusammengenommen die sogenannte technische Plattform des digitalen Fernsehens. Im einzelnen handelt es sich dabei um die folgenden Dienstleistungen:

a. Die Digitalisierung und die Datenkompression

Digitalisierung - wie man sie in Bereichen der Telekommunikations- und Computertechnologie schon seit langem kennt - bedeutet nichts anderes, als die Übersetzung jedweder Daten (Text, Bild und Ton) mittels standardisierter Kodierung in einen computerlesbaren, nur aus Einsen und Nullen bestehenden Binär-

---

[521] Für eine schematische Darstellung digitalen Fernsehens s. die Abbildung bei *Schrape*, Digitales Fernsehen - Marktchancen und ordnungspolitischer Regelungsbedarf, 1995, S. 10.

[522] Zu den einzelnen Dienstleistungen digitalen Fernsehens s. insbesondere *Weisser*, Dienstleistungen zum Vertrieb digitaler Pay TV-Angebote, ZUM 1997, S. 877 ff.; *Schulz/Seufert/Holznagel*, Digitales Fernsehen, 1999, S. 71 ff.; *König*, aaO, S. 27 ff.; *Ziemer*, aaO, S. 160 ff.

[523] S. zur Digitalisierung im Bereich des Fernsehens ausführlich u.a. *Breunig*, Marktchancen des digitalen Fernsehens, 1997, S. 18 ff.; *König*, aaO, S. 19 ff.; *Gersdorf*, Chancengleicher Zugang zum digitalen Fernsehen, aaO, S. 11 ff.; *ders.*, Regelungskompetenzen bei der Belegung digitaler Kabelnetze, aaO, S. 11 ff.; *Holznagel*, Zugangsprobleme beim digitalen Fernsehen, 1997, S. 5 ff.; *Schrape*, aaO, S. 3 ff.; *Hege*, Offene Wege in die digitale Zukunft, 1995, S. 13 ff.; *Schulz/Seufert/Holznagel*, aaO, S. 13 ff; *Wagner*, Rechtsfragen digitalen Kabelfernsehens, 1996, S. 11 ff.

[524] Vgl. *Weisser*, Dienstleistungen zum Vertrieb digitaler Pay TV-Angebote, aaO, S. 879.

code.[525] Vereinfacht gesagt, ist es ein gemeinsamer Standard, der es ermöglicht, die verschiedenen Datentypen zu verbinden und in unbegrenzten Variationen darzustellen.[526] Beim Fernsehen wurden bis vor kurzem deshalb ausschließlich analoge Technologien für die Programmübertragung angewandt, da noch enorme Kapazitäten für den Transport digitalisierter Datenströme, insbesondere für Bewegtbilder, benötigt wurden.[527] Erst die digitale Kompressions- und Reduktionstechnologie, mit deren Hilfe die zu übertragenden digitalisierten Informationen in Bewegtbildern zu einem Bruchteil ihres nichtkomprimierten Speicherplatzes reduziert werden können[528], hat das volldigitalisierte Fernsehen möglich gemacht. Die Datenreduktion wird dadurch erreicht, dass nicht die Information für ein ganzes Bild wiederholt gesendet wird, sondern nur die für eine Änderung von einem Bild zum nächsten benötigten Daten; die Informationen, die sich nicht verändert haben, werden gespeichert und im nächsten Bild wieder verwendet.[529]

Aufgrund der verschiedenen Möglichkeiten bei der technischen Umsetzung der Reduktionsverfahren war in diesem Bereich eine Standardisierung erforderlich. Die zu diesem Zweck durch die US-amerikanische International Standards Organisation (ISO) und die International Electrotechnical Commission (IEC) eingesetzte gemeinsame Expertengruppe "Moving Pictures Experts Group" (MPEG) erarbeitete bereits Anfang der neunziger Jahre mehrere Standards (MPEG-Standards) für die sogenannte Quellcodierung von Audio- und Videobildsignalen.[530] Daneben entstand auch ein europäisches DVB-Projekt, das sich

---

[525] Für eine umfassende Erläuterung der Grundbegriffe der Digitaltechnik s. *Ziemer*, Digitales Fernsehen, aaO, S. 24 ff.

[526] S. *König*, aaO, S. 27.

[527] Vgl. *Schrape*, aaO, S. 11 ff. Zu den bei der Digitalisierung entstehenden, zu reduzierenden Bitraten und die "Definition" unterschiedlicher Bildqualitätsstufen - wie z.B. HDTV - s.a. *Breunig*, aaO, S. 22 ff. u. *Simmering*, HDTV - High Definition Television, 1989, S. 26 ff.; *Ziemer*, Digitales Fernsehen, aaO, S. 145 ff.

[528] Vereinfacht gesagt, wird nur noch jedes zwölfte Fernsehbild (als sog. Stützbild) vollständig gesendet, dazwischen jedoch nur die Bildelemente, die sich verändert haben. S. dazu die Abbildung bei *Schrape*, aaO, S. 13.

[529] Nach heutigem Stand der Technik kann in einem herkömmlichen 8 MHz-TV-Kanal die folgende Anzahl an Programmen übertragen werden: 1 Programm in HDTV-Qualität oder 4 Programme in EDTV-Qualität oder bis zu 10 Programme in SDTV-Qualität oder 16 Programme in LDTV-Qualität. HDTV (High Definition TV) = hochauflösendes Fernsehen; EDTV (Enhanced Definition TV) = heutiger Studiostandard; SDTV (Standard Definition TV) = vergleichbar dem heutigen Standard; LDTV (Low Definition TV) = Videobildqualität.

[530] Für Anwendungen im TV-Bereich ist der sogenannte MPEG-2-Standard entwickelt worden, der Bit-Raten zwischen 4 und 100 MBit/s übertragen kann. Überdies ist die Bitrate des Quellensignals um bis zu 90 Prozent reduzierbar, wobei zur Reduzierung der redundanten und irrelevanten Anteile psychooptische Effekte (z.B. begrenztes Auflösungsvermögen des menschlichen Auges für Farbe) genutzt werden. Zu den verschiedenen Standards der Daten-

die Entwicklung und Einführung von Digitalem Fernsehen in Europa zum Ziel gemacht hat.[531] Die dafür verantwortlich zeichnende DVB-Group ist eine Industrieorganisation, bestehend aus Satelliten- und Kabelnetzbetreibern, Rundfunkveranstaltern, geräteherstellender Industrie und Aufsichtsinstanzen bzw. Behörden aus allen europäischen Ländern. Für Quellcodierung und Multiplexing hat sie mittlerweile den MPEG-2-Standard als DVB-Standard übernommen.[532] Aufgrund des einheitlichen Standards bei der Datenkompression und -reduktion kann nunmehr das Programmsignal über die ganze Distributionskette von der Aufnahme im Studio bis zum Fernsehzuschauer zu Hause durchgängig digital verbreitet werden.[533]

b. Das Multiplexing

Neben der Datenkompression ist das anschließende Multiplexing[534] ein weiterer erforderlicher Bestandteil der digitalen Programmübertragung. Im Multiplexverfahren werden die verschiedenen Datenströme zu einem kontinuierlichen Transport-Datenstrom vereinigt. Die Bild-, Ton- und/oder Textsignale verschiedener Fernsehprogramme können somit zeitgleich über einen herkömmlichen Übertragungskanal fließen und müssen beim Empfänger - durch das sogenannte De-Multiplexing - wieder in Signale unterschiedlicher Programme aufgelöst werden.[535] Bis alle Umwandlungsfunktionen zukünftig in die Empfangsgeräte integriert sein werden, benötigt der Fernsehzuschauer einen Decoder, die sogenannte Set-Top-Box[536], die die digitalen, komprimierten und "gemultiplexten" Signale

---

kompression und den technischen Einzelheiten s.a. *Breunig*, aaO, S. 24 ff.; *König*, aaO, S. 28 f. Zu weiteren technischen Entwicklungen auf diesem Gebiet s. *Sewczyk*, Entwicklungen im Bereich des digitalen Fernsehens in den USA und in Deutschland/Europa, in: *Kremp/Mielke*, aaO, S. 17 ff.

[531] S. *Ziemer*, Digitales Fernsehen, aaO, S. 239 ff.

[532] Vgl. *Schrape*, aaO, S. 15 f. Zu MPEG als Weltstandard s. auch *Ziemer*, Digitales Fernsehen, aaO, S. 242 ff.

[533] Vgl. *König*, aaO, S. 27 f.

[534] Für eine illustrationsreiche Darstellung des Multiplexverfahrens im sog. Play-Out-Center s. die Abbildung bei *Holznagel*, Zugangsprobleme beim digitalen Fernsehen, aaO, S. 9.

[535] Zu den Einzelheiten s. *Wagner*, aaO, S. 14 u. *Breunig*, aaO, S. 26 f.

[536] Die wichtigsten Digital-TV-Empfangsgeräte in Europa sind die d-box der KirchGruppe in Deutschland, die Mediabox und Open TV. Für eine umfassende Darstellung der unterschiedlichen Decoder-Systeme und Hersteller s. *ALM Jahrbuch 1997/1998*, S. 351 ff. Experten sagen voraus, dass eine hochentwickelte Set-Top-Box das Potential besitzt, als Verbindungsglied zwischen den verschiedenen elektronischen Geräten, Personal Computer, Fernseher, Videorecorder, Telefon und Faxgerät das Zentrum der multimedialen Welt zu werden. S. *König*, aaO, S. 34 unter Bezug auf *Westerkamp*, Digitales Satelliten-Fernsehen in den USA, Medienspiegel 25/1995, S. 9, 14. Zur Darstellung der Funktionen der Set-Top-Box s.a. *König*,

in analoge, von den derzeit noch herkömmlichen Fernsehgeräten empfangbare Signale umwandelt und entbündelt.[537] Der Bandbreitenbedarf eines digitalen Fernsehkanals schrumpft aufgrund der Kombination von Kompression und Multiplexing dementsprechend auf einen Bruchteil des analogen Bandbreitenbedarfs. Während bei der analogen Übertragungstechnik nur ein Programm pro Kabelkanal in eine Richtung durchgeleitet werden kann, können aufgrund dieser Technik nunmehr sechs bis zehn Programme - je nach Qualität - pro Fernsehkanal weiterverbreitet werden.[538] Die Zahl der Fernsehprogramme, die in den heutigen Breitbandkabelnetzen der Deutschen Telekom weiterverbreitet werden können, wird im Zuge der Komplettdigitalisierung dementsprechend von derzeit rund 32 auf 150 bis über 300 Programme ansteigen.[539] Die mögliche Interaktivität digitaler Fernsehprogramme[540] und Dienste[541] hängt jedoch von der weiteren Aufrüstung der Netzinfrastruktur in ein dialogfähiges Netzsystem ab.

c. Die Verschlüsselung und der Conditional Access

Neben Analog-/Digitalumwandlung, Datenkompression und Multiplexing findet bei der digitalen Rundfunkübertragung gegebenenfalls auch eine Verschlüsselung der Signale[542] statt, je nachdem, ob das Programm in Form von Pay-TV[543]

---

aaO, S. 35 ff. Allgemein und ausführlich zu den Endgeräten für digitales Fernsehen s. auch *Ziemer*, Digitales Fernsehen, aaO, S. 310 ff.

[537] S. *König*, aaO, S. 28; *Hege*, aaO, S. 11; *Schrape*, aaO, S. 9.

[538] Vgl. auch *Rüter*, Die künftige Bedeutung des digitalen Fernsehens in Deutschland, in: *Kremp/Mielke*, aaO, S. 13. Er spricht davon, dass das Verhältnis analog zu digital je nach technischer Qualität der Programme zwischen 1:4 bis zu 1:10 beträgt.

[539] Die Telekom plant stellenweise sogar den Ausbau der Kabelnetze auf ca. 500 Kanäle. S.a. *Schuler-Harms*, Das Rundfunksystem der Bundesrepublik Deutschland, Internationales Handbuch für Hörfunk und Fernsehen 1998/1999, S. 137. Bemerkenswert in diesem Zusammenhang ist auch, dass heute bereits allein die vorhandenen Kapazitäten der auf Europa gerichteten Rundfunksatelliten ausreichen würden, um mehr als tausend digitale TV-Programme zu übertragen.

[540] Die Bertelsmann Broadband Group hat im Februar 2000 im neunten Stock eines Büroturms am Millerntor in Hamburg einen Showroom installiert, der Besucher auf das interaktive TV einstimmen soll. Im Frühjahr 2000 soll interaktives Fernsehen in zehn weiteren deutschen Städten getestet werden. S. QuickLinks – Convergence of telecommunications, media and information technology, Issue no. 144 vom 19.2.2000, im Internet abrufbar unter http://www.qlinks.net/quicklinks/converge.html. Für Anwendungsbeispiele vgl. Seeger, Strukturveränderungen des Rundfunks in Europa durch technischen Wandel, in: *Hoffmann-Riem/Vesting*, Perspektiven der Informationsgesellschaft, 1995, S. 103, 125.

[541] Wie z.B. Teleshopping, Telebanking oder Telelearning.

[542] Dies ist keine Besonderheit des digitalen Fernsehens, sondern wurde bereits im analogen Pay-TV und bei Online-Diensten verwendet.

angeboten werden soll.[544] Die Übertragung digitaler Pay-TV-Angebote erfordert dementsprechend ein "Conditional Access"-System, durch das sich der Zugang des Fernsehzuschauers zum Programm mit Hilfe eines Codierungsvorgangs vor der Übertragung und eines Decodierungsvorgangs beim Empfänger kontrollieren lässt.[545] Zugangsberechtigt ist nur der autorisierte Zuschauer, d.h. der Abonnent, der das entsprechende Entgelt für die Sendung zahlt.[546] Die Decodiervorrichtung in der Set-Top-Box lässt sich vom Betreiber entsprechend zu- und abschalten, wobei die Adressierung nach Kunden, regionalen Bereichen, Programmbeiträgen oder anbieterbezogen differenziert werden kann.[547] Das Zugangsberechtigungssystem besteht insgesamt also neben einem Verschlüsselungssystem und einer Entschlüsselungsfunktion auch aus einem System zur Kundenverwaltung, dem sogenannten "Subscriber Management System" (SMS)[548], und einem System zur Abonnentenautorisierung, dem "Subscriber Authorisation System" (SAS).[549] Mit dem Fernsehsignal wird dementsprechend ein Datenstrom übertragen, der Informationen über die Kanäle und insbesondere über die Empfangsberechtigung des Abonnenten enthält. Erhält der Decoder die Berechtigungsinformation, entschlüsselt er die vor der Übertragung verschlüsselten Fernsehsignale.[550] Hierbei besorgt die eigentliche Freischaltung eine zu diesem Zweck vom Kunden in den Decoder geschobene, kreditkartengroße Zugangsberechtigungskarte (sog. Smart-Card), welche die individuelle Berechtigung des jeweiligen Nutzers ausweist.

---

[543] Für eine Übersicht der verschiedenen Formen des Pay-TV (wie Pay-per-Channel, Pay-per-View, Near- and True-Video-on Demand etc.) s. *Eberle*, Neue Übertragungstechniken und Verfassungsrecht, ZUM 1995, S. 249 f.

[544] Zu Techniken der Zugangskontrollsysteme insgesamt s. *Ziemer*, Digitales Fernsehen, aaO, S. 337.

[545] S. im einzelnen *König*, aaO, S. 36 ff.; *Eberle*, Neue Übertragungstechniken und Verfassungsrecht, aaO, S. 251; *Holznagel*, Probleme der Rundfunkregulierung im Multimedia-Zeitalter, ZUM 1996, S. 16, 21 ff. Zur Zulässigkeit des Angebots von Access-Providing durch öffentlich-rechtliche Rundfunkanstalten s. *Libertus*, Access-Providing durch öffentlich-rechtliche Rundfunkanstalten, in: ZUM 1999, S. 889 ff.

[546] Vgl. *Weisser*, Dienstleistungen zum Vertrieb digitaler Pay TV-Angebote, aaO, S. 879.

[547] S. *Wagner*, aaO, S. 14.

[548] Unter SMS versteht man insofern die Speicherung und Verwaltung von Kundendaten, die Abrechnung von Leistungen, die Freischaltung der vom Abonnenten gewählten Programmpakete, Pay-per-View- und sonstige Angebote sowie andere Kundenserviceleistungen. S. *Weisser*, Dienstleistungen zum Vertrieb digitaler Pay TV-Angebote, aaO, S. 879.

[549] S. *König*, aaO, S. 36; *Weisser*, Dienstleistungen zum Vertrieb digitaler Pay TV-Angebote, aaO, S. 879.

[550] Zur Unterscheidung von geschlossenen und offenen Decodersystemen und deren Kompatibilität s. insbesondere *ALM Jahrbuch 1997/1998*, S. 351 ff. u. *König*, aaO, S. 36 ff.

d. Die Navigationssysteme

Die Vielfalt der digitalen Angebote mit Hunderten verschiedener Programme erschließt sich dem Fernsehzuschauer nur dann, wenn ihm durch eine Orientierungshilfe das Zurechtfinden in der Programmflut[551] und somit das Auffinden des jeweiligen Programms erleichtert wird. Zu diesem Zweck gibt es Navigationssysteme bzw. sogenannte "Electronic Program Guides" (EPGs).[552] Hierbei handelt es sich um eine im Betriebssystem der Set-Top-Box installierte Software, die regelmäßig durch Datenübertragung an die einzelnen Haushalte aktualisiert wird.[553] Der Betreiber des jeweiligen Navigationssystems sammelt zunächst die zugrundeliegenden Programmdaten der berücksichtigten Fernsehangebote (etwa Sendezeiten, Ablaufpläne oder redaktionelle Hintergrundinformationen), und diese werden dann als Teil des übermittelten Datencontainers an die Set-Top-Box weitergeleitet. Mittels der Software wird das Navigationsangebot schließlich auf dem Bildschirm des Fernsehzuschauers in Form eines Menüs dargestellt, wie es aus dem Computerbereich von graphischen Benutzeroberflächen bekannt ist. Es existieren verschiedene Ebenen der Programmpräsentation[554], die mit Hilfe der Fernbedienung durchwandert werden können.[555] Während sich der Nutzer angesichts der Fülle der Programme mit Hilfe des Navigationssystems thematisch oder nach Interessenschwerpunkten sortierte Gruppen selbst zusammenstellen kann, um seine Orientierung und Auswahl zu erleichtern, kann er durch die Anwahl eines Menüpunktes unmittelbar in ein Fernsehprogramm seiner Wahl und gegebenenfalls die dazugehörige Hintergrundinformation einblenden.[556]

Während die meisten, insbesondere die kleineren, finanzschwächeren Rundfunkveranstalter auf den Betrieb eines Navigationssystems durch Dritte angewiesen sein werden, ist davon auszugehen, dass in Zukunft einzelne Programm-

---

[551] S. *Weiss/Wood*, Was elektronische Programmführer leisten sollten, MMR 1998, S. 239, die in diesem Zusammenhang den interessanten und passenden Ausdruck "channel-avalanche universe of digital television broadcasting" kreierten.

[552] S. insbesondere *Libertus*, Grundversorgungsauftrag und elektronische Benutzerführersysteme, ZUM 1996, S. 394 f.; *Wagner*, aaO, S.14; *König*, aaO, S. 42; *Weiss/Wood*, aaO, S. 239 ff.; *Ziemer*, Digitales Fernsehen, aaO, S. 327 ff.

[553] Zur Funktionsweise eines Navigationssystems s.a. *Hege*, aaO, S. 39 f.; *Holznagel*, Zugangsprobleme beim digitalen Fernsehen, aaO, S. 14 ff.; *ders.*, Probleme der Rundfunkregulierung im Multimedia-Zeitalter, aaO, S. 24.

[554] Zur Unterscheidung zwischen Navigationssystem und EPG s. *Libertus*, Grundversorgungsauftrag und elektronische Benutzerführersysteme, aaO, S. 395.

[555] S. *König*, aaO, S. 42.

[556] Für weitere Möglichkeiten der Navigationssysteme bzw. von den Programmanbietern selbst erstellte "elektronische Zeitschriften" s. *Wagner*, aaO, S. 14; *König*, aaO, S. 42 f., *Eberle*, Neue Übertragungstechniken und Verfassungsrecht, aaO, S. 252; *Holznagel*, Probleme der Rundfunkregulierung im Multimedia-Zeitalter, aaO, S. 24; *Westerkamp*, aaO, S. 12.

veranstalter bzw. Veranstaltergruppen eigene, proprietäre elektronische Programmführer entwickeln werden.[557] Da diese mit dem Benutzerführungssystem der Set-Top-Box mittels einer technischen Schnittstelle (API = Application Programming Interface)[558] verknüpft werden müssen[559], ist die allgemeine Kompatibilität der Programmierschnittstelle erforderlich, um die Anwendung proprietärer Navigationssysteme einzelner Programmveranstalter über die Set-Top-Box anderer Anbieter zu ermöglichen.[560]

e. Die Kabelweiterleitung

Während all diese zur und vor der digitalen Übertragung erforderlichen technischen Dienstleistungen bei der Satellitenübertragung am Ort der Uplink-Station erbracht werden, werden sie bei der Kabelübertragung regelmäßig an der Kopfstelle der jeweiligen Breitbandkabelanlage erbracht.[561] Sollen Satellitenprogramme im Kabel digital weiter übertragen werden, reicht die einmalige technische Aufbereitung der Signale an der Uplink-Station des Satellitensystems aus, sofern eine dem Satellitentransponder entsprechende Kabelkapazität im Verhältnis 1:1 verfügbar ist. Ist dies allerdings nicht der Fall oder sollen zusätzliche regionale Angebote (Fernsehen, Hörfunk oder Datendienste) aus dem Gebiet der jeweiligen Kabelanlage eingespeist werden, ist ein regionales Multiplex-

---

[557] Vgl. *Weisser*, Dienstleistungen zum Vertrieb digitaler Pay TV-Angebote, aaO, S. 879; *Gersdorf*, Chancengleicher Zugang zum digitalen Fernsehen, aaO, S. 75. Bereits im Mai 1999 haben die zur ProSieben-Gruppe gehörende Starwatch Navigation, der Deutsche Supplement Verlag, der Ringier Verlag, Swiss TXT und ZDF-Enterprises ein gemeinsames Unternehmen für Fernseh-Programminformationsdaten namens "EPS Programm Service AG" gegründet. Ziel der EPS ist es, Fernseh-Programminformationsdaten zu beschaffen, redaktionell aufzubereiten und TV-Sendern und Kabelbetreibern zur Verfügung zu stellen, wobei diese Programmdaten beim Aufbau elektronischer Programmführer genutzt werden sollen. Im Internet abrufbar unter: http://www.wuv.de

[558] "Application" bezeichnet in diesem Zusammenhang den Anwendungsfall für die Nutzung eines digitalen Übertragungsverfahrens. Für jede Applikation ist ein entsprechendes Übertragungsprotokoll erforderlich, damit die empfangende Seite das Signal der sendenden Seite richtig verarbeiten kann.

[559] S. *Weisser*, Dienstleistungen zum Vertrieb digitaler Pay TV-Angebote, aaO, S. 879.

[560] Noch am 24. Juni 1999 verkündeten die ARD-Intendanten bei einer Tagung in Bremen, dass sie ein Decoder-Monopol der d-box von Kirch befürchteten, da die Offenlegung der sogenannten Betanova-Programmierschnittstelle nicht ausreiche, um die Anforderungen der ARD zu erfüllen. Zwar erlaube der im Januar 1999 freigegebene Code des Kirch-Unternehmens Beta Research grundsätzlich die Programmierung eigener Applikationen, jedoch bestehe aus technischen Gründen dabei weiterhin eine "erhebliche Abhängigkeit" von Beta Research. Im Internet abrufbar unter: http://www.zdnet.de/news/artikel/1999/06/ 24004-wf.html.

[561] S. dazu insbesondere *Wagner*, aaO, S. 14 f.

Sendezentrum oder Play-Out-Center[562], welches die erforderlichen Dienstleistungen (Analog-/Digitalumwandlung, Datenreduktion, Multiplexing und gegebenenfalls Verschlüsselung) erbringen kann, unerlässlich. In dieser Anlage wird dann der vom Satelliten abgestrahlte Datenstrom aufgefangen, um ihn mit den regionalen Angeboten zu einem neuen Datenstrom zusammenzufassen und diesen dann über die digitalisierten Frequenzbereiche des Breitbandkabelnetzes zu den Empfängerhaushalten zu transportieren. Insgesamt entspricht es der heute allgemeinen Überzeugung, dass durch die Überführung der bisherigen analogen Übertragung in eine digitale neben der erheblichen Zunahme entgeltlicher Fernsehangebote unter anderem die Frequenzen effektiver genutzt und damit die Kapazitäten erhöht werden, Programm- und Serviceangebote verbessert und vermehrt werden[563], in größerem Umfang als bisher regionale und lokale Programme bzw. Dienste angeboten werden, mobiler und portabler Empfang ermöglicht werden[564] und die Investitions- und Betriebskosten der Anbieter[565] und Netzbetreiber erheblich vermindert werden.

2. Die Vermarktungs- bzw. Programmplattform des digitalen Kabelfernsehens

Von der technischen Plattform des digitalen Fernsehens ist die Vermarktungs- bzw. Programmplattform abzugrenzen.[566] Die durch die bessere Kapazitätsnutzung ermöglichte Erweiterung der Programmpalette eröffnet Fernsehveranstaltern die Chance, spezielle (Pay-)TV-Angebote für die unterschiedlichsten Zielgruppen zu vertreiben. Für die Vermarktung und den Betrieb von Pay-TV-Angeboten hat sich international mittlerweile das Modell der Paketierung durchgesetzt. Bei der Paketierung werden mehrere Programme zu verschiedenen Abonnementpaketen gebündelt.[567] Diese Art der Programmbündelung wird in Zukunft nicht nur für Bezahlfernsehen, sondern auch für herkömmliche, frei

---

[562] Vgl. die Bezeichnung bei *Holznagel*, Zugangsprobleme beim digitalen Fernsehen, aaO, S. 9.

[563] Vgl. zu den Vorteilen der Digitalisierung des Fernsehens und zur erwarteten Marktveränderung, in der die herkömmlichen Fernsehprogramme deutliche Marktanteile verlieren und diese zu Multimedia und interaktiven Angeboten hinüberwandern werden, die Ausführungen bzw. Prognose von *Ziemer*, Der Stand der technischen Entwicklung des digitalen Fernsehens in Deutschland/Europa, in: *Kremp/Mielke*, aaO, S. 20 f.

[564] Dies gilt allerdings nur für DVB-T.

[565] Während die analoge technische Verbreitung einen Rundfunkbetreiber jährlich rund 180 Millionen DM kosten soll, würde z.B. eine digitale terrestrische Verbreitung per DVB-T-System Kosten in Höhe von nur ca. 12 Millionen DM verursachen; vgl. *Rüter*, Die künftige Bedeutung des digitalen Fernsehens in Deutschland und *Ressing*, Digitales Fernsehen - Geschäft in der Krise, beide in: *Kremp/Mielke*, aaO, S. 13 u. 37.

[566] S. *Weisser*, Dienstleistungen zum Vertrieb digitaler Pay TV-Angebote, aaO, S. 879.

[567] Daneben werden auch bestimmte, auf ganz spezielle Zielgruppen zugeschnittene Programme als sog. Stand-alone-Programme einzeln vermarktet.

empfangbare Programme Verbreitungs- und Vermarktungspraxis werden, so dass es für jeden Programmanbieter von großem Interesse sein wird, in ein Vermarktungspaket einer größeren Programmplattform aufgenommen zu werden, um so seine Reichweite und seine Chancen auf Marktakzeptanz zu erhöhen.

3. Der Zeitrahmen für das digitale Fernsehen in Deutschland

Wie bereits oben dargestellt, werden Fernsehprogramme in Deutschland heute über Kabel, Satellit und terrestrische Sender übertragen. Jeder Bereich hat dabei seine speziellen technischen Anforderungen, Marktsituationen, Kundenbeziehungen und rechtlichen Rahmenbedingungen. Dies hat zur Folge, dass ein einheitlicher Zeitrahmen für den Übergang bisheriger analoger zu künftiger digitaler Rundfunkübertragung nicht erreichbar ist.[568]

Während digitale Programme über Satellit bereits seit 1996 angeboten werden, gibt es digitales Kabelfernsehen erst seit 1997, und während im Satellitenbereich zur Zeit keine Kapazitätsengpässe erkennbar sind, ist das Kabel beim derzeitigen Ausbaustand - wie oben dargestellt - bereits an seine Kapazitätsgrenzen gestoßen.[569] Dies verstärkt für den Kabelbereich zusätzlich den Umstellungsdruck in Richtung frequenzeffizienterer digitaler Übertragungsverfahren, weil letztere die angestrebte Kapazitätserweiterung mit sich bringen und eine preisgünstigere und zukunftsorientiertere Maßnahme als der Ausbau in herkömmlicher Technik darstellen. Für den Distributionsweg Kabel ist die Digitalisierung als zukunftssichernde Maßnahme wegen der effektiveren Nutzung der Frequenzen, der geringeren Kosten der Programmübertragung und der neuen Programm- und Servicefunktionen also unerlässlich. Dabei soll sich der Ausbau digitaler Kapazitäten im Kabelnetz einerseits zwar möglichst schnell vollziehen, dies aber andererseits der Dynamik des Marktes überlassen bleiben. Gleichwohl wird - insbesondere mit Blick auf die Endgeräteentwicklung und die Planungssicherheit für die Endkunden - ein angemessener Zeitrahmen für die Umstellung von analog auf digital für erforderlich gehalten.[570]

Da die Netzbetreiber, Programm- und Diensteanbieter, Endgeräteindustrie, der Handel und das Handwerk eine zügige Digitalisierung entsprechend den Marktmöglichkeiten und in Erwartung marktgerechter Rahmenbedingungen anstreben, sollen sie laut Vorgaben der Bundesregierung sukzessive - bei Sicher-

---

568 Vgl. *AG-Bericht Initiative "Digitaler Rundfunk"*, aaO, S. 9 ff.
569 Nur einige wenige Kabelnetze sind - verglichen mit dem derzeitigen Regelausbau auf 450 MHz - auf 606 bzw. 862 MHz ausgerüstet.
570 Vgl. *AG-Bericht Initiative "Digitaler Rundfunk"*, aaO, S. 13.

stellung der Rundfunkversorgung für die Allgemeinheit auch in der Übergangsphase - bis zum Jahre 2010 digitale TV- und innovative weitere Dienste anbieten. Und dies mit dem Ziel, bis spätestens zum Jahre 2010 eine Marktdurchdringung mit Endgeräten, die auch digital empfangen können, von mehr als 95 Prozent je Versorgungsgebiet zu erreichen und auf diese Weise den Markt für analoge Rundfunk- und weitere Diensteangebote zu substituieren.[571] Der sog. "analog switch-off" ist in Deutschland - anders als z.B. in den USA[572] - also für das Jahr 2010 vorgesehen.[573]

---

[571] Die Digitalisierung der Satellitenübertragung erfolgt im Rahmen einer mit den Programmanbietern abgestimmten Simulcastphase, d.h. der gleichzeitigen analogen und digitalen Übertragung.

[572] S.o. In den USA soll der Übergang von der analogen zur digitalen Übertragungstechnologie, d.h. dass Fernsehveranstalter nur noch digital senden dürfen, bereits zum 31.12.2006 komplett abgeschlossen sein. S. FCC, *Fifth Report and Order*, aaO.

[573] Im Jahre 2003 soll diese Zielsetzung anhand der tatsächlichen (nationalen und internationalen) Entwicklung überprüft werden.

V. Der Vierte Rundfunkänderungsstaatsvertrag

Der Vierte Staatsvertrag zur Änderung rundfunkrechtlicher Staatsverträge (Vierter Rundfunkänderungsstaatsvertrag - RÄndStV)[574], der nach rund dreijähriger Vorbereitung vom 16.07.1999 bis 31.08.1999 unterzeichnet wurde und am 01.04.2000 in Kraft getreten ist[575], enthält nunmehr die schon im Dritten Rundfunkänderungsstaatsvertrag erwarteten, aber ausgebliebenen Regelungen für den digitalen Fernsehmarkt.[576] Insbesondere der IV. Abschnitt "Übertragungskapazitäten" hat mit der Einführung eines Must-Carry-Modells vor dem Hintergrund digitaler Verbreitung von Rundfunksignalen umfassende Änderungen erfahren.[577] Während nach der Maßgabe des Rundfunkstaatsvertrages alter Fassung ausschließlich die Landesmedienanstalten über die Zuordnung und Nutzung der Übertragungskapazitäten zur Rundfunkverbreitung entschieden, werden in § 52 RÄndStV nun auch die Betreiber digitalisierter Kabelanlagen in den Entscheidungsprozeß hinsichtlich der Kabelbelegung miteinbezogen.

1. Der Wortlaut der §§ 52 und 53 RÄndStV

Für die Programmweiterverbreitung und die Zugangsfreiheit in bzw. zu digitalisierten Kabelanlagen bestimmen die §§ 52, 53 RÄndStV folgendes:

§ 52 Weiterverbreitung

(1) Die zeitgleiche und unveränderte Weiterverbreitung von bundesweit empfangbaren Fernsehprogrammen, die in Europa in rechtlich zulässiger Weise und entsprechend den Bestimmungen des Europäischen Übereinkommens über das grenzüberschreitende Fernsehen veran-

[574] Abgedruckt u.a. in Bayer. GVBl. Nr. 7/2000, S. 116 ff.. Der Wortlaut ist auch im Internet abrufbar unter: www.artikel5.de/gesetze/rstv.html.

[575] Vgl. Art. 8 Abs. 2 RÄndStV. Voraussetzung war, dass alle 16 Länderparlamente ihre Ratifikationsurkunden bis zum 31. März 2000 beim Vorsitzenden der Ministerpräsidentenkonferenz hinterlegt haben. S.a. epd medien 13,14/00, S. 17; 26/00, S. 14 f.

[576] Der Staatsvertrag dient zugleich der Umsetzung der Richtlinie 95/47/EG sowie der Richtlinie 97/36/EG. Zum Vierten Rundfunkänderungsstaatsvertrag s. u.a. die Beiträge auf der Arbeitssitzung des Instituts für Urheber- und Medienrecht am 17.12.1999 im Literaturhaus in München: *Ring*, Der Vierte Rundfunkänderungsstaatsvertrag - Rechtsfolgen für die Praxis, in: ZUM 2000, S. 177 ff.; *Hesse*, Der Vierte Rundfunkänderungsstaatsvertrag aus der Sicht des öffentlich-rechtlichen Rundfunks, in: ZUM 2000, S. 183 ff.; *Kreile*, die Neuregelung der Werbung im 4. Rundfunkänderungsstaatsvertrag, in: ZUM 2000, S. 194 ff.; *Pappi*, Der 4. Rundfunkänderungsstaatsvertrag - Rechtsfolgen für die Praxis, in: ZUM 2000, S. 203.

[577] Vgl. hierzu insbesondere *Weisser/Lübbert*, Must-carry im Breitbandkabel, in: K&R 2000, S. 274 ff.

staltet werden, ist durch Landesrecht im Rahmen der vorhandenen Möglichkeiten zu gestatten. Die Weiterverbreitung von Fernsehprogrammen kann unter Beachtung europäischer rundfunkrechtlicher Regelungen ausgesetzt werden. Einzelheiten, insbesondere die Rangfolge bei der Belegung der Kabelkanäle, regelt das Landesrecht.

(2) Soweit Betreiber von digitalisierten Kabelanlagen Fernsehprogramme oder Mediendienste verbreiten, gelten hierfür die Bestimmungen der Absätze 3 bis 5.

(3) Der Betreiber einer Kabelanlage hat sicherzustellen, dass
1. die erforderlichen Übertragungskapazitäten für die für das jeweilige Land gesetzlich bestimmten Fernsehprogramme des öffentlich-rechtlichen Rundfunks einschließlich seiner Programmbouquets zur Verfügung stehen;
2. die Übertragungskapazität eines analogen Fernsehkanals für die im jeweiligen Land zugelassenen regionalen und lokalen Fernsehprogramme sowie die Offenen Kanäle zur Verfügung steht; soweit diese Übertragungskapazität danach nicht ausgeschöpft ist, richtet sich die Belegung nach Landesrecht; die landesrechtlichen Sondervorschriften für Offene Kanäle und vergleichbare Angebote bleiben unberührt;
3. die technischen Übertragungskapazitäten nach Nummern 1 und 2 im Verhältnis zu anderen digitalen Kanälen technisch gleichwertig sind;
4. Entgelte und Tarife für die Programme nach Nummern 1 und 2 offengelegt werden; Entgelte und Tarife sind im Rahmen des Telekommunikationsgesetzes so zu gestalten, dass auch regionale und lokale Angebote zu angemessenen und chancengleichen Bedingungen verbreitet werden können; die landesrechtlichen Sondervorschriften für Offene Kanäle und vergleichbare Angebote bleiben unberührt.

(4) Die Entscheidung über die nach Absatz 3 hinausgehende Belegung mit in digitaler Technik verbreiteten Fernsehprogrammen und Mediendiensten trifft der Betreiber
1. innerhalb einer weiteren Übertragungskapazität im Umfang von einem Drittel der für die digitale Verbreitung zur Verfügung stehenden Gesamtkapazität, soweit er darin unter Berücksichtigung der Interessen der angeschlossenen Teilnehmer eine Vielzahl von Programmveranstaltern sowie ein vielfältiges Programmangebot an Vollprogrammen, nicht entgeltfinanzierten Programmen, Spar

tenprogrammen und Fremdsprachenprogrammen einbezieht sowie Mediendienste angemessen berücksichtigt;
2. innerhalb darüber hinausgehender Übertragungskapazitäten allein nach Maßgabe der allgemeinen Gesetze.

(5) Der Betreiber einer Kabelanlage hat die Weiterverbreitung von Fernsehprogrammen oder Mediendiensten der zuständigen Landesmedienanstalt mindestens zwei Monate vor ihrem Beginn unter Vorlage eines Belegungsplanes sowie in den Fällen des Absatzes 3 seiner Vertragsbedingungen anzuzeigen. Werden die Voraussetzungen des Absatzes 3 und des Absatzes 4 Nr. 1 durch den Betreiber einer Kabelanlage nicht erfüllt, erfolgt die Auswahl der weiterverbreiteten digitalen Fernsehprogramme und die Belegung der digitalen Kanäle nach Maßgabe des Landesrechts. Zuvor ist dem Betreiber einer Kabelanlage eine angemessene Frist zur Erfüllung der gesetzlichen Voraussetzungen zu setzen. Bei Änderungen der Belegung gelten die Sätze 1 bis 3 entsprechend. (...)

§ 53 Zugangsfreiheit

(1) Anbieter von Diensten mit Zugangsberechtigung, die Zugangsdienste zu Fernsehdiensten herstellen oder vermarkten, müssen allen Veranstaltern zu chancengleichen, angemessenen und nichtdiskriminierenden Bedingungen technische Dienste anbieten, die es gestatten, dass deren Fernsehdienst von zugangsberechtigten Zuschauern mit Hilfe von Dekodern, die von den Anbietern von Diensten verwaltet werden, empfangen werden können. Die Diskriminierungsfreiheit ist nur dann gewährleistet, wenn die Dekoder über zugangsoffene Schnittstellen verfügen, die Dritten die Herstellung und den Betrieb eigener Anwendungen erlauben. Die Schnittstellen müssen dem Stand der Technik, insbesondere einheitlich normierten europäischen Standards entsprechen.

(2) Die Verpflichtung nach Absatz 1 gilt für Anbieter von Systemen entsprechend, die auch die Auswahl von Fernsehprogrammen steuern und die als übergeordnete Benutzeroberfläche für alle über das System angebotenen Dienste verwendet werden (Navigatoren). Navigatoren müssen nach dem Stand der Technik ermöglichen, dass im ersten Nutzungsschritt auf das öffentlich-rechtliche und private Programmangebot gleichgewichtig hingewiesen und ein unmittelbares Einschalten der einzelnen Programme ermöglicht wird.

(3) Ein Anbieter, der bei der Bündelung und Vermarktung von Programmen eine marktbeherrschende Stellung innehat, darf andere Anbieter, die einen solchen Dienst nachfragen, weder unmittelbar noch mittelbar unbillig behindern oder gegenüber gleichartigen Anbietern ohne sachlich gerechtfertigten Grund unmittelbar oder mittelbar unterschiedlich behandeln.

(4) Anbieter nach den Absätzen 1 und 2 haben die Aufnahme des Dienstes der zuständigen Landesmedienanstalt unverzüglich anzuzeigen. Sie haben zugleich der Landesmedienanstalt und Dritten, die ein berechtigtes Interesse geltend machen, alle technischen Parameter offenzulegen, deren Kenntnis erforderlich ist, um den Zugang nach den Absätzen 1 und 2 zu ermöglichen. Jede Änderung ist ebenfalls unverzüglich offenzulegen. Die Anbieter haben ferner die für die einzelnen Dienstleistungen geforderten Entgelte offenzulegen. Satz 3 gilt entsprechend. Der zuständigen Landesmedienanstalt sind hinsichtlich der Bedingungen der Absätze 1 bis 3 sowie hinsichtlich der technischen Parameter und Entgelte auf Verlangen jederzeit die erforderlichen Auskünfte zu erteilen.

(5) Die zuständige Landesmedienanstalt prüft, ob der Dienst oder das System den Anforderungen der Absätze 1 bis 4 entspricht. Sie stellt dies durch Bescheid fest. Der Bescheid kann mit Auflagen verbunden werden, die notwendig sind, um die Anforderungen nach den Absätzen 1 bis 4 zu erfüllen. Kann dies auch durch Auflagen nicht erreicht werden oder werden Auflagen trotz Fristsetzung nicht erfüllt, untersagt die Landesmedienanstalt das Angebot des Dienstes oder des Systems.

(6) Veranstalter können bei der zuständigen Landesmedienanstalt Beschwerde einlegen, wenn ein Anbieter von Diensten ihnen gegenüber eine der Bestimmungen der Absätze 1 bis 4 verletzt. Die Landesmedienanstalt hört den Anbieter des Dienstes an. Hält sie die Beschwerde für begründet, gibt sie dem Anbieter unter Setzen einer angemessenen Frist Gelegenheit, der Beschwerde abzuhelfen. Wird der Beschwerde nicht oder nicht fristgerecht abgeholfen, trifft die Landesmedienanstalt nach Maßgabe von Absatz 5 die erforderlichen Entscheidungen.

(7) Die Landesmedienanstalten regeln durch übereinstimmende Satzungen Einzelheiten zur inhaltlichen und verfahrensmäßigen Konkretisierung der Absätze 1 bis 6. Die Regelungen der Satzungen müssen ge-

eignet und erforderlich sein, für alle Veranstalter chancengleiche, angemessene und nichtdiskriminierende Bedingungen für technische Dienste oder Systeme nach den Absätzen 1 bis 3 zu gewährleisten und die Offenlegung technischer Parameter und Entgelte nach Absatz 4 zu sichern. Den in der ARD zusammengeschlossenen Landesrundfunkanstalten und dem ZDF ist vor Erlass der Satzungen Gelegenheit zur Stellungnahme zu geben.

2. Der Must-Carry-Bereich

Der medienrechtliche Must-Carry-Bereich, das sind die Kapazitäten des Breitbandkabelnetzes, deren Belegung nach Vorgabe des Rundfunkstaatsvertrages für die Kabelnetzbetreiber zwingend vorgeschrieben ist, ist in § 52 Abs. 3 RÄndStV geregelt. Gerade dieser Pflichtkanon, welcher zum Non-Must-Carry-Bereich technisch gleichwertig sein muss[578], war Gegenstand ständiger Diskussionen zwischen Landesgesetzgeber, Programmveranstalter und Kabelnetzbetreiber und erfuhr mit fast jeder Neufassung des Entwurfs eine Änderung seiner inhaltlichen Ausgestaltung.[579] Nach der endgültigen Fassung haben die Betreiber von digitalisierten Kabelnetzen bzw. -anlagen zunächst die für das jeweilige Bundesland gesetzlich bestimmten Programme des öffentlich-rechtlichen Rundfunks einschließlich seiner Programmbouquets einzuspeisen. Indem nunmehr die erforderlichen Übertragungskapazitäten zur Verfügung gestellt werden müssen und sich von einer auf bestimmte Kanäle bezogenen Programmzuordnung verabschiedet wird, wird den besonderen Rahmenbedingungen der Digitaltechnik Rechnung getragen.[580] Die für das jeweilige Bundesland gesetzlich bestimmten Programme sind auch weiterhin diejenigen, denen in der Vergangenheit in den

---

[578] Vgl. § 52 Abs. 3 Nr. 3 RÄndStV.

[579] Vgl. z.B. die Fassung des § 52 RStV-Entwurf vom 25.6.1998, der in seinem Abs. 3 Nr. 1 zunächst regelte, dass ein Drittel, nicht mehr als 10 der verfügbaren digitalen Kanäle nach Maßgabe des Landesrechts belegt werden, wobei über die Vergabe der übrigen Kapazitäten der BK-Netzbetreiber unter Berücksichtigung vielfaltsichernder Kriterien grundsätzlich selbst entscheiden sollte. Der Verband privater Netzbetreiber ANGA kritisierte anlässlich der "Cable 98" am 19.11.1998 in Mainz diese Regelung mit der Begründung, dass ein Pflichtbelegungsbereich von zehn Digitalkanälen angesichts der Programmmultiplikation um das Sechs- bis Zehnfache "eindeutig zuviel Grundversorgung" darstelle und die Bereitschaft der Unternehmen blockiere, das Netz auszubauen; s. epd medien 92/98.

[580] Vgl. dazu umfassend auch *Gersdorf*, Regelungskompetenzen bei der Belegung digitaler Kabelnetze, aaO, S. 19 ff. S.a. *Bullinger/Mestmäcker*, die auf die Regulierung des "Digital Terrestrial Broadcasting" in Großbritannien hinweisen, wobei es sich bei der Erschließung und Nutzung der neu verfügbar werdenden Frequenzen um eine Aufgabe handele, die sich von der traditionellen Frequenzordnung erheblich unterscheide. Zu regeln sei nicht nur die Zuweisung einer Frequenz zu einer bestimmten Nutzung; zu regeln sei vielmehr ein "Bit-Management". *Bullinger/Mestmäcker*, aaO, S. 134.

meisten Landesmediengesetzen im Rahmen der ersten Programmgruppe der Vorrang bei der Kabelbelegung eingeräumt wurde.[581] Bei der Subsumtion unter den unbestimmten Rechtsbegriff "gesetzlich bestimmtes Programm"[582] kommt man zu dem Ergebnis, dass es sich hierbei um das Erste Deutsche Fernsehprogramm[583], das Zweite Deutsche Fernsehen[584], 3sat[585], ARTE[586], Kinderkanal und Phoenix[587], die einzelnen der acht Dritten Programme in den jeweiligen Bundesländern[588] und schließlich diejenigen Programme handelt, die der Gesetzgeber im Rahmen seiner funktionellen Gewährleistungspflicht als Programmauftrag für die Rundfunkveranstalter vorgibt.[589] Da auch die Programmbouquets der öffentlich-rechtlichen Rundfunkanstalten einbezogen werden, sind im Falle der ARD[590] auch die drei digitalen Ergänzungsangebote EinsMuXx, EinsExtra und EinsFestival, und im Falle des ZDF das digitale Programmangebot ZDF.vision[591] zwingend einzuspeisen. Die Kabelnetzbetreiber haben nunmehr so viel Übertragungskapazitäten zur Verfügung zu stellen, wie für diese Programme erforderlich sind. Dies gilt aber nicht unbegrenzt, da trotz der Anknüpfung an die erforderlichen Kapazitäten in § 52 Abs. 3 RÄndStV diese Programme für die ARD und das ZDF gemäß § 19 Abs. 4 RÄndStV den Umfang von drei analogen Fernsehkanälen nicht übersteigen dürfen. Von diesen drei analogen Fernsehkanälen erhält die ARD zwei Fernsehkanäle und das ZDF einen Fernsehkanal.

---

581 S. oben und vgl. die Ausführungen bei *Wille/Heckel*, aaO, S. 240 ff.

582 Zur begrifflichen, systematischen und teleologischen Auslegung des Begriffs und zur Abgrenzung zum "zugelassenen Programm" s. *Wille/Heckel*, aaO, S. 241 f.

583 Gem. Artikel 2 § 1 Staatsvertrag über den Rundfunk im vereinten Deutschland.

584 Gem. Artikel 3 §§ 1, 2 Staatsvertrag über den Rundfunk im vereinten Deutschland.

585 Gem. § 19 Abs. 1 RStV.

586 Gem. § 19 Abs. 4 RStV.

587 Gem. § 19 Abs. 2 RStV.

588 So z.B. das Programm der Vier-Länder-Anstalt Norddeutscher Rundfunk (NDR) in den Ländern Hamburg, Niedersachsen, Mecklenburg-Vorpommern und Schleswig-Holstein gemäß dem NDR-Staatsvertrag vom 17./18.12.1991 oder das Programm des Hessischen Rundfunks (HR) in Hessen gemäß dem Gesetz über den Hessischen Rundfunk vom 2.10.1948.

589 So sieht § 3 Abs. 4 des MDR-Staatsvertrages z.B. für den MDR vor, dass er programmlich vergleichbare Entwicklungsmöglichkeiten wie andere Landesrundfunkanstalten hat, woraufhin in Sachsen, Sachsen-Anhalt und Thüringen ein weiteres Hörfunkprogramm als gesetzlich bestimmtes Programm veranstaltet wird; vgl. *Wille/Heckel*, aaO, S. 241.

590 Für einen Überblick über das digitale Programmbouquet der ARD vgl. http://www.ard-digital.de/programm/ index.html. Dass alle acht Dritten Programme der ARD als Bestandteil des TV-Angebots von ARD Digital auch in allen Bundesländern einzuspeisen sind, könnte angesichts der Formulierung des § 52 Abs. 3 Nr. 1 RÄndStV "einschließlich seiner Programmbouquets" grundsätzlich zwar angenommen werden, ist aber abzulehnen.

591 Das digitale Programmbouquet ZDF.vision umfasst derzeit die Programme von ZDF, 3sat, Kinderkanal, Phoenix, ARTE, Deutschlandfunk sowie ein Programmangebot des ORF. Außerdem sind ein digitaler Nachrichtendienst namens ZDF.digitext und ein Theaterkanal geplant. Ausschließlich bei ZDF.vision zu empfangen sind die ZDF-infoBOX und ein Ratgeber- und Servicekanal.

Dies wird ihnen je nach Stand der Technik erlauben, zusammen ca. 20 bis 25 Digitalprogramme anzubieten. Nicht mehr - wie zuvor in der ersten Programmgruppe der einzelnen landesrechtlichen Bestimmungen - vorrangig oder gar zwingend in den jeweiligen Bundesländern zu berücksichtigen sind die dort zugelassenen privaten Programme.

Ebenfalls im Must-Carry-Bereich angesiedelt ist die weitere Übertragungskapazität eines analogen Fernsehkanals. Diese Kapazität ist zwingend den im jeweiligen Bundesland zugelassenen regionalen und lokalen Fernsehprogrammen[592] sowie Offenen Kanälen[593] zur Verfügung zu stellen. Sollte diese Übertragungskapazität danach nicht ausgeschöpft sein, wird die weitere Belegung nach Maßgabe des jeweiligen Landesrechts vorgenommen. In kleinen Bundesländern wie z.B. dem Saarland, mit jeweils nur einem regionalen Programm und Offenen Kanal, ist diese Regelung praxisrelevant. Für andere Bundesländer, insbesondere Rheinland-Pfalz oder Baden-Württemberg, in denen bereits eine Fülle regionaler/lokaler Programme und Offener Kanäle zugelassen ist, wird es mangels ausdrücklicher Regelung im Vierten Rundfunkänderungsstaatsvertrag in diesem kleinen Bereich des Kapazitätsengpasses beim bisherigen Belegungsrecht und einer Auswahlentscheidung der Landesmedienanstalten bleiben.

Angesichts einer derartigen Ausgestaltung des Must-Carry-Bereichs wird die Intention der Landesgesetzgeber deutlich, auch weiterhin dem im digitalen Zeitalter fortbestehenden Grundversorgungsauftrag der öffentlich-rechtlichen Rundfunkanstalten medienregulatorisch gerecht zu werden und ein nach der Vorgabe des Bundesverfassungsgerichts zu gewährleistendes Gesamtangebot an Rundfunk sicherzustellen, in dem die für die freiheitliche Demokratie konstitutive Meinungsvielfalt zur Darstellung gelangt. Jegliche über die gerade beschriebene Belegung hinausgehende Einspeisung von in digitaler Technik verbreiteten Fernsehprogrammen ist dem sogenannten Non-Must-Carry-Bereich zuzuordnen.

3. Der Non-Must-Carry-Bereich

Der sogenannte Non-Must-Carry-Bereich[594] ist in § 52 Abs. 4 RÄndStV geregelt, wobei dieser Absatz im Laufe der Entstehungsgeschichte des Staatsvertra-

---

[592] So z.B. das Saar TV im Saarland, Regionalreport Rheinland/Hessen in Rheinland-Pfalz und Hessen oder RNF plus in Baden-Württemberg.

[593] So z.B. der Offene Kanal Saarland oder die zahlreichen Offenen Kanäle von Adenau bis Worms in Rheinland-Pfalz.

[594] Genauer müsste man zwischen Must-Carry-Minus (der Bereich, in dem die Belegung noch durch weitere rundfunkrechtliche Vorgaben reguliert ist) und Non-Must-Carry (der Bereich, in dem die Belegung lediglich den allgemeinen Gesetzen unterworfen ist) nochmals differen-

ges die wohl massivsten inhaltlichen Änderungen erfahren hat. Non-Must-Carry deshalb, weil es den Betreibern der digitalisierten Kabelanlagen in diesem Bereich nicht zwingend vorgeschrieben ist, welche einzelnen Programme sie genau in ihr Kabelnetz einzuspeisen haben. Um einen frei belegbaren Bereich handelt es sich hierbei dennoch nicht. Über die Übertragungskapazitäten hinaus, die zwingend für die zuvor dargestellten Fernsehprogramme seitens der Kabelnetzbetreiber zur Verfügung zu stellen sind, bleibt ein weiterer Bereich im Umfang von einem Drittel der für die digitale Verbreitung zur Verfügung stehenden Gesamtkapazität Gegenstand rundfunkrechtlicher Vorgaben. Zwar ist dem Kabelnetzbetreiber - in Abweichung vom bisherigen Vollbelegungsrecht der Landesmedienanstalten - die Entscheidung vorbehalten, welche Fernsehprogramme und Mediendienste er im Rahmen dieser Kapazität in seine Kabelanlage einspeist. In diesem Bereich hat der Netzbetreiber aber sicherzustellen, dass sich in seiner Kabelanlage eine Vielzahl von Programmveranstaltern und ein vielfältiges Programmangebot bestehend aus Vollprogrammen, nicht entgeltfinanzierten Programmen, Spartenprogrammen und Fremdsprachenprogrammen wiederfindet. Während dabei den Interessen der an das Netz angeschlossenen Fernsehzuschauer Rechnung zu tragen ist, sind auch die Mediendienste in diesem Bereich angemessen zu berücksichtigen. Insofern kann man allenfalls von einem freier belegbaren Bereich sprechen.

Nur exemplarisch lassen sich an dieser Stelle zunächst die etablierten Vollprogramme der privaten und kommerziellen Rundfunksender wie RTL Television, RTL 2, SAT 1, ProSieben und VOX einordnen. Aber auch fremdsprachige Vollprogramme wie TV 5 oder TRT Int. sowie die deutsch- und fremdsprachigen Spartenprogramme Super RTL, TM 3, n-tv, CNN, BBC World, NBC, Deutsches Sport Fernsehen, Eurosport, VIVA oder MTV lassen sich derzeit in diesem Bereich ansiedeln. Welche weiteren Programme und Angebote darüber hinaus hier wiederzufinden sein werden, lässt sich angesichts der umfangreichen Angebotspalette, der noch nicht vorhersehbaren Möglichkeiten und der durchaus unterschiedlichen Zuschauerpräferenzen nicht bestimmen und bleibt abzuwarten.

Entscheidende Bedeutung kommt der Verpflichtung zu, Mediendienste[595] bei der Kabelbelegung angemessen zu berücksichtigen. Die Bestimmung von Me-

---

zieren; der Übersichtlichkeit halber wird sich hier auf den Begriff "Non-Must-Carry" beschränkt.

[595] Zu der Frage, was unter Mediendiensten zu verstehen ist, s. unter anderem *Bermanseder,* Wann sind Mediendienste dem Rundfunk zuzuordnen?, ZRP 1997, S. 330 ff.; *Ebsen,* Öffentlich-rechtliche Rahmenbedingungen einer Informationsordnung, DVBl. 1997, S. 1039 ff.; *Engel-Flechsig/ Maennel/Tettenborn,* Neue gesetzliche Rahmenbedingungen für Multimedia, 1998, S. 12 ff; *Gersdorf,* Neue Dienste zwischen den Gesetzgebungskompetenzen von Bund

diendiensten und ihre praktische Abgrenzung zum Rundfunk, aber auch zu anderen Diensten hat in zweierlei Hinsicht große praktische Relevanz: Zunächst haben die Gesetzgeber durch die Aufteilung in zulassungs- und anmeldefreie Mediendienste einerseits und Rundfunk andererseits, welcher einem verhältnismäßig strengeren Regime unterliegt, polarisierende Regelungsstrukturen geschaffen. Dies hat unweigerlich dazu geführt, dass die regelungsunterworfenen Diensteanbieter um jeden Preis eine Zuordnung zum Rundfunk zu vermeiden trachten, während andersherum diejenigen, die nach früherer Rechtslage eindeutig Rundfunk betrieben, eine (zumindest teilweise) Einstufung als Mediendienst anstreben.[596] Obschon die Zulassungs- und Lizenzierungsproblematik nicht Gegenstand der vorliegenden Untersuchung ist, kommt dadurch in diesem Bereich der Schnittstelle zwischen beiden Regelungsregimes zentrale Bedeutung zu; das heißt der Regelung des § 20 Abs. 2 RStV, welcher bestimmt, dass wenn und soweit Mediendienste dem Rundfunk zuzuordnen sind, die Anbieter solcher Dienste einer Zulassung nach Landesrecht bedürfen.

Da die Bewirtschaftung knapper Ressourcen, sprich die Lizenz- und Frequenzvergabe, in einem engen Zusammenhang zur Regulierung der Entgelte für derartige Dienste steht, ist des weiteren die Abgrenzung von Mediendiensten zu anderen Diensten, insbesondere Telediensten und Telekommunikationsdienstleistungen, entscheidend für die Zuständigkeit der Entgeltregulierung in diesem Bereich im Unterschied zur Zuständigkeit der Regulierungsbehörde für Post und Telekommunikation. Aufgrund der mannigfaltigen Nutzungsmöglichkeit der Breitbandkabelnetze und ihrer in Zukunft zu erwartenden vollständigen Dialogfähigkeit, aber auch angesichts der in Zukunft möglichen Rundfunkangebote im schmalbandigen Telefonnetz ist unter anderem im Bereich der Entgeltregulierung noch völlig ungeklärt, inwiefern der Rundfunkstaatsvertrag im Verhältnis z.B. zum Telekommunikationsgesetz (TKG) eventuell subsidiär oder parallel Anwendung findet. Unklar ist, ob telekommunikationsrechtliche, kartellrechtliche oder rundfunkrechtliche Anti-Diskriminierungsregeln gelten. Allein diese Frage bietet genügend Stoff für eine separate und eingehende rechtliche Untersuchung, so dass sie hier nicht umfassend geklärt werden kann; im Rahmen der Gesetzgebungskompetenz des Landesgesetzgebers für die Must-Carry-Regelungen wird allerdings darauf kurz zurückzukommen sein. An dieser Stelle

---

und Ländern, http://www.jura1.uni-hamburg.de/docs/h_gersdorf/medienrecht/eurocom96_140596.html; *Gounalakis*, Der Mediendienste-Staatsvertrag der Länder, NJW 1997, S. 2993 ff.; *Hochstein*, aaO, S. 2977 ff.; *Jarass*, aaO, S. 133 ff.; *Ory*, Kompetenzen der Landesmedienanstalten für Mediendienste?, AfP 1999, S. 132 ff.; *Schulz*, Thesenpapier zur Abgrenzung von Mediendiensten und Rundfunk, http://www.rrz.uni-hamburg.de/hans-bredow-institut/ws-lehr/thesenpapier.html.

[596] Vgl. *Schulz*, Thesenpapier zur Abgrenzung von Mediendiensten und Rundfunk, aaO, S. 1

muss sich die vorliegende Prüfung auf die begriffliche Einordnung von Mediendiensten im Sinne des § 52 Abs. 4 RÄndStV beschränken.

Bei der Abgrenzung zwischen Mediendiensten und Rundfunk stellen sich alle Fragen, die auch seinerzeit bei der grundsätzlichen Debatte über den verfassungsrechtlichen Rundfunkbegriff[597] diskutiert wurden, wobei das Problem heute genauso wenig wie damals durch Angabe von Kriterien gelöst wird, die eine eindeutige begriffliche Zuordnung ermöglichen. Gemäß der Legaldefinition des § 2 Abs. 1 S. 1 Mediendienste-Staatsvertrag (MStV)[598] sind Mediendienste an die Allgemeinheit gerichtete Informations- und Kommunikationsdienste. Dadurch dass sie an die Allgemeinheit, das heißt an eine beliebige Öffentlichkeit[599], gerichtet sind und keine Individualkommunikation darstellen, unterscheiden sie sich von den Telediensten nach dem Teledienstegesetz des Bundes (TDG)[600]. Das Merkmal der Allgemeinheit ist damit das entscheidende Differenzierungskriterium bei der Frage, ob für den jeweiligen Dienst das Teledienstegesetz oder der Mediendienste-Staatsvertrag als Gesetzesgrundlage einschlägig ist; denn im Gegensatz zum Mediendienste-Staatsvertrag zielt das Teledienstegesetz auf Indidividual- und Interaktivdienste, die sich aufgrund ihrer technischen Charakteristika einer Einordnung unter das Merkmal der Allgemeinheit entziehen.

Mediendienste können in Form von Text, Ton oder Bild verbreitet werden, wobei diese Angebotsformen nicht alternativ nebeneinander stehen, sondern auch beliebig kombiniert vorliegen können. Anders als bei der Definition des Rundfunks gemäß § 2 Abs. 1 RStV fehlt es den Mediendiensten jedoch am Merkmal der "Darbietung", durch das die besondere Rolle des Rundfunks als Medium und Faktor der individuellen wie öffentlichen Meinungsbildung gekennzeichnet wird.[601] § 2 Abs. 1 S. 2 MStV stellt klar, dass derartige "Darbietungen" weiter-

[597] S. hierzu auch *Kuch*, Digitale Zukunftstechniken und ordnungspolitischer Regelungsbedarf, DLM-Jahrbuch 93/94, S. 45 ff.

[598] Der Staatsvertrag über Mediendienste ist am 1.8.1997 in Kraft getreten und löst gemäß § 23 Abs. 3 den Bildschirmtext-Staatsvertrag ab; abgedr. u.a. in BayGVBl. 1997, S. 225 ff.; HessGVBl. 1997, S. 134 ff.; RhPfGVBl. 1997, S. 235 ff. Der Gesetzestext ist auch im Internet abrufbar unter http://www.alm.de/medstv. htm.

[599] Vgl. *Gounalakis*, aaO, S. 2994 unter Verweis auf *Hoffmann-Riem*, Der Rundfunkbegriff in der Differenzierung kommunikativer Dienste, AfP 1996, S. 9 f.

[600] Das Gesetz über die Nutzung von Telediensten (TDG) ist als Artikel 1 Bestandteil des Gesetzes zur Regelung der Rahmenbedingungen für Informations- und Kommunikationsdienste (Informations- und Kommunikationsdienste Gesetz - IuKDG) vom 13.6.1997; abgedr. in BT-Drucksache 13/7934 vom 11.6.1997. Der Gesetzestext des IuKDG ist als Serviceangebot des Bundesministeriums für Bildung und Forschung auch im Internet auf der Homepage der Initiative Informationsgesellschaft Deutschland abrufbar unter http://www.iid.de/rahmen/iukdg. html.

[601] Vgl. Begründung zu § 2 Abs. 1 MStV u. *Gounalakis*, aaO, S. 2994 (Fn. 23).

hin den Vorschriften des Rundfunkstaatsvertrages unterliegen. Hinsichtlich der technischen Verbreitung unterscheidet § 2 Abs. 1 MStV nicht danach, ob es sich um breitbandige oder um schmalbandige Leiter handelt.

§ 2 Abs. 2 MStV enthält eine beispielhafte, nicht abschließende Aufzählung von Mediendiensten. Damit soll der Tatsache Rechnung getragen werden, dass es im Zuge einer inhaltlichen und technischen Weiterentwicklung denkbar ist, dass künftig noch weitere Formen von Mediendiensten angeboten werden, die sich nicht in der Aufzählung wiederfinden.[602] Unter den Begriff der Mediendienste fallen dabei zwei unterschiedliche Kategorien von Angeboten[603]: Einmal bezieht sich § 2 Abs. 2 Nr. 1 bis 3 MStV ausschließlich auf Verteildienste. Dazu zählen zum Beispiel der Fernseheinkauf (Nummer 1)[604], das Wetter- oder Reise-TV (Nummer 2)[605] und der Fernsehtext (Nummer 3)[606].[607] Verteildienste sind nach Einschätzung des Gesetzgebers die klassischen Erscheinungsformen von Massenkommunikation und insbesondere dadurch gekennzeichnet, dass Inhalte von einer Stelle an eine unbestimmte Vielzahl von Empfängern übermittelt werden und der Zeitpunkt der Ausstrahlung vom Anbieter einseitig festgelegt wird. Hinsichtlich ihrer technischen Verbreitungsform unterscheiden sie sich damit nicht vom herkömmlichen Rundfunk. Aufgrund ihrer engen inhaltlichen Begrenzung dienen diese Angebote allerdings nur in geringem Maße der öffentlichen Meinungsbildung (Nr. 1 und 2) bzw. fehlt diesen Angeboten die Suggestivkraft der bewegten Bilder (Nr. 3), so dass sie nicht dem Ordnungsrahmen des Rundfunkstaatsvertrages unterworfen werden.[608]

Zum anderen regelt § 2 Abs. 2 MStV in seiner Nr. 4 die Abrufdienste. Abrufdienste sind die elektronisch gespeicherten Mediendienste, die auf Abruf durch den Nutzer zur Verfügung gestellt werden. Nach der Intention des Gesetzgebers werden sowohl breitbandige Abrufdienste wie "Video-on-demand", als auch schmalbandige "Online-Dienste" wie elektronische Presse und andere an die

---

[602] Vgl. Begründung zu § 2 Abs. 2 MStV.
[603] S. hierzu auch *Hochstein,* aaO, S. 2979.
[604] Nummer 1 erfasst die herkömmliche Form des Fernseheinkaufs, wobei die Begriffsbestimmung der damaligen Fassung der EU-Fernsehrichtlinie entspricht. Nach Art. 7 Nr. 2 RÄndStV wird der Begriff "Fernseheinkauf" im MStV nunmehr durch den Begriff "Teleshopping" ersetzt, welcher nicht mehr auf den Verkauf, den Kauf, die Miete oder Pacht von Erzeugnissen abstellt, sondern auf den Absatz von Waren gegen Entgelt.
[605] Nummer 2 gilt für Verteildienste, mit denen beispielsweise die Ergebnisse von Messungen aus dem Umweltbereich oder Wetterdaten verbreitet werden.
[606] Nummer 3 betrifft den früher in § 2 Abs. 1 S. 2 RStV a.F. geregelten Fernsehtext, Radiotext und vergleichbare Textdienste.
[607] Vgl. *Bermanseder,* aaO, S. 332; *Hochstein,* aaO, S. 2979.
[608] Vgl. Begründung zu § 2 Abs. 2 MStV; s.a. *Hochstein,* aaO, S. 2979.

Allgemeinheit gerichtete Informations- und Unterhaltungsangebote erfasst.[609] Ausgenommen sind die Dienste, bei denen der individualkommunikative Charakter im Vordergrund steht, was unter anderem dann der Fall sein soll, wenn die elektronisch erbrachten Leistungen auf ein konkretes Individualverhältnis zwischen dem Nutzer und dem Anbieter bezogen sind. Dies liegt beispielsweise beim Telebanking oder bei der Übermittlung von Röntgenbildern oder anderen Krankendaten durch das Krankenhaus an den Hausarzt vor.[610] Ausgenommen sind neben Telespielen schließlich auch solche Dienste, bei denen die reine Übermittlung von Dateninformationen im Vordergrund steht, wie dies zum Beispiel bei Fahr- und Flugplänen, Devisenkursen und ähnlichem der Fall ist. Angesichts der obigen Feststellungen ist eine Einschätzung, welche Dienste Mediendienste darstellen und dementsprechend angemessen bei der Kabeleinspeisung zu berücksichtigen sind, zwar nicht eindeutig vorzunehmen; eine grobe Orientierung sollte anhand der aufgezeigten Kriterien allerdings möglich sein.

4. Die Zugangsfreiheit des § 53 RÄndStV

Da sich die vorliegende Prüfung mit der Rechtmäßigkeit der Must-Carry-Regeln auseinandersetzt, ist es eigentlich erforderlich, die Vorschrift über die Zugangsfreiheit gemäß § 53 RÄndStV ebenfalls in die Gesamtbetrachtung miteinzubeziehen. Denn beim digitalen Fernsehen fallen neuartige Dienstleistungen an, die ebenfalls einen Regelungsbedarf nach sich gezogen haben, um den Anforderungen der verfassungsrechtlich geschützten Rundfunkfreiheit zu entsprechen. Jeder Anbieter muss nunmehr alle Glieder der digitalen Distributionskette durchlaufen, um digitales Fernsehen zu veranstalten. Hier entstehen Abhängigkeiten für diejenigen, die einzelne DVB-Dienstleistungen selbst nicht anbieten, sondern von anderen erbringen lassen.[611] Demnach muss es auch zentrales Anliegen des Rundfunkrechts sein, diese sogenannte Gatekeeper- oder Bottleneck-Problematik zu bewältigen und neben einer die Grundversorgung sicherstellenden Rundfunkverbreitung und Kanalbelegung auch für einen diskriminierungsfreien und chancengleichen Zugang zum digitalen Fernsehen Sorge zu tragen.[612] Obschon eine eingehende Analyse der Zugangsfreiheit nach § 53 RÄndStV den Rahmen der hier behandelten Thematik sprengen würde, kann es bei der bloßen

609 S. Begründung zu § 2 Abs. 2 MStV.

610 Vgl. Begründung § 2 Abs. 2 MStV.

611 S. *Gersdorf*, Chancengleicher Zugang zum digitalen Fernsehen, Vortrag im Rahmen der Münchener Medientage am 15.10.1998, http://www.uni-rostock.de/fakult/jurfak/Gersdorf/MuTK_Recht/Medienrecht/MMT 98.html

612 Vgl. zu dieser Problematik ausführlich u.a. *Gersdorf*, Chancengleicher Zugang zum digitalen Fernsehen, aaO, S. 11 ff., 130 ff.; *Weisser*, Dienstleistungen zum Vertrieb digitaler Pay TV-Angebote, aaO, S. 877 ff.; *Weisser/Meinking*, Zugang zum digitalen Fernsehkabelnetz außerhalb von must-carry-Regelungen, WuW 1998, S. 831 ff.

Darstellung des Wortlauts dieser Vorschrift nicht belassen werden, so dass an dieser Stelle wenigstens kurz und grundsätzlich auf die Problematik einzugehen ist.

Zwar wird allgemein angenommen, dass sich im digitalen Zeitalter die Knappheitssituation, die das analoge Fernsehen bestimmt hat, bis zu einem gewissen Grad wenigstens entspannen wird. Die effiziente Nutzung der verfügbaren Übertragungskanäle schafft hierbei jedenfalls zusätzlichen Raum für weitere Programme und neue Angebotsformen. Allerdings ist nicht ersichtlich, warum alleine deswegen die besondere Bedeutung des Rundfunks und seine dementsprechende Sonderbehandlung hierdurch berührt sein sollte. Denn der Grund für die spezifische Reglementierung des Rundfunks liegt - wie bereits oben ausgeführt - in seiner besonderen massenmedialen Wirkungsweise und in dem hierdurch begründeten Missbrauchspotential für eine demokratische Meinungsbildung. Die zwei immer wieder hervorgehobenen Anomalien, die dieses Grundrecht kennzeichnen und von anderen grundrechtlichen Freiheitsverbürgungen abheben, ist zum einen die Wertung, dass die Rundfunkfreiheit eine dienende Freiheit ist, und zum anderen, dass die Rundfunkfreiheit einem Ausgestaltungsvorbehalt unterliegt.[613] Die dienende Freiheit bedeutet, dass der einzelne Rundfunkveranstalter nicht um seiner selbst willen und schon gar nicht um seiner wirtschaftlicher Interessen willen grundrechtlichen Schutz genießt. Im Zentrum der grundrechtlichen Freiheitsverbürgung steht der publizistische Sendeauftrag des Rundfunks, also die Verpflichtung, die Bevölkerung umfassend mit Rundfunkprogrammen zu versorgen. Und durch den Ausgestaltungsvorbehalt ist der Gesetzgeber von Verfassungs wegen dazu verpflichtet, durch eine vielfaltsichernde positive Ordnung dafür Sorge zu tragen, dass der Rundfunk seiner dienenden Funktion auch tatsächlich nachkommt. Während es nach der Einschätzung einiger Autoren Veränderungen durch das Bundesverfassungsgericht nicht im Bereich der dienenden Funktion der Rundfunkfreiheit geben wird, seien jedoch Modifizierungen auf der Ebene des Ausgestaltungsauftrags und hier vor allem bei der Regulierungstiefe sehr wohl vorstellbar.[614] Die Besonderheiten digitaler Distribution, die einzelne Rundfunkveranstalter von anderen abhängig macht, sprich die Gatekeeper-Problematik, verdeutlicht, dass der Ausgestaltungsvorbehalt als solcher auch im Zeitalter digitalen Fernsehens grundsätzlich seine Berechtigung hat und dieses Regelungsfeld nicht von der allgemeinen Wettbewerbsordnung gänzlich abgedeckt werden kann.

Es besteht Einigkeit darüber, dass der Gesetzgeber dafür Soge zu tragen hat, dass der publizistische Wettbewerb zwischen den einzelnen Rundfunkveran-

---

[613] S. *Gersdorf*, Chancengleicher Zugang zum digitalen Fernsehen, aaO, S. 20 ff.
[614] Vgl. beispielsweise *Gersdorf*, Chancengleicher Zugang zum digitalen Fernsehen (Vortrag), aaO.

staltern zustande kommt und Vermachtungen im Bereich des Zugangs zum digitalen Fernsehen verhindert werden. Insbesondere hat er zu verhindern, dass einzelne Anbieter von DVB-Dienstleistungen andere konkurrierende Rundfunkveranstalter diskriminieren, um sich auf diese Weise wirtschaftliche Vorteile zu sichern. Doch hierin kann sich der Ausgestaltungsauftrag des Landesgesetzgebers nicht erschöpfen, denn der Gefahr einer rein wirtschaftlichen Diskriminierung und der Gefahr der Ausnutzung einer marktbeherrschenden Stellung kann bereits mit den Mitteln des Wettbewerbsrechts begegnet werden, ohne dass es hierzu noch weiterer rundfunkspezifischer Kontrollinstrumente bedürfte.[615] Die Funktion des rundfunkspezifischen Ausgestaltungsauftrags geht weiter und muss im digitalen Zeitalter darin bestehen, dass die Distribution auch solcher Anbieter gewährleistet wird, für die die Erbringung der für DVB erforderlichen Dienstleistungen wirtschaftlich keinen Sinn macht und die deshalb von anderen abhängig sind. Insbesondere die Verbreitung von Minderheiten- und nichtmassenattraktiven Programmen muss auch im digitalen Zeitalter gewährleistet werden. Auch sie müssen durch die Bottlenecks bzw. Nadelöhre der Gatekeeper gelangen können, soll nicht das Normziel des Art. 5 Abs. 1 Satz 2 GG verfehlt werden.[616] Dementsprechend hat der Gesetzgeber über die wirtschaftliche Chancengleichheit hinaus mit Hilfe rundfunkspezifischer Regelungen auch die kommunikative Chancengleichheit zu garantieren und gerade diejenigen zu schützen, die bei einem marktmäßigen Selbstlauf nach der Maßgabe des Darwinschen Grundsatzes: "Survival of the Fittest", von der Bildfläche verschwänden.[617]

Das Kartellrecht bezweckt nämlich lediglich, die Funktionsfähigkeit der Wettbewerbsordnung herzustellen bzw. zu gewährleisten. Es sucht insofern das freie Spiel der Kräfte zu balancieren und Ungleichgewichtigkeiten auszugleichen.[618] Demgegenüber wendet sich das Rundfunkrecht gerade gegen die Gefahren, die sich aus einem freien Spiel der Kräfte für den Versorgungsauftrag des Rund-

[615] Vgl. insofern auch die Ausführungen der Industrie, die die Auffassung vertritt, dass Kartellverbote, Fusionskontrolle und das Verbot des Missbrauchs beherrschender Stellungen allein dazu geeignet seien, der Entstehung oder dem Missbrauch wirtschaftlicher Macht als Meinungsmacht entgegenzuwirken. Es wird gefordert, dass das spezielle Medienrecht schrittweise durch das allgemeine Wirtschaftsrecht, insbesondere das Recht gegen Wettbewerbsbeschränkungen, ersetzt werden müsse. S. *Bertelsmann Stiftung*, Kommunikationsordnung 2000, 1997, S. 13 ff., 27 ff.

[616] Dazu und zu der Frage, ob die einzelnen im Rahmen von DVB anfallenden Dienstleistungen der Rundfunkgarantie des Art. 5 Abs. 1 Satz 2 GG zugeordnet werden können, s.a. *Gersdorf*, Chancengleicher Zugang zum digitalen Fernsehen (Vortrag), aaO.

[617] Dem widerspricht auch nicht die in diesem Zusammenhang gemachte, grundsätzlich zutreffende Aussage des Ministerpräsidenten des Landes Nordrhein-Westfalen *Clement*: "In der innovativen Medienpolitik kommt es immer mehr auf Kompetenz und Effizienz und immer weniger auf weltanschauliche Bekenntnisse an." S. medienkurier Nr. 12/98, 28. September 1998, S. 14.

[618] S.a. *Gersdorf*, Chancengleicher Zugang zum digitalen Fernsehen (Vortrag), aaO.

funks ergäben.[619] Die Erhaltung und Sicherung der Meinungsvielfalt ist Aufgabe der Rundfunkfreiheit, und die Meinungsvielfalt wird in besonderem Maße gefährdet durch eine Entstehung vorherrschender Meinungsmacht. Der Gesetzgeber ist daher verfassungsrechtlich zu Vorkehrungen verpflichtet, welche geeignet sind, einer solchen Entwicklung entgegenzuwirken. Vorherrschende Meinungsmacht kann in Beschränkung auf den Bereich des Rundfunks nach Auffassung des Bundesverfassungsgerichts insbesondere dann entstehen, wenn von Beginn an nur wenige Anbieter vorhanden sind oder wenn eine anfängliche Vielzahl von Anbietern durch Ausscheiden kleiner Veranstalter auf wenige große Veranstalter zusammenschmilzt.[620] Dementsprechend hat das Rundfunkrecht das zwar nicht vollständige, gleichwohl aber partielle Marktversagen im Bereich des Rundfunks zu korrigieren. Das Kartellrecht hilft hier regelmäßig nicht weiter, weil es das freie Spiel der Kräfte lediglich abzusichern sucht. Insofern hat auch der Begriff der Chancengleichheit im Rundfunkrecht eine andere Bedeutung als im Kartellrecht. Im Kartellrecht wendet er sich lediglich gegen wettbewerbswidrige Verhaltensweisen. Demgegenüber richtet sich das Landesrundfunkrecht auch gegen marktkonforme Maßnahmen der Wettbewerber.[621] Auch die Weiterverbreitung von Minderheitenprogrammen ist von Verfassungs wegen sicherzustellen, so dass das Rundfunkrecht also die Lücken zu schließen hat, die bei einem freien Spiel der Kräfte für den Versorgungsauftrag des Rundfunks entstünden.

Dieses Anliegen verfolgt die Regulierung der Zugangsfreiheit gemäß § 53 RÄndStV. § 53 Abs. 1 RÄndStV regelt das System der Zugangskontrolle bzw. -berechtigung, das für den Vertrieb digitaler (Pay-)TV-Angebote erforderlich ist.[622] Wie bereits oben erläutert, fallen im Rahmen des Systems der Zugangsbe-

[619] Vgl. auch *Dörr*, Die Kanalbelegungsregelungen in den Landesmediengesetzen, aaO, S. 353 ff. und *BVerfG*, aaO, BVerfGE 57, 295, 323; 73, 118, 172.

[620] S. *BVerfG*, aaO, BVerfGE 73, 118, 172. Eine in der Bundesrepublik Deutschland immer wieder behauptete Zweiteilung des privaten Fernsehmarktes bestehend aus den vorherrschenden, großen Senderfamilien der CLT-UFA und der Kirch-Gruppe wäre in diesem Zusammenhang zumindest als bedenklich einzustufen.

[621] *Gersdorf* führt in diesem Zusammenhang zu Recht das Beispiel der differenzierten Ausgestaltung der Netzzugangskonditionen an: Ein Kabelnetzbetreiber, der Anbietern massenattraktiver Programme den Zugang zu seinem Netz gewährt und ihnen hierfür vielleicht sogar ein Entgelt zahlt, während er Anbietern weniger reichweitenstarker, weniger massenattraktiver Programme den Netzzugang verwehrt und zumindest für die Kabeleinspeisung ein entsprechend hohen Obolus verlangt, verhält sich nicht wettbewerbswidrig. Weil sich jeder "vernünftige Unternehmer" so verhalten würde, sei gegen eine solche Differenzierung beim Netzzugang aus Wettbewerbsgründen nichts einzuwenden. Vgl. *Gersdorf*, Chancengleicher Zugang zum digitalen Fernsehen (Vortrag), aaO.

[622] Das System der Zugangskontrolle ist nunmehr Gegenstand gemeinschaftsrechtlicher, bundesrechtlicher und landesrechtlicher Regelungen. Der Grundsatz des chancengleichen Zugangs zu fortgeschrittener Fernsehtechnologie ist sowohl in der Richtlinie 95/47/EG des Eu-

rechtigung[623] technische wie kundenbezogene Dienstleistungen an.[624] Am Wortlaut des § 53 Abs. 1 RÄndStV: "technische Dienste anbieten", wird klar, dass sich diese Vorschrift ausschließlich auf die technische Komponente des Systems der Zugangskontrolle bezieht. Die kundenbezogenen Dienstleistungen hingegen werden von der Norm und dem darin begründeten Gleichbehandlungsgrundsatz nicht erfasst; es ist vielmehr davon auszugehen, dass die administrativen Dienstleistungen im Rahmen des Conditional Access dem § 53 Abs. 3 RÄndStV unterfallen sollen. Danach haben Anbieter, die "bei der Bündelung und Vermarktung von Programmen eine marktbeherrschende Stellung" innehaben, andere, einen derartigen Dienst nachfragende Anbieter chancengleich zu behandeln.

In diesem Zusammenhang kann der Begriff der Chancengleichheit des § 53 Abs. 1 RÄndStV nur so verstanden werden, wie ihn das kartellrechtlich ausgerichtete Fernsehsignalübertragungsgesetz (FÜG)[625] des Bundes in seinem § 7 versteht; danach sind die erforderlichen technischen Dienste zu chancengleichen, angemessenen und nichtdiskriminierenden Bedingungen zu gewähren, wobei kein Raum ist für die Möglichkeit einer unterschiedlichen Ausgestaltung der Zugangskonditionen in Form von z.B. unterschiedlich hohen Einspeisegebühren. In der Literatur wird zutreffend darauf hingewiesen, dass im Rahmen des Conditional Access nur der Rundfunkveranstalter als Kunde des jeweiligen CA-

---

ropäischen Parlaments und des Rates vom 24.10.1995 über die Anwendung von Normen für die Übertragung von Fernsehsignalen geregelt (ABl. EG Nr. L281 S.51), als auch in dem seiner Umsetzung dienenden deutschen Fernsehsignalübertragungsgesetz vom 14.11.1997 (FÜG) enthalten. Obwohl die Länder dem Bund von vornherein die Befugnis abgesprochen haben, diese Fragen zum Gegenstand einer bundesrechtlichen Regelung zu machen, hat der Bund die Problematik des Conditional Access im FÜG geregelt. In kompetenzrechtlicher Hinsicht bestehen keine Bedenken gegen die Rechtmäßigkeit des FÜG, zumal das Gesetz bezweckt, gleichwertige Wettbewerbschancen im ökonomischen Wettbewerb auf sendetechnischem Gebiet herzustellen. Es regelt nicht den publizistischen, sondern den rein ökonomischen Wettbewerb und ist damit von der Kompetenz des Bundes für das Kartellrecht gemäß Art. 74 Abs. 1 Nr. 16 GG erfasst. Andererseits sind die Länder auch nicht daran gehindert, diesen Komplex zu regeln und zum Gegenstand einer rundfunkrechtlichen Regelung zu machen, da Bundeskartellrecht und Landesrundfunkrecht nebeneinander anwendbar sind. Vgl. *Gersdorf*, Chancengleicher Zugang zum digitalen Fernsehen (Vortrag), aaO; *ders.*, Chancengleicher Zugang zum digitalen Fernsehen, aaO, S. 48 ff.

[623] Vgl. in diesem Zusammenhang auch die Legaldefinition des § 2 Nr. 4 FÜG, wonach ein Zugangsberechti-gungssystem ein System zur Verschlüsselung von Fernsehsignalen und zur Realisierung des Zugangs zu diesen Signalen ist.

[624] Vgl. die obigen Ausführungen zur technischen Plattform und zur Vermarktungsplattform des digitalen Fernsehens.

[625] Gesetz über die Anwendung von Normen für die Übertragung von Fernsehsignalen vom 14. November 1997 (Fernsehsignalübertragungsgesetz - FÜG), BGBl. 1997 I, S. 2710.

Anbieters in Betracht kommen kann.[626] Konsequenterweise ist eine unterschiedliche Konditionenausgestaltung nicht mit Kompensationsargumenten zu rechtfertigen, wie sie gerne bei den Kabelnetzbetreibern verwendet werden, welche als Dienstleister sowohl der Kabelkunden als auch der Rundfunkveranstalter auftreten und sie deshalb für die Einspeisung von Programmen, die für die Kabelkunden von nur geringem Interesse sind, ein entsprechend erhöhtes Entgelt verlangen können.[627]

Gemäß § 53 Abs. 2 RÄndStV erstreckt sich der Grundsatz des chancengleichen Zugangs auch auf den Betrieb von Navigationssystemen, wobei auf das öffentlich-rechtliche und private Programmangebot gleichgewichtig hinzuweisen und der unmittelbare Zugriff auf das jeweilige Programm durch den Zuschauer zu ermöglichen ist.[628] Ebenso wie beim System der Zugangskontrolle ist der Grundsatz des chancengleichen Zugangs in verfahrensrechtlicher und organisatorischer Hinsicht hinreichend abgesichert, wobei eine Überprüfung vor Inbetriebnahme durch die Landesmedienanstalten nicht vorgesehen und von Verfassungs wegen auch nicht zwingend erforderlich ist.

Im RÄndStV werden die Regelungen zum Multiplexing und zur Paketbildung in § 53 Abs. 3 zusammengefasst. Im Schrifttum wird zutreffend darauf aufmerksam gemacht, dass nach dem Wortlaut der Vorschrift der Anbieter Aufgaben der Bündelung und Vermarktung kumulativ wahrnehmen muss, um das Diskriminierungsverbot auszulösen.[629] Damit würde der Anbieter eines Play-Out-Centers, der allein die Aufgaben des Multiplexing übernimmt, von dieser Regelung nicht erfasst. Bei dieser Konstellation wäre der chancengleiche Zugang aller Anbieter zum Multiplexing und damit zur digitalen Distribution nicht mehr gewährleistet. Zieht man jedoch die Grundlagen der verfassungskonformen Auslegung heran, ist in dieser Regelung nicht unbedingt eine Lücke zu sehen, die der Gesetzgeber von Verfassungs wegen zwingend zu schließen hat. Da im

---

[626] S. *Gersdorf*, Chancengleicher Zugang zum digitalen Fernsehen (Vortrag), aaO.

[627] Im Unterschied zur Regelung des Conditional Access im FÜG ist das Gebot des chancengleichen Zugangs zum System der Zugangskontrolle auch durch verfahrensrechtliche und organisatorische Regelungen hinreichend abgesichert. Neben der Verpflichtung zur unverzüglichen Anzeige des CA-Dienstes sind sämtliche technischen Parameter und die Entgelte offenzulegen. Die nachträgliche Überprüfung der gesetzlichen Regelungen durch die zuständige Landesmedienanstalt in Form einer förmlichen Feststellung durch Bescheid ist ebenso möglich wie die Beschwerde durch konkurrierende Rundfunkveranstalter.

[628] Allerdings scheint sich diese Regelung allein auf die Basis-Navigatoren zu erstrecken ("für alle über das System angebotenen Dienste"). Es wird deshalb gefordert, dass der Gesetzgeber klarstellen sollte, dass sich diese Verpflichtung auch auf Navigatoren anderer Rundfunkveranstalter und von Dritten bezieht; vgl. *Gersdorf*, Chancengleicher Zugang zum digitalen Fernsehen (Vortrag), aaO.

[629] Vgl. *Gersdorf*, Chancengleicher Zugang zum digitalen Fernsehen (Vortrag), aaO.

Falle einer marktbeherrschenden Stellung die Distribution natürlich solcher Veranstalter zu garantieren ist, die sich ein eigenes Play-Out-Center nicht leisten können, sind auch die Anbieter, die entweder bei der Bündelung oder der Vermarktung eine marktbeherrschende Stellung haben, zur Bereitstellung des chancengleichen Zugangs verpflichtet. Der unbefriedigende Wortlaut dieses Absatzes mag lediglich damit zusammenhängen, dass der Gesetzgeber von einer in dieser Form möglichen Konstellation in der Praxis nicht ausgegangen ist, was einem Diskriminierungsverbot hier jedoch nicht entgegensteht.

Auch in verfahrensrechtlicher Hinsicht wirft die Regelung der Bündelung und Vermarktung Fragen auf. Zwar macht die hier vorliegende Endfassung des Vierten Rundfunkänderungsstaatsvertrages Fortschritte gegenüber den bisherigen Entwürfen, die keinerlei verfahrensrechtliche Absicherung des Verbots der unbilligen Behinderung bzw. sachlich ungerechtfertigten Ungleichbehandlung beim Multiplexing und bei der Paketbildung aufwiesen. Allerdings werden hier weiterhin entscheidende Aspekte ausgenommen, die im System der Zugangskontrolle und für den Betrieb von Navigationssystemen zum Tragen kommen, wobei nicht nachzuvollziehen ist, warum sie im Rahmen der Bündelung und Vermarktung keine Anwendung finden. Während zwar die übrigen verfahrensrechtlichen Vorschriften auch für Betreiber von Multiplexing und Paketanbieter gelten, sind diese von der Verpflichtung zur unverzüglichen Anzeige und von der Verpflichtung zur Offenlegung (auch gegenüber Dritten) sämtlicher technischen Parameter und der Entgelte allerdings befreit. Es ist nicht einsehbar, weshalb es für den Betrieb des Systems der Zugangskontrolle und von Navigationssystemen einerseits und es für das Multiplexing sowie für die Paketbildung anderseits ein unterschiedliches Maß an verfahrensrechtlichen Sicherungen geben soll. Vor allem erscheint es widersprüchlich und inkonsequent zu sein, die konkurrierenden Rundfunkveranstalter mit einem Beschwerderecht auszustatten, die Betreiber von Multiplexing und die Paketanbieter aber nicht zur Offenlegung sämtlicher technischen Parameter und Entgelte zu verpflichten. Trotz dieser Widersprüche wird in der Literatur zu Recht kein Verfassungsverstoß angenommen, zumal die Landesmedienanstalten angesichts der ihnen verbleibenden Kompetenzen weiterhin über hinreichende Möglichkeiten verfügen, den chancengleichen und diskriminierungsfreien Netzzugang anderer Anbieter im Rahmen von Multiplexing und der Paketbildung zu realisieren.[630]

[630] Vgl. zu dieser Problematik ausführlich *Gersdorf*, Chancengleicher Zugang zum digitalen Fernsehen (Vortrag), aaO.

VI. Die Gesetzgebungskompetenz zum Erlass der Must-Carry-Regeln

1. Die Konvergenz der Medien

In den Verlautbarungen der EG-Kommission steht die Notwendigkeit im Mittelpunkt, das elektromagnetische Spektrum auch für andere Zwecke als den Rundfunk und den Mobilfunk zu öffnen.[631] Die Fragen, die hier anhand der digitalen Nutzung terrestrischer Frequenzen erörtert werden, treten als technische und ordnungspolitische Probleme in vergleichbarer Weise auch bei den Breitbandkabelnetzen auf. Die Konvergenz der Medien[632], das heißt das Zusammenwachsen von Rundfunk, Telekommunikation und Informationstechnologie, ist ein unumkehrbarer Prozess, der längst nicht mehr nur in den Köpfen ideenreicher Forscher steckt; die Konvergenz von Technologien und Netzinfrastrukturen in diesem Bereich ist als Realität bereits allgemein anerkannt. In der Bundesrepublik Deutschland wird dabei im Bereich des Rundfunks im wesentlichen das Verhältnis der Telekommunikationskompetenz des Bundes zur Rundfunkkompetenz der Länder berührt. Neue Techniken ermöglichen es, zugleich Funktionen zu erfüllen, die bisher Aufgabe verschiedener Organisationen mit jeweils getrennter technischer Infrastruktur waren. Durch Datenkompression werden neue Frequenzen verfügbar gemacht und die Kapazität bereits genutzter Frequenzen wesentlich erhöht. Das für diese Nutzungen notwendige Management, die Aufteilung zwischen den verschiedenen in Betracht kommenden traditionellen und neuen Nutzungen sowie die Art und Weise der Finanzierung sind äußerst umstrittene Themenkomplexe und spielen direkt hinein in die Frage der Gesetzgebungskompetenz der Landesgesetzgeber zum Erlass der Must-Carry-Regeln für den Rundfunk; auch im digitalisierten Breitbandkabelnetz ist darüber zu entscheiden, für welche Dienste die verfügbaren Kapazitäten genutzt werden

---

631 S. *Zusammenfassung der Ergebnisse der öffentlichen Konsultation zum Grünbuch zur Konvergenz der Branchen Telekommunikation, Medien und Informationstechnologien und Themen für weitere Überlegungen*, Arbeitsdokument der Europäischen Kommission (DG X, L XIII) vom 29. Juli 1998, im Internet abrufbar auf: http://www.ispo.cec.be/convergencegp/gpworkdocde.html, S. 8 f.

632 S. zum Begriff der Konvergenz der Medien u.a. *Medienbericht '98*, aaO, S. 55 ff., 260; *Grünbuch zur Konvergenz der Branchen Telekommunikation, Medien und Informationstechnologie*, 3.12.1997, KOM-(97) 623, S. 1 ff.; *European Commission Legal Advisory Board*, Convergence between telecommunications and audiovisual, http://www2.echo.lu/legal/en/converge/960430/960430.html; *Friedewald*, Wachstums- und Beschäftigungswirkungen der Informationstechnik, 1997, Kap. 4.1; *Bertelsmann Stiftung*, Kommunikationsordnung 2000, aaO, S. 11 und *Eighmey's* "media mosaic", welches in einer anschaulichen Illustration Webseiten nebeneinander stellt, auf denen die unterschiedlichen Medien- und Kommunikationsdienste ausgeführt werden: die Programme eines US Kabelnetworks, eines herkömmlichen und eines lokalen Fernsehsenders, Videotelefon, die amerikanische Post, das Programm einer Radiostation, eine E-Mail-Nachricht und eine amerikanische Wochenzeitschrift, *Eighmy*, Media Convergence, http://129.18627.130/Conv.html.

sollen.[633] Fraglich ist, ob die im Rahmen des Vierten Rundfunkänderungsstaatsvertrages umfassend geregelte Thematik der Kanalbelegung des Breitbandkabels angesichts der zu erwartenden Dialogfähigkeit des Netzes und der zukünftig auch in diesem Netz angebotenen Telekommunikations- und sonstigen Dienste von der Rundfunkkompetenz der Länder gedeckt ist oder (zumindest teilweise) bereits in die Telekommunikationskompetenz des Bundes fällt.[634]

2. Die Telekommunikationskompetenz des Bundes und die Rundfunkkompetenz der Länder

Der Bund kann sich zunächst auf seine Kompetenz im Bereich der Telekommunikation gemäß Art. 73 Nr. 7 GG berufen. Diese Kompetenz betrifft den rein technischen Vorgang der Signalübermittlung, nicht aber die Regelung von Inhalten, die mittels Telekommunikation vermittelt werden[635]; eine Feststellung, die angesichts der Konvergenzdebatte von zentraler Bedeutung ist. Demgegenüber verfügt der Landesgesetzgeber über die Rundfunkkompetenz. Er hat die organisatorischen und inhaltlichen Fragen des Rundfunks zu regeln.[636] Ausgangspunkt für die Kompetenzabschichtung ist das verfassungsrechtliche Verbot der Doppelzuständigkeit, wonach für einen und denselben Lebenssachverhalt nach der grundgesetzlichen Kompetenzverteilung entweder nur der Bund oder nur die Länder zuständig sein können.[637] Ob ein und derselbe Lebenssachverhalt betroffen ist, richtet sich nach dem konkreten Regelungsziel, das der jeweilige Kompetenzträger anstrebt. Nur bei Identität der Regelungsziele drängt das Verbot der Doppelzuständigkeit auf seine Verwirklichung.[638]

---

633 Die derzeit ebenfalls kontrovers diskutierte Frage, welche der verfügbaren Kanäle mit herkömmlicher analoger Technik und welche mit digitaler Übertragungstechnik genutzt werden sollten, ist in Anbetracht des für das Jahr 2010 geplanten "analog switch-offs" von nur vorübergehender Relevanz, so dass auf dieses Problem nicht gesondert eingegangen wird.

634 Ausführlich zur Gesetzgebungskompetenz des Bundes im Rahmen des Wettbewerbsrechts s. insbesondere *Gersdorf*, Chancengleicher Zugang zum digitalen Fernsehen, aaO, S. 48 ff.

635 S. dazu grundsätzlich *BVerfG*, aaO, BVerfGE 12, 205, 226 f.

636 Angesichts des Doppelcharakters des Rundfunks als Wirtschafts- und Kulturgut stellt sich hier zwar auch die Frage nach der Abgrenzung zwischen der Bundeswirtschaftskompetenz einerseits und der Landesrundfunkkompetenz andererseits, diese soll aber aufgrund der bereits oben getroffenen Feststellung, dass das Bundeswirtschafts-, insbesondere das Bundeswettbewerbsrecht und das Landesrundfunkrecht nebeneinander anwendbar sind, hier nicht weiter erörtert werden.

637 S. *Bullinger/Mestmäcker*, aaO, S. 133.

638 Hieraus wird wieder ohne weiteres deutlich, dass auch im Rundfunkbereich z.B. das Bundeswirtschaftsrecht neben dem Landesrundfunkrecht anwendbar ist.

Das Telekommunikationsgesetz (TKG)[639] regelt in seinen §§ 43 - 48 die Frequenzordnung. Unterschieden werden hier die internationalrechtlich vorgeprägte Frequenzbereichszuweisung, der von der Regulierungsbehörde aufzustellende Frequenznutzungsplan und schließlich die Frequenzzuteilung an einzelne Nutzer durch Verwaltungsakt. Soweit Belange des Rundfunks berührt sind, ist die Mitwirkung des Bundesrats vorgesehen. Das gilt für die Verordnungen zur Frequenzzuteilung sowie für die Aufstellung des Frequenznutzungsplans. Das Telekommunikationsgesetz unterstellt den Frequenznutzungsplan den in § 2 Abs. 2 normierten Zielen und nimmt auf die Erfordernisse der europäischen Harmonisierung Bezug. Gemäß der Legaldefinition im Telekommunikationsgesetz sind die Breitbandkabelnetze durchaus als Übertragungswege im Sinne des § 3 Nr. 22 TKG anzusehen; nämlich als Anlagen in Form von Kabelverbindungen mit ihren übertragungstechnischen Einrichtungen als Punkt-zu-Mehrpunkt-Verbindungen mit einer bestimmten Bandbreite bzw. Bitrate.[640] Sollte dementsprechend der 7. Abschnitt des Telekommunikationsgesetzes auch auf die Kanalbelegung des BK-Netzes Anwendung finden, wäre dieser Bereich aufgrund der Digitalisierung (mindestens für Nicht-Rundfunkdienste) nunmehr mit einem Schlag von der ausschließlichen Gesetzgebungskompetenz des Bundes gemäß Art. 73 Nr. 7 GG umfasst. Wären Rundfunkprogramme einzuspeisen, bliebe es allenfalls bei einer Mitwirkung des Bundesrates. Dementsprechend könnte man die Auffassung vertreten, es hätte den einzelnen Bundesländern an der erforderlichen Gesetzgebungskompetenz für die (unabhängig von der Art des durchgeleiteten Dienstes) umfassende BK-Kanalregulierung durch § 52 RÄndStV gemangelt.

3. Das Kapazitätsmanagement im Breitbandkabel

Die alleinige Gesetzgebungskompetenz des Bundes für das Kapazitäts- bzw. Bitratenmanagement im Breitbandkabel und seiner Zugangsmodalitäten auf-

---

[639] Telekommunikationsgesetz (TKG), vom 25. Juli 1996, Bundesgesetzblatt I S. 1120, geändert durch Gesetz vom 17. Dezember 1997, Bundesgesetzblatt I S. 3108, zuletzt geändert durch Gesetz vom 26. August 1998, Bundesgesetzblatt I S. 2544.

[640] Zwar kann die Ansicht geteilt werden, dass das Rundfunkkabelnetz aufgrund der Digitalisierung und seiner neuen Nutzungsmöglichkeiten in Zukunft auch ein öffentliches Kommunikationsnetz im Sinne des § 3 Nr. 21 TKG sein wird; zu einfach und mit der Rechtsprechung des Bundesverfassungsgerichts unvereinbar ist jedoch die scheinbar vertretene Schlussfolgerung, beim Rundfunk handele es sich nunmehr um eine (Tele-) Kommunikationsdienstleistung im Sinne des TKG, so dass die Frage des Zugangs sowie der Modalitäten des Zugangs zu Rundfunk-Breitbandkabelnetzen grundsätzlich vom Regelungsregime des TKG erfasst sei. Vgl. insofern die nicht überzeugenden Ausführungen bei *Libertus,* Durchleitung digitaler Rundfunksignale im Breitbandkabelnetz, aaO, S. 259 f.

grund seiner Telekommunikationskompetenz nach Art. 73 Nr. 7 GG ist in dieser Ausschließlichkeit abzulehnen.

a. Die Bitratenverteilung als nicht-technisches Phänomen

Im krassen Gegensatz zu den vorigen Ausführungen, wird die Auffassung vertreten, dass die Verteilung von verfügbaren Übertragungskapazitäten im Breitbandkabel deshalb nicht vom Sachgebiet der Telekommunikation im Sinne des Art. 73 Nr. 7 GG erfasst sei, da es allein den technischen Vorgang der Signalübermittlung und die hierfür erforderlichen Maßnahmen betreffe.[641] Die Telekommunikationskompetenz erstrecke sich allein auf die Transportfunktion der Telekommunikation[642] und zwar unabhängig davon, ob Dienste der Individual- oder der Massenkommunikation transportiert werden.[643] Da sich dem Zuweisungsgehalt des Art. 73 Nr. 7 GG keine Differenzierung zwischen Formen der Individual- und der Massenkommunikation entnehmen ließe, sei die Regelung inhaltlicher und organisatorischer Fragen im Bereich der Massenkommunikation genauso wenig von der Telekommunikationskompetenz des Bundes erfasst, wie auch der Bereich der Individualkommunikation nicht der ausschließlichen Bundeskompetenz nach Art. 73 Nr. 7 GG zuzuordnen sei.[644] Diese Ansicht scheint jedoch die unterschiedlichen Auswirkungen von Massen- und Individualkommunikation zu verkennen und ist deshalb zumindest als fragwürdig und gewagt zu bezeichnen. Gerade die besonders schutzwürdigen rundfunkrechtlichen Regulierungsaspekte, die aus dem Ziel nach umfassender Information und Meinungsvielfalt erwachsen, liegen hauptsächlich in der massenmedialen Wirkung des Rundfunks begründet.

Zuzugeben ist, dass der Verteilungsentscheidung ein umfangreiches Bedarfsermittlungs- und Nutzungskonzept vorauszugehen hat, das nicht durch technische Elemente geprägt ist, sondern auf kommunikationsbezogenen Erwägungen beruht.[645] Die Entscheidung, ob bestimmte Bitraten in einem digitalen Datencontainer Diensten der Individual- oder aber der Massenkommunikation, Rundfunkdiensten oder Nicht-Rundfunkdiensten, Verteil-, Zugriffs- oder Abruf-

---

641 S. *Gersdorf,* Regelungskompetenzen bei der Belegung digitaler Kabelnetze, aaO, S. 35 ff. unter Verweis auf die Rechtsprechung des Bundesverfassungsgerichts zum Fernmeldewesen, *BVerfG*, aaO, BVerfGE 12, 205, 226 f.

642 *Gersdorf,* Regelungskompetenzen bei der Belegung digitaler Kabelnetze, aaO, S. 39 ff.

643 Zur Abgrenzung von Individual- und Massenkommunikation und dem diesbezüglich zutreffend dargestellten technischen Zusammenhang zu Punkt-zu-Punkt/Mehrpunkt-Verbindungen s. *Gersdorf,* Regelungskompetenzen bei der Belegung digitaler Kabelnetze, aaO, S. 44 ff.

644 *Gersdorf,* Regelungskompetenzen bei der Belegung digitaler Kabelnetze, aaO, S. 42 ff.

645 Vgl. insofern die übereinstimmenden Ausführungen bei *Bullinger/Mestmäcker,* aaO, S. 137 u. *Gersdorf,* Regelungskompetenzen bei der Belegung digitaler Kabelnetze, aaO, S. 49.

diensten zur Verfügung gestellt werden, sprich die Bestimmung der Nutzungsziele und die Frage, welchem Ziel bei einem Zielkonflikt der Vorrang gebühren soll, bestimmt sich zugegebenermaßen nicht nach technischen Kriterien. Diese Einsicht unterstützt das Argument, dass die Verteilungsentscheidung kein Gegenstand der Telekommunikationskompetenz des Bundes sei. Unter Verweis auf die Rechtsprechung des Bundesverfassungsgerichts zum Fernmeldewesen[646] wird darüber hinaus auf die lediglich untergeordnete und dienende Funktion der fernmeldetechnischen Einrichtungen hingewiesen, woraus auch der Telekommunikationskompetenz des Bundes nur eine untergeordnete und dienende Funktion gegenüber der Rundfunkkompetenz der Länder zukomme. Der dogmatische Grund für die Indienststellung der Telekommunikationskompetenz für rundfunkpolitische Zwecke liege in der Eigenart der Telekommunikation selbst begründet, da die kommunikationsbezogene Gesamtkonzeption der technischen Ausrichtung bestimmter Übertragungskapazitäten logisch vorgelagert sei.[647]

b. Die privatwirtschaftlichen Aspekte des Bitratenmanagements

Demgegenüber wird versucht, bei der Behandlung dieser Frage die Argumentation für die Telekommunikationskompetenz des Bundes auf angeblich vergleichbare Regelungskonzeptionen anderer westlicher Industrienationen wie Großbritannien oder die USA abzustellen.[648] Wie auch aus der obigen Darstellung deutlich wird, wird darauf hingewiesen, dass die Verkabelung in der Bundesrepublik Deutschland seinerzeit von der Bundespost zunächst unter medienpolitischen Vorzeichen betrieben worden ist. Somit erklärt die Entstehungsgeschichte des Kabelfernsehens in der Bundesrepublik, dass die Breitbandnetze bis heute ausschließlich für Fernsehzwecke genutzt wurden. Anders in den USA: wie bereits illustriert, sind die Kabelnetze in den USA aufgrund der Privatinitiative der Kabelbetreiber entstanden, so dass es sich bei der Kabeleinspeisung dort vom Ansatz her in erster Linie um unternehmerische Entscheidungen der Kabelbetreiber handelt. Sie sind in der Regel die Eigentümer des Netzes, das sie zur Weiterverbreitung herangeführter Programme, zum Angebot interaktiver Dienste oder zur Eigenveranstaltung von Fernsehprogrammen nutzen. Da in den USA nunmehr die gesetzlichen Nutzungsbeschränkungen, die für Kabelbetreiber galten, insbesondere die für Sprachtelefon- und andere Dienste, durch den Telecommunications Act 1996 aufgehoben worden sind, sind die Kabelbetreiber grundsätzlich frei in ihrer Auswahl der weiterzuleitenden Dienste. Gesetzliche Prioritäten nach der Maßgabe von "Must-Carry" und "Retransmission Consent" gelten je nach den verfügbaren Kapazitäten lediglich für den Zugang zu einem

---

[646] *BVerfG*, aaO, BVerfGE 12, 205, 227.
[647] *Gersdorf*, Regelungskompetenzen bei der Belegung digitaler Kabelnetze, aaO, S. 48 ff.
[648] *Bullinger/Mestmäcker*, aaO, S. 135 ff.

Teil der Kabelkanäle. In den USA verwendet man in diesem Zusammenhang gerne den Begriff der "Co-Regulation", der zum Ausdruck bringen soll, dass es sich beim Kabelfernsehen (und stärker noch bei den Neuen Medien wie dem Internet etc.) um einen sich an den allgemeinen Marktgesetzen zu orientierenden Unternehmens- und Geschäftsbereich handelt, in den nur in Ausnahme- und Missbrauchsfällen von Seiten des Gesetzgebers regulierend einzugreifen ist.

Vereinzelt wird nunmehr angenommen, dass in der Bundesrepublik eine im Grundsatz ähnliche rechtliche Situation auf der Grundlage von Art. 87 f Abs. 2 GG und dem Telekommunikationsgesetz gelte.[649] Die Errichtung und der Betrieb von Kommunikationsnetzen sind nach dieser Auffassung nunmehr privatwirtschaftliche Tätigkeiten, wobei jedermann berechtigt ist, Kabelnetze zu errichten und zu betreiben, sofern er nicht als Rundfunkveranstalter tätig werden will. Die Entscheidung über die Investition falle ebenso wie die über die Art und Weise der Nutzung in den Schutzbereich von Art. 12 und Art. 14 GG. Während sich in der Vergangenheit noch Besonderheiten aus der auch rechtlich gesicherten Monopolstellung der Telekom und aus der ebenso historisch begründeten Zuordnung der Netze zum Rundfunk ergaben, sei den erweiterten Nutzungsmöglichkeiten der Kabelbreitbandnetze für Multimedia in der Zukunft Rechnung zu tragen. Basierend auf diesem Ansatz wird der die Bundesgesetzgebungskompetenz in diesem Bereich ablehnenden Ansicht entgegengehalten, dass die Frage, wie über die Nutzung von Breitbandkabelnetzen zu entscheiden ist, sich nicht mit dem bloßen Hinweis auf die Telekommunikations- bzw. Rundfunkkompetenz beantworten ließe.[650] Maßgeblich und vorgreiflich sei vielmehr, dass im Rahmen der Telekommunikationskompetenz nur darüber zu entscheiden sei, wer befugt ist, Breitbandkabel zu verlegen und zu vertreiben, was in Zukunft jedermann sein wird. Die danach telekommunikationsrechtlich zulässigen Tätigkeiten seien privatrechtlicher und privatwirtschaftlicher Natur. Sie stünden allein unter dem Vorbehalt der besonderen Pflichten, die für marktbeherrschende Unternehmen nach dem Telekommunikationsgesetz oder dem deutschen und europäischen Wettbewerbsrecht gelten.

Zuzustimmen ist in diesem Zusammenhang, dass Unternehmen nicht über eine Investition entscheiden können, ohne zu wissen, welche Nachfrage mit welchen Mitteln befriedigt werden soll. Das zuvor angeführte umfangreiche Bedarfsermittlungs- und Nutzungskonzept ist mithin ein notwendiger Bestandteil der Investitionsplanung. Dem technischen Vorgang des Sendens komme bei dieser privatwirtschaftlichen Nutzung von Breitbandkabelnetzen dementsprechend keine gesonderte rechtserhebliche Funktion zu. Die gegenteilige Ansicht übertrage Kategorien, die eigentlich für den traditionellen terrestrischen Rundfunk

---

[649] *Bullinger/Mestmäcker,* aaO, S. 135.
[650] *Bullinger/Mestmäcker,* aaO, S. 137 f.

entwickelt worden seien, auf die Breitbandkommunikation, wodurch sie im Bereich der Breitbandkommunikation von vornherein sachfremd seien. Im Ergebnis werde für die Länder mit Hilfe des Kompetenztitels Rundfunk die Befugnis zur umfassenden Investitionskontrolle im Bereich der Informationstechniken reklamiert, wobei scheinbar der Rechtszustand perpetuiert werden soll, der sich unter der Herrschaft des Netzmonopols der Bundespost herausgebildet habe.[651] Auch diese Auffassung ist im Ergebnis abzulehnen.

4. Die Sonderstellung des Mediums Fernsehen im Zeitalter technologischer Konvergenz

Obschon in einem derart bedeutsamen Wirtschaftszweig wie der Medien-, Informations- und Kommunikationswirtschaft die ökonomisch entscheidenden Fragen, z.B. wie das Zustandekommen der mit der neuen Technik ausgestatteten Breitbandkabelnetze überhaupt finanziert wird, unbedingt zu berücksichtigen sind, kann sich auch der Forderung nach Bundeskompetenz in ihrer Ausschließlichkeit hier nicht angeschlossen werden. Weder kann dem Bund mit dem Kompetenztitel Telekommunikation noch den Marktwirtschaftsmechanismen allein die umfassende Zugangs- und Weiterverbreitungskontrolle im Bereich des Rundfunks überlassen bleiben. Das Fernsehen behält trotz technologischer und systemübergreifender Verschmelzung mit anderen Medien eine Sonderstellung. Es bleibt aufgrund seiner massenmedialen Wirkung für den demokratischen Meinungsbildungsprozess in der Bundesrepublik Deutschland derart regelungsbedürftig, dass es nicht allein dem freien Spiel der Wirtschaftskräfte ausgeliefert werden darf. Auch die Übertragungstechnik allein kann nicht im Mittelpunkt der Auseinandersetzung stehen. Das Fernsehen muss auch Minderheiten, nichtmassenattraktiven Programmen und regionalen und lokalen Belangen weiterhin ein Forum bieten, um Pluralismus, Meinungs- und kulturelle Vielfalt zu gewährleisten.[652] Die hier dargestellten Regulierungsansätze sind in Anbetracht der Konvergenz - wie es das Wort in technischer Hinsicht schon sagt - nunmehr auch in rechtlicher Hinsicht miteinander zu kombinieren und zu einem Ausgleich zu bringen. Eine Entscheidung "entweder oder" wird der neuen Situation, die die Digitalisierung im Bereich des Fernsehens geschaffen hat, nicht gerecht. Es kann für die Frage nach der Gesetzgebungskompetenz für die Regulierung und Belegung der Kapazitäten des Breitbandkabels nicht nur eine Antwort geben: entweder der Bund oder die Länder. Vielmehr sind sowohl der Bund als

---

[651] S. *Bullinger/Mestmäcker*, aaO, S. 137.

[652] Nachdenklich müsste in diesem Zusammenhang die Einschätzung eines Mitarbeiters des Teleshopping-Senders QVC stimmen, der auf der Cable '98 behauptete, dass die privaten Kabelnetzbetreiber - wenn sie dürften - ausschließlich Teleshopping-Kanäle einspeisen würden, da diese die höchsten Einspeisegebühren zahlten.

auch die Länder berufen, auf das Kapazitätsmanagement des Breitbandkabels einvernehmlich einzuwirken. Während den Ländern seit jeher die Regulierung von Zugang und Weiterleitung der Rundfunk- und Mediendienste im Breitbandkabel obliegt, wird es nunmehr auch Sache des Bundes, Kapazitätsbereiche im Breitbandkabel, nämlich die Nutzung durch Informations- und (Tele-)Kommunikationsdienste, mitzuregulieren.[653] Aufgrund der in Zukunft vielfältigeren technologischen Möglichkeiten und der größeren Übertragungskapazitäten[654] des Breitbandkabels kann das Breitbandnetz nicht mehr als ausschließliches Rundfunknetz mit begrenzter und deswegen gänzlich vom Landesgesetzgeber zu regulierenden Übertragungskapazitäten angesehen werden. Da die neuen Diensteangebote derart vielfältig und - sofern es begrifflich überhaupt möglich ist - unter die traditionellen Kompetenzbereiche von sowohl Bund als auch Ländern zu subsumieren sind, kann die Regulierung der neuen Dienste nicht über einen Kamm geschoren werden. Zur Herstellung einer einheitlichen Ordnung für Kommunikation, Information und Rundfunk unter Wahrung der verfassungsrechtlichen Kompetenzzuteilung sind Bund und Länder zukünftig berufen, schon im Gesetzgebungsverfahren verstärkt kooperativ zusammenzuwirken, was über die bloße Zustimmung hinauszugehen hat. Zuständigkeitsbereiche sind zwischen Bund und Ländern weiterhin abzugrenzen und klar zu definieren, der Gesetzgebungs- und Gesetzentwicklungsprozess im Bereich von Multimedia und neuer Kommunikation muss jedoch zusammengeführt und harmonisiert werden.[655]

Diese Schlussfolgerung bedeutet aber nicht, dass das derzeitig im Vierten Rundfunkänderungsstaatsvertrag vorgesehene Must-Carry-Modell, welches im Grunde die gesamte Breitbandkabelkapazität zum Regelungsgegenstand hat, nicht von der Gesetzgebungskompetenz der Länder gedeckt ist. Das vorliegende Modell reguliert zwar das gesamte Kabelspektrum, beschränkt sich aber mit seinen zwingenden Vorgaben auf die Kapazitäten, deren Zurverfügungstellung für die verfassungsrechtlich zu gewährleistende Grundversorgung im Bereich des

[653] Genauso muss es den Ländern in Zukunft zugestanden werden, das schmalbandige Netz mit zu regulieren, sollten in diesen Anlagen ebenfalls Rundfunk- und Mediendienste angeboten werden.

[654] Von einem gänzlichen Wegfall des Kapazitätsengpasses soll - wie anderenorts angenommen - hier nicht gesprochen werden; die Praxis hat in anderen Bereichen (vgl. nur die unaufhörlich steigenden Megabite-Zahlen bei Personalcomputern) gezeigt, dass schier endlos scheinende Kapazitäten aufgrund immer innovativerer und vielfältigerer Dienste in kurzer Zeit wieder an ihre Grenzen stoßen.

[655] Obschon auch den Inhalten von RStV, MStV, Landesmediengesetzen, Kanalbelegungs- bzw. Frequenznutzungsverordnungen, TKG und IuKDG - wie allen Gesetzeswerken - Bedenken entgegenstehen, scheint der größte Kritikpunkt jedoch in der für einen zusammenwachsenden Informations- und Kommunikationsmarkt verwirrend großen Anzahl von Gesetzen unterschiedlicher Gesetzgeber zu bestehen.

Rundfunks erforderlich ist. Indem die Belegung des darüber hinaus verbleibenden Kabelspektrums den allgemeinen Gesetzen unterworfen bleibt, wird der Regelungskompetenz des Bundesgesetzgebers Rechnung getragen. Die nicht für den Grundversorgungsauftrag des Landesgesetzgebers erforderlichen Kapazitäten überlassen dementsprechend genügend Spielraum für eine Regulierung sowohl durch das Telekommunikationsgesetz und die allgemeinen Wettbewerbsgesetze als auch durch die freien Kräfte des Marktes. Während an der Gesetzgebungskompetenz der Länder für die in dieser Form verabschiedeten Must-Carry-Regeln nicht zu zweifeln ist, steht der Rundfunkstaatsvertrag in seiner neuen Fassung auch nicht mehr den Forderungen der EG-Institutionen entgegen, die ausschließliche Nutzung der Kabelnetze durch den Rundfunk zu überwinden und sie für neue Dienste zu öffnen.[656]

---

[656] Vgl. *Bullinger/Mestmäcker*, aaO, S. 138.

VII. Die Kollision der Must-Carry-Regelung mit verfassungsrechtlich geschützten Interessen

1. Die Berufsfreiheit der Kabelnetzbetreiber gemäß Art. 12 Abs. 1 GG

Art. 12 Abs. 1 Satz 1 GG gewährleistet allen Deutschen das Recht, Beruf, Arbeitsplatz und Ausbildungsstätte frei zu wählen. Fraglich ist, ob die Kanalbelegungsregulierung des § 52 RÄndStV eine Verletzung der Berufsfreiheit der Kabelnetzbetreiber gemäß Art. 12 Abs. 1 GG darstellt, da die Kabelnetzbetreiber in ihrer beruflichen Entscheidungs- und Betätigungsfreiheit, wie und an wen sie ihre Kabelkapazitäten allokieren, durch die Vorgaben des § 52 RÄndStV eingeschränkt sind.

a. Die Kabelnetzbetreiber als Träger der Berufsfreiheit

Träger der Berufsfreiheit nach Art. 12 Abs. 1 GG sind sowohl natürliche Personen[657] als auch inländische juristische Personen im Sinne des Art. 19 Abs. 3 GG.[658] Das Grundrecht der Berufsfreiheit ist ein Staatsbürgerrecht, gilt also nur für Deutsche im Sinne des Art. 116 GG; es hat keine Menschenrechtsqualität.[659] Ausländischen Staatsangehörigen und Staatenlosen steht das Grundrecht des Art. 12 GG demnach nicht zu.[660] Teilweise wird zwar die Auffassung vertreten, dass Ausländern ebenfalls das Grundrecht der Berufsfreiheit nach Maßgabe des allgemeinen Persönlichkeitsrechts des Art. 2 Abs. 1 GG zustehe.[661] Diese Interpretation ist jedoch abzulehnen, da sie das Spezialitätsverhältnis zwischen Art. 12 GG und Art. 2 Abs. 1 GG verkennt und die ausdrückliche verfassungsrechtliche Entscheidung des Art. 12 GG, die Berufsfreiheit nur deutschen Staatsbür-

---

[657] Das Recht der Berufsfreiheit ist primär ein Individualgrundrecht, wobei das BVerfG vor allem den personal-individualrechtlichen Sinnbezug des Art. 12 GG wiederholt betont hat; vgl. u.a. *BVerfG*, Urteil v. 11.6.1958 (1 BvR 596/56), in: BVerfGE 7, 377, 397; Urteil v. 16.3.1971 (1 BvR 52, 665, 667, 754/66), in BVerfGE 30, 292, 334.

[658] Die Anwendbarkeit des Art. 12 auf juristische Personen ist zwar umstritten, im Ergebnis aber zu bejahen; vgl. insofern *BVerfG*, Urteil v. 19.10.1983 (2 BvR 298/81), in: BVerfGE 65, 196, 210.

[659] S. *Maunz/Dürig*, Kommentar z. GG, Band II, 35. Aufl., 1999, Art. 12 Rn. 95.

[660] Die berufliche Betätigung von Ausländern im Geltungsbereich des GG kann unter Erlaubnisvorbehalt gestellt werden; heimatlose Ausländer sind gemäß §§ 14 ff. Gesetz über die Rechtsstellung heimatloser Ausländer vom 25.4.1951 (BGBl. 1951 I, S. 269) den deutschen Staatsbürgern zwar wesentlich gleichgestellt, dieser Gleichrang gründet sich aber allein auf einfaches Gesetzesrecht und genießt gerade keinen Verfassungsrang.

[661] Vgl. etwa *Bleckmann*, Staatsrecht II, 4. Aufl., 1997, S. 110 ff.

gern grundrechtlich zu gewähren, unterläuft.[662] Das Bundesverfassungsgericht hat zwar klargestellt, dass die Unanwendbarkeit des Art. 12 Abs. 1 GG auf Ausländer nicht bedeutet, dass die Verfassung sie in diesem Bereich schutzlos lässt. Während der systemgerechte Ansatz dann bei dem subsidiären allgemeinen Freiheitsrecht des Art. 2 Abs. 1 GG liegt, betonte das Gericht jedoch ausdrücklich, dass dies nicht so verstanden werden dürfte, dass der Nichtdeutsche, dem die Berufung auf die Berufsfreiheit verwehrt ist, denselben Schutz über Art. 2 Abs. 1 GG beanspruchen könnte.[663]

Gemäß Art. 39 ff. EGV genießen Staatsangehörige der EU-Mitgliedsstaaten das Recht der Freizügigkeit, der Niederlassungsfreiheit und der Dienstleistungsfreiheit, wodurch sie über eine Rechtsstellung verfügen, die sie auch im Lichte der Berufsfreiheit den deutschen Staatsangehörigen wesentlich gleichstellt. Jedenfalls geht der EuGH in seiner Rechtsprechung in diesem Zusammenhang davon aus, dass die Verfassungsordnungen der einzelnen Mitgliedsstaaten in ähnlicher Weise die Freiheit der Berufstätigkeit gewährleisten.[664] Die wesentliche Gleichstellung bedeutet jedoch ebenfalls nicht, dass Art. 12 GG nunmehr direkt auf EU-Staatsbürger anwendbar wäre; dieser Schluss ist mit dem insoweit definitiven und unabdingbaren Verfassungstext nicht zu vereinbaren.[665]

Wie bereits erwähnt kommt gemäß Art. 19 Abs. 3 GG die Berufsfreiheit auch inländischen juristischen Personen sowie Personenvereinigungen des Privatrechts zugute[666], so dass zunächst die deutschen Netzbetreiber – zumeist organisiert als Personen- oder Kapitalgesellschaften[667] - als Träger der Berufsfreiheit gemäß Art. 12 Abs. 1 GG in Betracht kommen. Zwar wurde in der Vergangenheit die Anwendbarkeit der Grundrechte für den größten deutschen Kabelnetzbetreiber, die Deutsche Telekom AG, als Nachfolgeunternehmen der Deutschen Bundespost Telekom auch nach der Postreform II und trotz ihrer durch Art. 87 f GG erfolgten Entlassung aus dem Bereich kompetenzgebundener institutionalisierter Staatlichkeit aufgrund der alleinigen Inhaberschaft der DTAG-

---

[662] S. *BVerfG*, Urteil v. 10.5.1988 (1 BvR 482/84 und 1166/85), in: BVerfGE 78, 179, 196 f.; *BVerwG*, Urteil v. 17.1.1980 (3 C 116.79), in: BVerwGE 59, 284, 294. So auch *Maunz/Dürig*, aaO, Band II, Art. 12 Rn. 96.

[663] *BVerfG*, aaO, BVerfG 78, 179, 196 f.

[664] Schmidt-Bleibtreu/Klein, GG, 9. Aufl., 1999, S. 307.

[665] Vgl. *Maunz/Dürig*, aaO, Band II, Art. 12 Rn. 97.

[666] *BVerfG*, aaO, BVerfGE 30, 292, 312; 50, 290, 363; 65, 196, 210; Urteil v. 4.12.1979 (2 BvR 64/78 und 460/79), in: 53, 1, 13.

[667] Zu Beginn des vergangenen Jahres hatte z.B. die Deutsche Telekom ihr Breitbandkabelgeschäft in zwei Tochtergesellschaften, die Kabel Deutschland GmbH und die MediaServices GmbH, ausgegründet, vgl. dazu auch epd medien 26/00, S. 13.

Gesellschaftsanteile durch den Bund abgelehnt.[668] Diese Sichtweise kann aber angesichts der zwei Emissionen in den Jahren 1996 und 1999, wodurch der Bund einen Großteil seiner Anteile eingebüßt hat, und insbesondere aufgrund des (Teil-)Verkaufs der Breitbandkabelnetze in den nächsten Monaten[669] nicht mehr aufrecht erhalten werden. Spätestens mit dem Verkauf der Mehrheitsanteile der ausgegliederten Regionalgesellschaften werden die Besitzer und Betreiber der Breitbandkabelnetze als vollständig privat organisiert und strukturiert anzusehen sein, ohne dass der Bund an irgendeiner Stelle als Träger auftritt.[670]

Ausländische juristische Personen können sich hingegen gemäß der Maßgabe des Art. 19 Abs. 3 GG weder auf Art. 12 GG[671] noch auf andere Grundrechte berufen.[672] Dementsprechend wird den zukünftig vermehrt auf den deutschen Markt drängenden und derzeit – teilweise bundesweit - um das Breitbandnetz der Deutschen Telekom mitbietenden ausländischen Unternehmen keine materiell-verfassungsrechtliche Überprüfungsmöglichkeit der Kanalbelegungsregulierung zustehen.[673]

b. Die Must-Carry-Regelung als Eingriff in den Schutzbereich des Art. 12 Abs. 1 GG

Obschon der Wortlaut des Art. 12 Abs. 1 GG zwischen Berufswahl und Berufsausübung differenziert, wird wegen Abgrenzungsschwierigkeiten und Überschneidungen heute von einem einheitlichen Schutzbereich der Berufsfreiheit

---

[668] S. insbesondere *Gersdorf*, Regelungskompetenzen bei der Belegung digitaler Kabelnetze, 1996, S. 66 ff.

[669] Den Beginn machte die DTAG im Februar 2000 mit dem Verkauf von 55 Prozent der Anteile am Breitbandkabelnetz in Nordrhein-Westfalen an das anglo-amerikanische Unternehmen Callahan Associates International LLC, gefolgt vom Verkauf von 65 Prozent ihres Breitbandkabelnetzes in Hessen an die Klesch & Company Limited mit Sitz in London, s. epd medien 16/00, S. 15 u. 26/00, S. 13 f.

[670] Vgl. auch *Gersdorf*, Regelungskompetenzen bei der Belegung digitaler Kabelnetze, aaO, S. 73, der der DTAG die Grundrechtsfähigkeit erst einräumen will, sobald sie "vollständig" in privaten Händen liegt.

[671] *BVerfG*, Urteil v. 1.3.1967 (1 BvR 46/66), in: BVerfGE 21, 207, 208 f.

[672] Dieser Aspekt kann angesichts des großen internationalen Interesses am Erwerb des deutschen Breitbandkabelnetzes zukünftig erhebliche Bedeutung gewinnen, wie die ersten Verkäufe von Mehrheitsanteilen an das anglo-amerikanische Unternehmen Callahan Associates International LLC sowie die Klesch & Company Limited mit Sitz in London zeigen.

[673] Die Auslandseigenschaft wird dabei durch den Sitz, das heißt den tatsächlichen Mittelpunkt der Tätigkeit bestimmt. Lediglich die justiziellen Grundrechte des Art. 19 Abs. 4, des Art. 101 Abs. 1 und des Art. 103 Abs. 1 GG kommen für sie zum Tragen.

ausgegangen.[674] Das Grundrecht sichert die Freiheit des Bürgers, jede Tätigkeit, für die er sich geeignet glaubt, als Beruf zu ergreifen, das heißt zur Grundlage seiner Lebensführung zu machen.[675] Die Berufsfreiheit konkretisiert das Grundrecht auf freie Entfaltung der Persönlichkeit im Bereich der Leistung und Existenzhaltung[676], weswegen dem Art. 12 Abs. 1 GG ein besonderer Rang zukommt.[677] Art. 12 Abs. 1 GG enthält ein Abwehrrecht und zugleich eine verfassungsrechtliche Grund- bzw. Wertentscheidung[678], wobei er trotz des personalen Ansatzpunktes auch für die Wirtschaftsordnung insgesamt von erheblicher Bedeutung ist. Während er z.B. die Freiheit des Gewerbes sichert[679], wird ihm im praktischen Ergebnis ein wettbewerbsfördernder Effekt zugesprochen[680], ohne jedoch eine bestimmte Wirtschaftspolitik oder eine bestimmte Wirtschaftsordnung vorzuschreiben.[681]

Als Beruf gilt jede Tätigkeit, die auf Dauer angelegt bzw. nachhaltig ist[682] und in ideeller wie in materieller Hinsicht der Schaffung und Unterhaltung einer Lebensgrundlage dient.[683] Der einheitliche Schutzbereich der Berufsfreiheit umfasst neben der Entscheidung, überhaupt einen Beruf zu ergreifen oder aber darauf zu verzichten[684], die Ausübung des Berufs, das heißt die gesamte Art und Weise der beruflichen Tätigkeit, insbesondere die Form, die Mittel, den Umfang und den Inhalt der Betätigung.[685] Da der Begriff "Beruf" weit auszulegen ist, umfasst er nicht nur alle Berufe, die sich in bestimmten, traditionell oder sogar

---

674 *BVerfG*, aaO, BVerfGE 7, 377, 400 ff.
675 *BVerfG*, aaO, BVerfGE 7, 377, 397.
676 *BVerfG*, aaO, BVerfGE 30, 292, 334; Urteil v. 18.6.1980 (1 BvR 697/77), in: BVerfGE 54, 301, 313; Urteil v. 19.11.1985 (1 BvR 38/78), in: BVerfGE 71, 183, 201; Urteil v. 5.5.1987 (1 BvR 981/81), in: BVerfGE 75, 284, 292; Urteil v. 6.10.1987 (1 BvR 1086/82, 1468, 1623/82), in: BVerfGE 77, 84, 112 f.
677 *BVerfG*, Urteil v. 8.3.1983 (1 BvR 1078/80), in: BVerfGE 63, 266, 286; Urteil v. 4.4.1984 (1 BvR 1287/83), in: BVerfGE 66, 337, 359 f.
678 *BVerfG*, Urteil v. 11.6.1963 (1 BvR 156/63), in: BVerfGE 16, 214, 219.
679 *BVerfG*, Urteil v. 1.3.1979 (1 BvR 532, 533/77, 419/78 und BvL 21/78) in: BVerfGE 50, 290, 362.
680 Vgl. z.B. *BVerfG*, Urteil v. 8.2.1972 (1 BvR 170/71), in: BVerfGE 32, 311, 317. Die freie Wahl und Ausübung von Berufen führt zum Wettbewerb zwischen Unternehmen, Handel- und Gewerbetreibenden, Freiberuflern und Arbeitnehmern und schützt nicht vor der Zulassung von Konkurrenten.
681 *BVerfG*, aaO, BVerfGE 7, 377, 400.
682 *BVerfG*, aaO, BVerfGE 7, 377, 397; Urteil v. 28.7.1971 (1 BvR 40, 47, 175, 155, 159/69), in: BVerfGE 32, 1, 28.
683 *BVerfG*, aaO, BVerfGE 7, 377, 397; 54, 301, 313.
684 *BVerfG*, Urteil v. 21.10.1981 (1 BvR 52/81), in: BVerfGE 58, 358, 364; Urteil v. 14.11.1984 (1 BvR 14, 1642/82), in: BVerfGE 68, 256, 267. In diesem Zusammenhang spricht man auch von positiver und negativer Berufswahl.
685 S. *Jarass/Pieroth*, aaO, Art. 12 Rn. 7.

rechtlich fixierten Berufsbildern darstellen, sondern auch die vom einzelnen frei gewählten untypischen (erlaubten) Betätigungen, aus denen sich dann wieder neue, feste Berufsbilder ergeben mögen.[686] Selbst Berufe, die Tätigkeiten zum Inhalt haben, welche nach bisherigen Vorstellungen der organisierten Gemeinschaft, in erster Linie dem Staate, vorbehalten waren, sind in Art. 12 Abs. 1 GG jedenfalls in dem Sinn gemeint, dass auch sie vom einzelnen als Beruf frei gewählt werden können. Im gegebenen Zusammenhang ist insofern der Betrieb von (digitalisierten) Fernseh-Breitbandkabelnetzen, welcher in der Vergangenheit zumindest auf den Netzebenen 1 bis 3 der Deutschen Bundespost und im Anschluss daran der Deutschen Telekom AG ausschließlich vorbehalten war, vom Schutzbereich der Berufsfreiheit umfasst. Insbesondere die Entscheidung der Kabelnetzbetreiber, wie sie die Netzkapazitäten verwenden, mit welchen Diensten sie ihre Netze belegen und unter welchen Modalitäten sie Rundfunk- und andere Dienste in ihren Netzen weiterverbreiten wollen, ist als wirtschaftliche Tätigkeit im Sinne des Art. 12 Abs. 1 GG zu verstehen.

Die Berufsfreiheit wird dementsprechend unmittelbar durch Regelungen beeinträchtigt, die sich gerade auf die berufliche Betätigung beziehen und die sie unmittelbar zum Gegenstand haben.[687] Hierbei handelt es sich um sogenannte Maßnahmen mit berufsregelnder Tendenz, die als verbindliche Vorgaben das Ob und das Wie einer bestimmten beruflichen Tätigkeit regeln. Fehlt es an der berufsregelnden Tendenz, liegt nur ein Eingriff in die allgemeine Handlungsfreiheit in ihrer Ausgestaltung als wirtschaftliche Betätigungsfreiheit vor.[688] § 52 RÄndStV stellt sich dementsprechend als unmittelbarer Eingriff in den Schutzbereich des Art. 12 Abs. 1 GG der Betreiber digitalisierter Kabelanlagen dar, sofern die Netzbetreiber Fernsehprogramme oder Mediendienste verbreiten. Indem § 52 Abs. 3 RÄndStV den Netzbetreibern vorschreibt, die erforderlichen Übertragungskapazitäten für gewisse Fernsehprogramme des öffentlich-rechtlichen Rundfunks und die Übertragungskapazität eines analogen Fernsehkanals für die jeweiligen regionalen und lokalen Fernsehprogramme und Offenen Kanäle zur Verfügung zu stellen, wird - zumindest bis zu einem gewissen Grad - auf das Ob und das Wie ihrer beruflichen Tätigkeit als Betreiber digitalisierter Kabelanlagen von Seiten des Gesetzgebers unmittelbar Einfluss genommen. Sobald sich die Netzbetreiber dazu entschließen, Rundfunk- und/oder Mediendienste in ihren Anlagen weiterzuverbreiten, sind sie nicht mehr gänzlich frei in

[686] Grundsätzlich ebenso *BVerwG*, Urteil v. 10.5.1955 (I C 143.53), in: BVerwGE 2, 89, 92; Urteil v. 24.1.1957 (I C 194.54), in: BVerwGE 4, 250, 254 f.; *BVerfG*, aaO, BVerfGE 7, 377, 397.
[687] *BVerfG*, Urteil v. 30.10.1961 (1 BvR 833/59), in: BVerfGE 13, 181, 185.
[688] *BVerfG*, Urteil v. 5.3.1974 (1 BvL 27/72), in: BVerfGE 37, 1, 18; Urteil v. 15.7.1980 (1 BvR 24/74 und 439/79), in: BVerfGE 55, 7, 25 ff.

ihren unternehmerischen Entscheidungen[689]; auf die Entscheidung, ob und wie sie gewisse Übertragungskapazitäten verwenden, haben sie dann keinen Einfluss mehr. Selbst für die Entscheidung über die nach Abs. 3 hinausgehende Belegung mit in digitaler Technik verbreiteten Fernsehprogrammen und Mediendiensten hat der Gesetzgeber direkte Vorgaben formuliert, die die Netzbetreiber zu berücksichtigen haben. Nach der Maßgabe des § 52 Abs. 4 Nr. 1 RÄndStV dürfen innerhalb einer weiteren Übertragungskapazität im Umfang von einem Drittel der für die digitale Verbreitung zur Verfügung stehenden Gesamtkapazität nicht allein wirtschaftliche, unternehmerische oder gar gewinnmaximierende Überlegungen den Entscheidungsprozeß der Netzbetreiber bezüglich der Programmweiterverbreitung bestimmen; im Rahmen der Ausübung ihrer beruflichen Tätigkeit, sprich bei der Auswahl der weiterverbreiteten digitalen Fernsehprogramme und der Belegung der digitalen Kanäle, haben die Kabelnetzbetreiber die Interessen der angeschlossenen Teilnehmer zu berücksichtigen, eine Vielzahl von Programmveranstaltern und ein vielfältiges Programmangebot einzubeziehen und schließlich Mediendienste angemessen zu berücksichtigen. Kommen sie diesen Verpflichtungen nicht nach, erfolgen Programmauswahl und Kanalbelegung nach Maßgabe des Landesrechts durch die jeweiligen Landesmedienanstalten. Nur die Belegung darüber hinausgehender Übertragungskapazitäten unterliegt schließlich den allgemeinen Gesetzen. Es besteht mithin kein Zweifel daran, dass § 52 RÄndStV sich direkt und gerade auf die berufliche Betätigung der Betreiber digitalisierter Kabelanlagen bezieht und sie unmittelbar zum Gegenstand hat.

c. Die Rechtfertigung des Eingriffs in die Berufsfreiheit gemäß Art. 12 Abs. 1 S. 2 GG

Nach dem Wortlaut des Art. 12 Abs. 1 S. 2 GG unterliegt die Berufsausübung dem Gesetzesvorbehalt.[690] Dies bedeutet, dass jede Beeinträchtigung des Schutzbereichs der Berufsfreiheit einer gesetzlichen Grundlage bedarf, wobei die Beschränkung durch förmliches Gesetz, durch Rechtsverordnung oder durch Satzung erfolgen kann. Erforderlich ist allerdings, dass das jeweilige Parlament alle für die Grundrechtsausübung wesentlichen Fragen selbst regeln muss.[691] Bei

[689] Da hier die Must-Carry-Problematik im Zentrum der Untersuchung steht, soll auf die Entgelt- und Tarifregulierung gemäß § 52 Abs. 3 Nr. 4 RÄndStV i.V.m. den Regelungen des TKG nicht weiter eingegangen werden.

[690] Zum Vorbehalt des Abs. 1 S. 2 s. *BVerfG*, Urteil v. 9.5.1972 (1 BvR 518/62 und 308/64), in: BVerfGE 33, 125, 159; Urteil v. 1.7.1980 (1 BvR 247/75), in: BVerfGE 54, 237, 246. Dass entgegen des Wortlauts "Berufsausübung" auch die "Berufswahl" dem Gesetzesvorbehalt unterliegt, ergibt sich aus der konsequenten Anwendung eines einheitlichen Schutzbereichs. Vgl. insofern *BVerfG*, aaO, BVerfGE 7, 377, 401 f.

[691] *BVerfG*, Urteil v. 27.1.1976 (1 BvR 2325/73), in: BVerfGE 41, 251, 265.

dem Vierten Rundfunkänderungsstaatsvertrag handelt es sich um ein förmliches Gesetz im Sinne des Art. 12 Abs. 1 S. 2 GG, wobei der § 52 RÄndStV alle wesentlichen Fragen für die Tätigkeit der Programmweiterverbreitung in digitalisierten Kabelanlagen selbst regelt. Zwar sind Einzelheiten, insbesondere die Rangfolge bei der Belegung der Kabelkanäle, dem Landesrecht zugewiesen und die inhaltliche und verfahrensmäßige Konkretisierung der Zugangsfreiheit bleibt den einzelnen Landesmedienanstalten mittels übereinstimmender Satzungen überlassen. Dennoch hat der neue Rundfunkstaatsvertrag im Unterschied zu seiner alten Fassung für die Weiterverbreitung von Fernsehprogrammen in digitalisierten Kabelanlagen die wesentlichen Fragen, nämlich die grundsätzliche Kabelkapazitätsaufteilung und die entscheidenden Kriterien für die Programmauswahl, ausdrücklich selbst geregelt und trotz Einräumung eines Gestaltungsspielraums weder der alleinigen Entscheidung der Landesmedienanstalten noch der richterlichen Rechtsschöpfung überlassen.

aa. Die Stufenlehre

Beeinträchtigungen der Berufsfreiheit müssen verhältnismäßig sein, also geeignet, erforderlich und angemessen bzw. verhältnismäßig im engeren Sinne sein.[692] Die Anforderungen dieses Grundsatzes werden im Rahmen des Art. 12 GG durch die sogenannte "Stufenlehre" näher konkretisiert[693], die das Bundesverfassungsgericht in teilweiser Anlehnung an die formale Struktur des Abs. 1 entwickelt hat.[694] Während die Stufenlehre auch bei der Erforderlichkeit zur Anwendung kommt, spielt sie vor allem im Rahmen der Verhältnismäßigkeit im engeren Sinne eine Rolle. Die Stufenlehre unterscheidet die folgenden drei Arten von Beeinträchtigung der Berufsfreiheit, wobei sie an deren Verhältnismäßigkeit jeweils unterschiedliche Voraussetzungen knüpft: (1) Berufsausübungsregelungen, die die Bedingungen bzw. Modalitäten der beruflichen Tätigkeit festlegen, (2) subjektive Zulassungsregelungen, die für die Wahl eines Berufs oder den Verbleib im Beruf persönliche Eigenschaften und Fähigkeiten, erworbene Genehmigungen oder das Vorhandensein von Finanzmitteln vorschreiben, und (3) objektive Zulassungsregelungen, die die Wahl bzw. den Verbleib im Beruf an Voraussetzungen binden, die mit der Person des Berufsbewerbers nichts zu tun haben.

---

[692] Etwa *BVerfG*, Urteil v. 14.7.1987 (1 BvR 362/79), in: BVerfGE 76, 196, 207; Urteil v. 14.3.1989 (1 BvR 1033/82 und 174/84), in: BVerfGE 80, 1, 24.

[693] *BVerfG*, Urteil v. 18.12.1968 (1 BvL 5, 14/64 und 5, 11, 12/65), in: BVerfGE 25, 1, 12.

[694] Erstmals *BVerfG*, aaO, BVerfGE 7, 377 ff.

bb. Die Must-Carry-Regelung als Berufswahlregelung

Die Must-Carry-Regelung des § 52 RÄndStV betrifft die Programmauswahl und die Kanalbelegung durch die Kabelnetzbetreiber. Die Abgrenzung von Regelungen der Berufswahl und der Berufsausübung kann sich im Einzelfall äußerst schwierig gestalten. So können sich Berufsausübungsregelungen derart gravierend auswirken, dass sie die Berufsangehörigen zur Berufsaufgabe zwingen. Eine solche Regelung muss dann die verfassungsrechtlichen Voraussetzungen einer Wahlregelung erfüllen, vorausgesetzt, der Zwang zur Berufsaufgabe tritt nicht nur in Einzelfällen auf.[695] Im vorliegenden Bereich des Kabelkapazitätsmanagements wird seitens der Netzbetreiber zu Recht auf die hohen Investitionskosten des digitalen Ausbaus der Breitbandnetze hingewiesen. Die immensen finanziellen Verluste beim Betrieb der Breitbandnetze hat die Deutsche Telekom in der Vergangenheit weitgehend davon abgehalten, die Übertragungskapazitäten weiterhin zu vergrößern und das Netz flächendeckend dialogfähig zu machen. Dementsprechend ließe sich argumentieren, dass die öffentlich-rechtlichen Vorgaben des § 52 RÄndStV bei der Programmauswahl und der Kanalbelegung für digitalisierte Kabelanlagen derart in die unternehmerischen Entscheidungen der Netzbetreiber eingreifen, dass sie nicht mehr in der Lage seien, ihre Netze wirtschaftlich und kosteneffizient zu betreiben, dass sie aufgrund der Einschränkung in ihrer unternehmerischen Entscheidungsfreiheit in letzter Konsequenz schließlich gezwungen wären, ihre Tätigkeit als Kabelnetzbetreiber aufzugeben. Für diese Annahme liegen allerdings keine konkreten Anhaltspunkte vor. Der in diesem Bereich steigende Wettbewerb und die der Deutschen Telekom AG zahlreich vorliegenden Angebote zum Kauf ihres Breitbandkabelnetzes sprechen eine andere Sprache. Die bisherigen wie die zukünftig auf den Markt drängenden Kabelnetzbetreiber sind sich des immensen Investitionsbedarfs zum Ausbau des Breitbandkabels bewusst. Bewusst sind sie sich darüber hinaus aber auch der überaus lukrativen Gewinnerzielungsaussichten in Verbindung mit dem Betrieb digitalisierter Kabelanlagen. Zwar war es privaten Unternehmen wegen der historisch bedingten Gegebenheiten auf dem deutschen Breitbandkabelmarkt teilweise nicht möglich, diesen Markt zu erschließen, dennoch gibt es keine gesicherten Erkenntnisse der Marktforschung, dass aufgrund des Kabelallokationsregimes der Vergangenheit - und darauf kommt es in diesem Zusammenhang an - Kabelnetzbetreiber zur Aufgabe ihrer Tätigkeit gezwungen worden wären. Während schon der § 52 RStV a.F. nicht als Berufswahlregelung anzusehen war, kann dementsprechend die neue Regelung des § 52 RÄndStV, welcher den Netzbetreibern mittlerweile einen wesentlich größeren Verfügungs- und Entscheidungsspielraum hinsichtlich der Programmauswahl und der Kanalbelegung einräumt, ebenfalls nicht als Berufswahlregelung

[695] *BVerfG*, aaO, BVerfGE 30, 292, 315; Urteil v. 1.4.1971 (1 BvL 22/67), in: BVerfGE 31, 8, 29; Urteil v. 17.10.1984 (1 BvL 18/82, 46/83 und 2/84), in: BVerfGE 68, 155, 170 f.

eingestuft werden. § 52 RAndStV betrifft insofern allein die Ausübung des Berufs der Betreiber digitalisierter Kabelanlagen, indem er im Bereich der Programmauswahl und Kanalbelegung Bedingungen bzw. Modalitäten festlegt, unter denen sich diese Art der beruflichen Tätigkeit zu vollziehen hat.

cc. Die Must-Carry-Regelung als Berufsausübungsregelung

Obschon natürlich jede Beeinträchtigung der Berufsfreiheit verhältnismäßig sein muss, ist im Bereich der Berufsausübungsregelungen zu beachten, dass der Gesetzgeber hier einen erheblichen Beurteilungs- und Gestaltungsspielraum hat.[696] Dies gilt für die Einschätzung drohender Gefahren ebenso wie für die Eignung und Erforderlichkeit des gewählten Mittels im Rahmen des Kapazitätsmanagements[697], wobei der Spielraum bei der Verfolgung sozialpolitischer Ziele besonders weit ist.[698] Stellen sich aber die im Rahmen der Einschätzungsprärogative ergangenen Prognosen später als falsch heraus, sind die Regelungen - getreu dem Motto: Wer "prä" sagt, muss auch "post" sagen! - entsprechend zu korrigieren. Für den Must-Carry-Bereich kann dies durchaus bedeuten, dass dieser in der Folgezeit - nach dem Gewinn praktischer Erkenntnisse und Erfahrungen auf dem Gebiet des digitalen Fernsehens und seiner Auswirkungen auf den Meinungsbildungsprozess - weiter verringert oder (was jedoch unwahrscheinlich ist) erweitert wird.

(1) Die Geeignetheit der Must-Carry-Regelung

Die Beeinträchtigung der Berufsfreiheit muss zur Erreichung des verfolgten Zweckes zunächst geeignet sein.[699] Ein "Mittel ist dann geeignet, wenn mit seiner Hilfe der gewünschte Erfolg gefördert werden kann".[700] Dabei muss das benutzte Mittel weder das bestmögliche oder geeignetste sein noch muss es den angegebenen Zweck vollständig erreichen; es genügt ein Beitrag zur Zielerreichung bzw. eine Verbesserung der Situation.[701] Was die Must-Carry-Regelung des § 52 RÄndStV bezweckt, kann nur aufgrund ihrer Stellung beurteilt werden, die sie im Vierten Rundfunkänderungsstaatsvertrag im Bereich des digitalen

[696] *BVerfG*, Urteil v. 19.3.1975 (1 BvL 20, 21, 22, 23, 24/73), in: BVerfGE 39, 210, 225 f.; aaO, BVerfGE 77, 84, 106; Urteil v. 15.12.1987 (1 BvR 563, 582/85, 974/86 und 1 BvL 3/86), in: BVerfGE 77, 308, 332.
[697] *BVerfG*, aaO, BVerfGE 77, 84, 106.
[698] *BVerfG*, aaO, BVerfGE 77, 308, 332.
[699] *BVerfG*, aaO, BVerfGE 30, 292, 315 f.; Urteil v. 31.10.1984 (1 BvR 35, 356, 794/82), in: BVerfGE 68, 193, 218.
[700] *BVerfG*, aaO, BVerfGE 30, 292, 316 f.; 80, 1, 24 f.
[701] Vgl. *Maunz/Dürig*, aaO, Band II, Art. 20 VII, Rn. 74.

Fernsehens einnimmt. Auch das digitale Fernsehen bleibt trotz seiner erweiterten technischen wie medialen Nutzungsmöglichkeiten Fernsehen im Sinne des Rundfunkbegriffes, so dass die vom Bundesverfassungsgericht entwickelten Grundsätze zur Rundfunkfreiheit, insbesondere die Forderung nach einer positiven Ordnung zum Schutz der Rundfunkfreiheit durch den Gesetzgeber, weiterhin gelten und zu berücksichtigen sind. Zutreffend wird in diesem Zusammenhang zwar darauf hingewiesen, dass die dogmatisch unterschiedliche Ausgestaltung von Presse- und Rundfunkfreiheit im digitalen Fernsehzeitalter nicht mehr uneingeschränkt aufrecht zu erhalten sei, der Schluss aber, deshalb gänzlich auf das Erfordernis einer positiven Rundfunkordnung verzichten zu können, ginge zu weit und verkennt die auch im Zeitalter der Digitalisierung von Fernsehprogrammen noch ausgehende massenmediale Wirkung und weiterhin potentiell bestehende Gefahr vielfaltsbeschränkender Meinungsmacht.[702] Die Frage der Weiterverbreitung von Fernsehprogrammen ist insofern ein wesentlicher Bestandteil der vom Landesgesetzgeber zum Schutz der Rundfunkfreiheit notwendig aufzustellenden positiven Ordnung, wobei das für die Gewährleistung der Rundfunkfreiheit Wesentliche rechtlich auszugestalten ist.[703] Zweck des § 52 RÄndStV muss es demnach u.a. sein, die pluralistische Meinungsbildung im Sinne des Art. 5 Abs. 1 GG zu gewährleisten und die Bevölkerung weiterhin in möglichster Breite und Vollständigkeit zu informieren. Darüber ist Minderheiten, sowohl was das zu informierende Publikum betrifft als auch was nichtmassenattraktive Programmformen anbelangt, im digitalen Fernsehen nicht nur mittels Pay-TV ein Programm- wie Informationsforum zu gewähren, um dem Querschnitt der deutschen Gesellschaft auch in massenmedialer Weise zu entsprechen und somit die Darstellung aller Meinungsrichtungen zu gewährleisten. Schließlich verpflichtet nach der Rechtsprechung des Bundesverfassungsgerichts die Rundfunkfreiheit des Art. 5 Abs. 1 S. 2 GG den Staat dazu, die in der dualen Rundfunkordnung dem öffentlich-rechtlichen Rundfunk obliegende Grundversorgung[704] zu gewährleisten, wobei die verfassungsrechtlich verankerte Bestands- und Entwicklungsgarantie des öffentlich-rechtlichen Rundfunks solange geboten ist, wie die privaten Veranstalter den klassischen Rundfunkauftrag nicht in vollem Umfang erfüllen.[705] Solange die privaten Veranstalter aber auf die Einnahmen aus der Wirtschaftswerbung angewiesen sind und somit le-

---

702 Vgl. insofern *Weisser*, Dienstleistungen zum Vertrieb digitaler Pay TV-Angebote, aaO, S. 880 ff. Auf das weiterhin bestehende Erfordernis einer positiven Rundfunkordnung auch im Rahmen des digitalen Fernsehens wird unten ausführlicher eingegangen.

703 Vgl. *BVerfG*, aaO, BVerfGE 57, 295, 320 ff.

704 Zum Begriff der Grundversorgung s.a. *Glotz/Groebel/Mestmäcker*, Zur Wirklichkeit der Grundversorgung, in: *Hamm* (Hrsg.), Fernsehen auf dem Prüfstand, 2. Aufl., 1998, S. 87 ff. Sie möchten den Begriff der Grundversorgung durch den Begriff des "Funktionsauftrags" ersetzen, wobei es sich mehr um einen Streit um Begrifflichkeiten zu handeln scheint, der in seiner Argumentation letztlich nicht überzeugt.

705 Vgl. *BVerfG*, aaO, BVerfGE 73, 118, 155 ff.; 83, 238, 299.

diglich hohe Einschaltquoten durch massenattraktive Programme zu möglichst niedrigen Kosten im Vordergrund stehen, können sie der Aufgabe umfassender Information und Meinungsvielfalt nicht uneingeschränkt gerecht werden.

Um den dargestellten Vorgaben gerecht zu werden, sind gemäß § 52 RÄndStV die zur Grundversorgung beauftragten öffentlich-rechtlichen Rundfunkanstalten genauso in digitalisierten Kabelanlagen weiterzuverbreiten wie lokale und regionale Fernsehprogramme, Offene Kanäle und - in angemessenem Umfang - Mediendienste; schließlich sind innerhalb gewisser weiterer Kapazitäten programmvielfaltsichernde und zuschauerrelevante Aspekte zu berücksichtigen. Da rein finanzielle und unternehmerische Überlegungen bei der Programmauswahl und Kanalbelegung zumindest für einen Teil des Netzes nicht im Vordergrund stehen können, indem Kapazitäten für die zur Grundversorgung verpflichteten öffentlich-rechtlichen oder schlicht regional-lokale Programme - unabhängig von ihrer Attraktivität für den bundesdeutschen Durchschnittszuschauer - reserviert sind, ist die Regelung des § 52 RÄndStV durchaus geeignet im Sinne des Art. 12 Abs. 1 S. 2 GG, einen Beitrag zur freien öffentlichen Meinungsbildung und zum Pluralismus in der deutschen digitalisierten Fernsehlandschaft zu leisten. Einseitiger programmlicher Ausgestaltung des Fernsehkabelnetzes wird somit genauso vorgebeugt wie der Verdrängung der öffentlich-rechtlichen Rundfunkanstalten aus dem digitalisierten Netz.

(2) Die Erforderlichkeit der Must-Carry-Regelung

Weiterhin muss die Beeinträchtigung der Netzbetreiber durch die Must-Carry-Regelung erforderlich sein, das heißt, der Zweck darf nicht durch ein anderes Mittel erreicht werden können, das die Netzbetreiber weniger belastet.[706] Dies liegt nach der Rechtsprechung des Bundesverfassungsgerichts nur dann vor, wenn ein anderes, gleich wirksames, aber die Berufsfreiheit weniger fühlbar einschränkendes Mittel fehlt.[707] Dass ein derartiges Mittel nicht fehle, sondern im allgemeinen Wettbewerbsrecht bereits zu finden sei, so dass auf eine positive Rundfunkordnung, insbesondere auf eine Regulierung im Sinne des § 52 RÄndStV gänzlich verzichtet werden könne, wird seitens der Industrie, insbesondere von deutschen Netzbetreibern und Digital-TV-Veranstaltern, argumentiert.[708] Die medienpolitische Kontrolle der Belegung von und des Zugangs zu Kabelnetzen werde mit zunehmender Kapazität dieser Netze gegenstandslos, wobei es deshalb eine überaus pragmatische Antwort auf die Herausforderungen

[706] *BVerfG*, aaO, BVerfGE 30, 292, 316; 53, 135, 145; 69, 209, 218 f.
[707] *BVerfG*, aaO, BVerfGE 30, 292, 316; 75, 246, 269; 80, 1, 30.
[708] S. insofern *Weisser*, Dienstleistungen zum Vertrieb digitaler Pay TV-Angebote, aaO, S. 881 ff. S.a. *Bertelsmann Stiftung*, Kommunikationsordnung 2000, aaO, S. 30 ff.

der Konvergenz darstelle, wenn man die Entwicklung sich selbst überlasse, da nationale Regulierungen und Beschränkungen angesichts globaler Wettbewerbskräfte ohnehin obsolet würden.[709] Zumindest löse sich durch Einsatz der digitalen Übertragungstechnik die durch die Frequenzknappheit und den Kostenaufwand für die Veranstaltung von Rundfunkdarbietungen früher begründete Sondersituation des Rundfunks gegenüber der Presse zunehmend auf, so dass nunmehr auch im digitalisierten Fernsehen lediglich auf die Mechanismen des Presserechts zurückzugreifen sei.[710]

Dieser Argumentation kann nicht uneingeschränkt zugestimmt werden. Einerseits hat das Bundesverfassungsgericht bereits im dritten Rundfunkurteil festgestellt, dass selbst bei Wegfall der im Vergleich zur Presse bestehenden Sondersituation des Rundfunks im Zuge der modernen Entwicklung eine gesetzliche Regelung zur Gewährleistung der Meinungsfreiheit erforderlich sei; denn - anders als bei der Presse - könne man beim Rundfunk nicht mit hinreichender Sicherheit erwarten, dass das Gesamtangebot der Programme kraft Eigengesetzlichkeit des Wettbewerbs den Anforderungen der Rundfunkfreiheit genügen werde.[711] Dies gilt auch so lange für das digitale Fernsehen, bis die Erfahrungen mit diesem Medium das Gegenteil beweisen. Gewiss wird die Erweiterung der Übertragungskapazitäten zu einer Erweiterung des programmlichen Angebots führen. Dass sich dadurch jedoch eine Vielfalt nach der Maßgabe des Art. 5 Abs. 1 GG einstellen wird, ist derzeit lediglich eine Vermutung bzw. Möglichkeit, und es bleibt ungewiss, ob bei einer Entspannung des bisherigen Frequenzmangels alle oder wenigstens ein nennenswerter Teil der gesellschaftlichen Gruppen und geistigen Richtungen auch tatsächlich zu Wort kommen, ob also ein Meinungsmarkt nach der Maßgabe des Grundgesetzes entsteht, auf dem die Vielfalt der Meinungsrichtungen unverkürzt zum Ausdruck gelangt.[712] Ein gänzlicher Verzicht der positiven Ordnung kann dazu führen, dass die Kabelbetreiber nach ihren Vorstellungen, nach speziellen Wünschen der Empfänger oder nach rein wirtschaftlichen Gesichtspunkten über die Einspeisung von Programmen entscheiden, wodurch er schließlich auch bewirken kann, dass ein Kabelnetzbetreiber alle oder einzelne Programme des öffentlich-rechtlichen Rundfunks unberücksichtigt lässt. Dies widerspricht jedoch den verfassungsrechtlichen Vorgaben, wie sie das Bundesverfassungsgericht formuliert hat.

Darüber hinaus ist noch nicht vorhersehbar, ob aufgrund der Digitalisierungstechnik die Kapazitätsknappheit tatsächlich überwunden wird und schier unbe-

---

[709] *Bertelsmann Stiftung,* Kommunikationsordnung 2000, aaO, S.12.

[710] *Weisser,* Dienstleistungen zum Vertrieb digitaler Pay TV-Angebote, aaO, S. 881.

[711] *BVerfG,* aaO, BVerfGE 57, 295, 322 f. Dies sieht auch *Weisser,* Dienstleistungen zum Vertrieb digitaler Pay TV-Angebote, aaO, S. 880.

[712] Vgl. *BVerfG,* aaO, BVerfGE 57, 295, 322 f.

grenzte Übertragungsmöglichkeiten für Fernsehprogramme zur Verfügung gestellt werden können. Dieser Zustand ist meines Erachtens allenfalls vorübergehender Natur und langfristig nicht aufrechtzuerhalten. Zwar werden der Fernseh- wie der Werbemarkt irgendwann gesättigt sein und allein aus betriebswirtschaftlichen Gründen den Zugang weiterer Fernsehprogramme nicht mehr zulassen; zu berücksichtigen ist jedoch, dass die Fernsehprogramme keinesfalls mehr die einzigen Dienste sind, die durch das Breitbandkabel angeboten und weiterverbreitet werden wollen. Zunehmend werden viele neuartige, auch derzeit noch nicht existierende und heute noch nicht vorstellbare Dienste im Breitbandkabel ihre Verbreitung suchen, so dass auch in Zukunft damit zu rechnen ist, dass nicht allen auftretenden Bewerbern der Zugang zur Veranstaltung privater Rundfunksendungen eröffnet werden kann. Dementsprechend bleibt es weiterhin erforderlich und verfassungsrechtlich geboten, neben den Zugangsregelungen - wenigstens bis zu einem gewissen Kapazitätsumfang - auch Regeln über die Auswahl der Bewerber aufzunehmen. Wie das Bundesverfassungsgericht ausgeführt hat, gebietet dies der Gleichheitssatz aus Art. 3 Abs. 1 GG, wobei die Frage, wem eine der knappen Möglichkeiten zur Programmveranstaltung zugute kommen soll, nicht dem Zufall oder gänzlich dem freien Spiel der Kräfte anheimgegeben werden darf.[713]

Auch die Möglichkeit einer Konzentration von Meinungsmacht und die Gefahr des Missbrauchs zum Zwecke einseitiger Einflussnahme auf die öffentliche Meinung kann im Bereich des digitalen Fernsehens noch nicht wegdiskutiert, sondern muss weiterhin in Rechnung gestellt werden.[714] Zwar ist zuzugeben, dass die technischen Weiterentwicklungen eine Senkung des finanziellen Aufwands für die Veranstaltung eines Fernsehprogramms nach sich ziehen.[715] Dies kommt aber zunächst nur den Veranstaltern und Produzenten digitaler Programmangebote zugute; den Kabelnetzbetreibern stehen zunächst Investitionen in Milliardenhöhe ins Haus, um die Kabelnetze auszubauen und dialogfähig zu machen. Diese Aufwendungen müssen natürlich refinanziert werden, so dass hier zwar nicht - wie bei privaten Rundfunkveranstaltern - unbedingt Werbeerlöse im Vordergrund stehen, aber die Kabelnutzungsentgelte einziger Motor und Motiv für die Programmauswahl und Kanalbelegung sind und auf nicht absehbare Zeit bleiben. Dass sich der gewünschte Wandel des Fernsehens zur reinen Dienstleistung nicht zum Nachteil des Zuschauers auswirken wird, mag dahingestellt bleiben; dass er sich jedoch nicht zum Nachteil der umfassenden Meinungsbildung auswirken wird, ist noch nicht abzusehen. Eine Angebotsvielfalt lässt sich nicht unbedingt leichter herstellen, wenn der Netzbetreiber wegen

[713] Vgl. *BVerfG*, aaO, BVerfGE 57, 295, 327.
[714] Vgl. *BVerfG*, aaO, BVerfGE 57, 295, 323.
[715] S. *Weisser*, Dienstleistungen zum Vertrieb digitaler Pay TV-Angebote, aaO, S. 881.

nicht vorhandener gesetzlicher Vorgaben rundfunkrechtliche Aspekte nicht mehr zu berücksichtigen hat.

Schließlich wird angeführt, dass das Fernsehen im digitalen Zeitalter die besondere Wirkungsintensität, worauf das Bundesverfassungsgericht in der Vergangenheit besonders abgestellt hatte, in zunehmendem Maße verliere.[716] Während angeblich den in ihrer Zahl steigenden Sparten- und Special-Interest-Kanälen schwerlich meinungsbildende Funktion im öffentlich-rechtlichen Sinne zukomme, seien die neuen Pay-TV-Angebote auf immer kleinere und klarer abgrenzbare Zielgruppen zugeschnitten und nicht mehr auf hohe Einschaltquoten angewiesen, so dass sich auch deswegen der Rundfunk zunehmend dem Pressewesen annähere.[717] Eine rundfunkrechtliche Regulierung sei im Bereich digitaler Fernsehangebote, die nicht unmittelbar meinungsrelevant seien, dementsprechend nicht mehr erforderlich. Diese Annahme kann in dieser Absolutheit jedoch nicht einmal nur für den Teilbereich der segmentierten Pay-TV-Angebote gelten. Unbestritten scheint zu sein, dass die informations-, kultur- und unterhaltungsorientierten Vollprogramme öffentlich-rechtlicher und privater Fernsehveranstalter weiterhin bedeutendes Medium und Faktor der Meinungsbildung bleiben werden, wodurch sie der besonderen Funktion und Wirkung des klassischen Rundfunks auch im Zeitalter der Digitalisierung entsprechen.[718] Der zwingenden medienrechtlichen Berücksichtigung der Fernsehprogramme des öffentlich-rechtlichen Rundfunks nach § 52 Abs. 3 Nr. 1 RÄndStV scheinen insofern keine Bedenken zu begegnen. Da diese Funktion und Wirkung immer noch gerade darauf beruht, dass ein Programmveranstalter mit seinem Programm gleichzeitig ein Massenpublikum erreichen und beeinflussen kann, ist nicht ganz ersichtlich, warum den Sparten- oder Pay-TV-Programmen trotz ihrer Spezialisierung die Fähigkeit abgesprochen wird, gleichzeitig ein Massenpublikum zu erreichen und so einen nennenswerten Einfluss auf den demokratischen Meinungs- und Wil-

---

[716] *Weisser*, Dienstleistungen zum Vertrieb digitaler Pay TV-Angebote, aaO, S. 881 f.

[717] Der These, dass sich der Zuschauer der besonderen Suggestivkraft des Fernsehens auch und gerade durch Umschalten mittels der Fernbedienung entziehe, was ebenfalls für die abnehmende Wirkungsintensität des Fernsehens spreche, kann nicht gefolgt werden. Die schon seit jeher existierende Möglichkeit des Aus- bzw. Umschaltens - ob mit oder ohne Fernbedienung - sagt insofern nichts über die Suggestivkraft bewegter Bilder aus. Im Gegenteil: das geänderte Nutzungsverhalten, die Tatsache, dass das Fernsehen Teil des Alltags geworden ist, wodurch es bereits am Vormittag und noch nachts in Betrieb genommen wird, sprechen gerade dafür, dass das Fernsehen nichts von seiner Faszination und Autorität eingebüßt hat, von einer Schwächung der sozialen Einwirkungskraft des Fernsehens kann mithin keinesfalls die Rede sein; a.A. *Weisser*, Dienstleistungen zum Vertrieb digitaler Pay TV-Angebote, aaO, S. 882.

[718] So auch *Weisser*, Dienstleistungen zum Vertrieb digitaler Pay TV-Angebote, aaO, S. 881.

lensbildungsprozess auszuüben.[719] Ein aus welchen Gründen auch immer überaus attraktives Sparten- oder Pay-TV-Programm kann unzweifelhaft größere massenmediale Wirkung haben, als ein unattraktives Vollprogramm, wie es unter anderem der heftige Streit um die Verschlüsselung von und die Übertragungsrechte an sportlichen Großereignissen zeigt.[720] Während von Spartenkanälen gerne behauptet wird, sie besäßen aufgrund ihrer strengen Zielgruppenorientiertheit keinerlei bzw. eine verfassungsrechtlich nur zu vernachlässigende Meinungsrelevanz, wird gefordert, dass sich medienrechtliche Sondervorschriften zur Sicherung der Meinungsvielfalt nur auf diejenigen Fernsehprogramme beschränken, deren Angebote als Vollprogramme bzw. informationsorientierte Spartenkanäle unmittelbar meinungsrelevant erscheinen.[721] In diesem Zusammenhang scheint verkannt zu werden, dass gerade nicht nur massenorientierte Programme einen Beitrag zur Meinungsbildung leisten; lokale und regionale Programme genauso wie Offene Kanäle, die nur einen begrenzten Zuschauerkreis erreichen, sind aber ebenso wichtig für den Pluralismus in der Bundesrepublik Deutschland, da gerade sie es sind, die Meinungen von Minderheiten zum Ausdruck verhelfen, die ansonsten kein Verbreitungsfeld finden würden. Und dass sich genügend Bewohner einer Region dazu bereit erklären würden, ein zusätzliches Entgelt für ihre lokalen Nachrichten oder ihr regionales Unterhaltungsprogramm zu zahlen, welches sie unentgeltlich sicher gelegentlich anschauen würden, um überhaupt eine Chance der Weiterleitung zu haben, kann nicht garantiert werden. Nach der Auffassung des Bundesverfassungsgerichts liegt es vielmehr in der Verantwortung des Gesetzgebers, dass ein Gesamtangebot besteht, in dem die für die freiheitliche Demokratie konstitutive Meinungs-

---

[719] Die Bedenken, dass digitale Pay TV-Angebote aufgrund der noch zögerlichen Verbreitung der entsprechenden Technik bis weit ins nächste Jahrzehnt kaum eine spürbare Meinungsrelevanz haben, könnten hinsichtlich der meisten Angebote zwar zutreffen; sie dürfen aber angesichts der nicht vorhersehbaren Entwicklung und angesichts des geplanten "analog switch-off" im Jahre 2010 für den Gesetzgebungsprozess keine Rolle spielen, sondern könnten allenfalls in Übergangsregelungen Berücksichtigung finden. Vgl. insofern *Weisser*, Dienstleistungen zum Vertrieb digitaler Pay TV-Angebote, aaO, S. 882 f.

[720] Beispielsweise kann beliebten Unterhaltungssendungen spezieller Kinderprogramme für eine demokratisch-liberale und soziale Meinungsbildung der Kinder genauso wenig die Meinungsrelevanz abgesprochen werden, wie einem Nachrichtenprogramm eines türkischen Senders für den Meinungsbildungsprozess der größten in der Bundesrepublik lebenden ausländischen Bevölkerungsgruppe. Dass gerade Mitglieder unterhaltungsorientierter Sparten einen größeren Einfluss auf die Meinungsbildung der Bevölkerung haben können, als Vertreter sogenannter meinungsrelevanter Gruppen wie z.B. Politik, Kirche und Wirtschaft, zeigt das Phänomen, dass Sportler, Entertainer oder andere Vertreter aus der Unterhaltungsbranche immer wieder als beliebte Gäste zu TV-Talkshows eingeladen werden, um ihre Meinung zu politischen Themen zu äußern, ohne dass sie irgendeine berufliche oder sonst wie geartete Kompetenz zu diesen Fragen auszeichnen würde.

[721] Vgl. insofern *Weisser*, Dienstleistungen zum Vertrieb digitaler Pay TV-Angebote, aaO, S. 883.

vielfalt zur Darstellung gelangt, wobei der Gefahr begegnet werden muss, dass auf Verbreitung angelegte Meinungen von der öffentlichen Meinungsbildung ausgeschlossen werden und Meinungsträger, die sich im Besitz von Übertragungskapazitäten und Finanzmitteln befinden, an der öffentlichen Meinungsbildung vorherrschend mitwirken.[722] Insofern spricht nichts gegen die von der Verfassung für die Einschränkung der Berufsfreiheit der Kabelnetzbetreiber geforderte Erforderlichkeit der Must-Carry-Regelung in der in § 52 RÄndStV gewählten Fassung. Das Must-Carry-Erfordernis erstreckt sich entsprechend den verfassungsrechtlichen Vorgaben nur auf die für den Meinungsbildungsprozess erforderlichen Fernsehprogramme des öffentlich-rechtlichen Rundfunks einschließlich seiner Programmbouquets sowie die im jeweiligen Land zugelassenen regionalen und lokalen Fernsehprogramme im Rahmen einer begrenzten Übertragungskapazität. Im kapazitätsmäßig ebenfalls limitierten Non-Must-Carry-Bereich sind weiterhin die für den Meinungsbildungsprozess erforderlichen Interessen der angeschlossenen Kabelkunden genauso zu berücksichtigen wie eine Vielzahl von Programmveranstaltern, ein vielfältiges Angebot an Vollprogrammen, nicht entgeltfinanzierten Programmen, Spartenprogrammen, Fremdsprachenprogrammen und Mediendienste. Ein milderes Mittel, sprich eine geringfügigere, weniger belastende Beeinträchtigung der Berufsfreiheit der Kabelnetzbetreiber ist aus den oben angeführten verfassungsrechtlichen Vorgaben der mittels einer positiven Ordnung durch den Gesetzgeber zu gewährleistenden Rundfunkfreiheit gemäß Art. 5 Abs. 1 S. 2 GG derzeit nicht ersichtlich.

(3) Die Angemessenheit der Must-Carry-Regelung

Schließlich darf der Grundrechtseingriff in die Berufsfreiheit der Kabelnetzbetreiber durch die Must-Carry-Regelung des § 52 RÄndStV nicht außer Verhältnis zu dem angestrebten Zweck stehen.[723] Insbesondere muss das Gewicht des verfolgten Zwecks um so größer sein, je tiefer in die Berufsfreiheit eingegriffen wird. Dabei kommt es nunmehr entscheidend darauf an, auf welcher "Stufe" die Beeinträchtigung stattfand, da der Gesetzgeber Regelungen nach Art. 12 Abs. 1 Satz 2 jeweils auf der Stufe vornehmen muss, die den geringsten Eingriff in die Freiheit der Berufswahl mit sich bringt, und erst dann die nächste Stufe betreten darf, wenn mit hoher Wahrscheinlichkeit dargetan werden kann, dass die befürchteten Gefahren mit verfassungsmäßigen Mitteln der vorausgehenden Stufe nicht wirksam bekämpft werden können.[724] Am freiesten ist der Gesetzgeber, wenn er eine reine Ausübungsregelung trifft, die auf die Freiheit der Berufswahl nicht zurückwirkt, vielmehr nur bestimmt, in welcher Art und

[722] Vgl. *BVerfG*, aaO, BVerfGE 57, 295, 323.
[723] Vgl. *BVerfG*, aaO, BVerfGE 30, 292, 316 f.; 51, 193, 208.
[724] *BVerfG*, aaO, BVerfGE 7, 377, 408.

Weise die Berufsangehörigen ihre Berufstätigkeit im einzelnen zu gestalten haben.

Wie bereits oben festgestellt, handelt es sich bei dem Must-Carry-Erfordernis um eine derartige Berufsausübungsregelung, welche in Anbetracht der differenzierten Regelung in § 52 RÄndStV einen Eingriff in die Freiheit der beruflichen Betätigung und in die wirtschaftlichen Entscheidungs- und Entfaltungsmöglichkeiten der Unternehmen der Kabelnetzbetreiber darstellt. Reine Regelungen der Berufsausübung werden nach der Rechtsprechung des Bundesverfassungsgerichts legitimiert, soweit vernünftige Erwägungen des Gemeinwohls die Beschränkung zweckmäßig erscheinen lassen.[725] Hier können in weitem Maße Gesichtspunkte der Zweckmäßigkeit zur Geltung kommen, nach welchen zu bemessen ist, welche Auflagen den Berufsangehörigen gemacht werden müssen, um Nachteile und Gefahren für die Allgemeinheit abzuwehren. Der Grundrechtsschutz des Art. 12 Abs. 1 GG beschränkt sich insoweit auf die Abwehr in sich verfassungswidriger, weil etwa übermäßig belastender und nicht zumutbarer gesetzlicher Auflagen. Auch angesichts der aufgrund der technologischen Entwicklung im Bereich der Fernsehübertragung eingetretenen veränderten Rahmenbedingungen kann nicht festgestellt werden, dass die Must-Carry-Regelung nach § 52 RÄndStV über eine nach Art. 12 Abs. 1 S. 2 GG zulässige Regelung hinausgeht, die aus sachgerechten und vernünftigen Erwägungen des Gemeinwohls gerechtfertigt ist. Zunächst trifft die hier in Frage stehende Beeinträchtigung der Berufsfreiheit die Kabelnetzbetreiber nicht allzu empfindlich, da sie ihre Tätigkeit bereits ausüben und die Befugnis, sie auszuüben, dadurch nicht berührt wird. Des weiteren dient die Must-Carry-Regelung im Bereich der Fernsehprogrammweiterverbreitung innerhalb digitalisierter Kabelanlagen der Gewährleistung der freien, umfassenden und wahrheitsgemäßen Meinungsbildung. Es entspricht den vernünftigen Interessen des Gemeinwohls, wenn ein Gesamtfernsehangebot angestrebt wird, das die Darstellung der für die freiheitliche Demokratie konstitutive Meinungsvielfalt bezweckt und der Gefahr zu begegnen trachtet, dass auf Verbreitung angelegte Meinungen von der öffentlichen Meinungsbildung ausgeschlossen werden und Meinungsträger, die sich im Besitz von Übertragungskapazitäten und Finanzmitteln befinden, an der öffentlichen Meinungsbildung vorherrschend mitwirken. Diese vernünftigen Erwägungen des Gemeinwohls lassen es auch aus heutiger Sicht noch zweckmäßig erscheinen, dass die in ihren Kabelanlagen Rundfunk- und/oder Mediendienste durchleitenden Netzbetreiber Übertragungskapazitäten denjenigen Rundfunkprogrammen zwingend zur Verfügung stellen, die für den pluralistischen Meinungsbildungsprozess nach Einschätzung des Gesetzgebers unbedingt erforderlich sind.[726]

---

[725] Vgl. *BVerfG*, aaO, BVerfGE 7, 377, 405; 65, 116, 125; 70, 1, 28; 78, 155, 162.

[726] Die Frage, ob die Must-Carry-Regelung als Eingriff in die Berufsfreiheit der Programmveranstalter schließlich rechtswidrig sein könnte, muss ebenfalls verneint werden. Die Tatsa-

d. Die Abgrenzung der Berufsfreiheit von der Eigentumsgarantie

Die Berufsfreiheit steht in vielfältigen systematischen wie konkurrierenden Bezügen zu anderen Verfassungsbestimmungen, insbesondere aus dem Bereich der Grundrechte. Entsprechend ist eine Abgrenzung der Grundrechtskonkurrenzen erforderlich.[727] An dieser Stelle soll lediglich auf das Verhältnis zur Eigentumsgarantie des Art. 14 GG eingegangen werden, da zu diesem Grundrecht Art. 12 GG in einem besonders engen funktionalen Zusammenhang steht.[728] Über das Recht am eingerichteten und ausgeübten Gewerbebetrieb schützt Art. 14 GG die Substanz wirtschaftlich genutzter Vermögensrechte wie das Eigentum an den Produktionsmitteln oder das unternehmensmäßig geschützte Eigentum. Da die Berufsfreiheit die freie gewerbliche Betätigung schützt, besteht ein unmittelbarer Zusammenhang mit den wirtschaftlichen Gewährleistungen des Art. 14 GG, so dass eine Abgrenzung der Anwendbarkeit beider Grundrechte vorzunehmen ist.[729]

Das Bundesverfassungsgericht hat in seiner Rechtsprechung wiederholt eine Abgrenzung des Anwendungsbereichs der Berufsfreiheit des Art. 12 GG von dem der Eigentumsgarantie des Art. 14 GG vorgenommen.[730] Während die Berufsfreiheit als "persönlichkeitsbezogenes" Grundrecht die "individuelle Erwerbs- und Leistungsfähigkeit" schütze, garantiere die Eigentumsgarantie "dem Einzelnen vor allem den durch eigene Arbeit und Leistung erworbenen Bestand an vermögenswerten Gütern" in gleichsam "objektbezogener" Gewährleistungsfunktion.[731] Insofern resümiert das Bundesverfassungsgericht, dass Art. 12 Abs. 1 GG den Erwerb, also die Betätigung selbst schützt, Art. 14 Abs. 1 GG hingegen das Erworbene, sprich das Ergebnis der Betätigung.[732] Greift insofern ein Akt der öffentlichen Gewalt eher in die Freiheit der individuellen Erwerbs- und

che, dass § 52 RÄndStV als allenfalls mittelbarer Eingriff in die berufliche Tätigkeit der Programmveranstalter zu beurteilen und dementsprechend keinen strengeren gesetzlichen Maßstäben - als den hier bereits untersuchten - unterworfen ist, lässt die Prüfung als für das Endergebnis unerheblich erscheinen.

[727] Wie bereits zuvor erläutert, ist Art. 12 GG im Verhältnis zum sog. Hauptfreiheitsrecht des Art. 2 Abs. 1 GG z.B. Spezialgrundrecht und geht diesem vor.

[728] Zur Abgrenzung von Berufsfreiheit und Eigentumsgarantie s. insbesondere *Dörr*, Die neuere Rechtsprechung des Bundesverfassungsgerichts zur Eigentumsgarantie des Art. 14 GG, in: NJW 1988, S. 1049 ff.

[729] Für einen Überblick über die geschützten wirtschaftlichen und unternehmensmäßigen Freiheiten aus Art. 12 und 14 GG s.a. *Maunz/Dürig*, aaO, Band II, Art. 12 Rn. 124.

[730] So z.B. in seiner Entscheidung zur Verfassungsmäßigkeit der Bevorratungspflicht für Mineralölimporteure, s. *BVerfG*, aaO, BVerfGE 30, 292, 334.

[731] Vgl. *BVerfG*, aaO, BVerfGE 30, 292, 334.

[732] *BVerfG*, aaO, BVerfGE 30, 292, 335; *BVerwG*, Urteil v. 20.6.1972 (I C 25.71), in: BVerwGE 40, 157, 164 f.; *BVerfG*, Urteil v. 14.11.1989 (1 BvL 14/85, 1 BvR 1276/84), in: BVerfGE 81, 70, 96; *BGH*, Urteil v. 7.6.1990 (III ZR 74/88), in: NJW 90, 3260, 3262.

Leistungstätigkeit ein, ist der Anwendungsbereich des Art. 12 Abs. 1 GG berührt; begrenzt er hingegen mehr die Innehabung und Verwendung vorhandener Vermögensgüter, kommt ein Eingriff in den Schutzbereich des Art. 14 GG in Betracht.[733] Diese Unterscheidung hat verschiedentlich dazu geführt, dass für die gesetzliche Indienstnahme Privater nach der Rechtsprechung des Bundesverfassungsgerichts "in erster Linie" Art. 12 GG maßgebender Kontrollmaßstab war, wohingegen Art. 14 GG grundsätzlich "nicht berührt" sei.[734]

Während diese Differenzierung dogmatisch wie systematisch zwar einleuchtend ist, sind dennoch Grenzfälle denkbar, in denen ein Gesetz sowohl den Schutzbereich von Art. 12 GG als auch den von Art. 14 GG berührt. Denn zwischen dem Schutz des Erwerbs und dem Schutz des Erworbenen besteht tatbestandlich nur ein bedingter Gegensatz, bei dem es häufig nur um einen zeitlichen Unterschied in der jeweiligen Freiheitsbetätigung geht, nicht jedoch um einen qualitativen Rechtsunterschied.[735] Dies hat zur Folge, dass ein Eingriff in die gewerbliche Tätigkeit meistens auch als ein Eingriff in den eingerichteten und ausgeübten Gewerbebetrieb anzusehen ist. Missachtet man den funktionalen Zusammenhang von Berufs- und Eigentumsfreiheit, kann der grundrechtliche Schutz unzulässig verkürzt werden; nämlich dann, wenn unter Anwendung der oben ausgeführten starren Abgrenzung die grundrechtseingreifende öffentliche Gewalt ihre Maßnahme mehr an die Erwerbsfreiheit als an die Eigentumsfreiheit adressiert, um sich so möglichen Entschädigungsansprüchen nach Art. 14 Abs. 3 GG zu entziehen. Wenn ein primär berufsregelndes Gesetz wegen seiner Schwere in die Substanz eines Gewerbebetriebes eingreift und für diesen erdrosselnde Wirkung hat, ist die Versagung des Anwendungsbereiches von Art. 14 GG nicht hinnehmbar.[736] Insofern kann nicht die äußere finale Zielrichtung eines Eingriffs über die materielle Betroffenheit eines tatsächlich beeinträchtigten Grundrechts entscheiden, so dass im Zusammenhang mit den Grundrechten aus Art. 12 und Art. 14 GG grundsätzlich folgende Prüfungsregel Anspruch auf Gültigkeit besitzt: "Passiert ein "tätigkeitsbezogener" Eingriff die Kontrolle der Berufsfreiheit, so muss er bei (zusätzlich) vermögensmäßiger, gegebenenfalls auch nur mittelbarer Eingriffsrelevanz auch vor Art. 14 bestehen. Passiert ein (unmittelbar) mehr vermögens- oder "bestandsbezogener" Eingriff die Kontrolle des Art. 14, so muss er ungeachtet dessen auch bei (mittelbar) "tätigkeitsbezogener Eingriffsrelevanz" zusätzlich vor Art. 12 bestehen, um verfassungsgemäß zu sein."[737] Entsprechend ist im Rahmen der Prüfung, ob die Must-Carry-Regeln des Vierten Rundfunkänderungsstaatsvertrages die verfassungsrechtlich ge-

733 Vgl. *Dörr*, aaO, NJW 1988, S. 1050.
734 S. *BVerfG*, aaO, BVerfGE 30, 292, 334.
735 Zutreffend so *Maunz/Dürig*, aaO, Band II, Art. 12 Rn. 140.
736 Vgl. *Dörr*, aaO, NJW 1988, S. 1050.
737 S. *Maunz/Dürig*, aaO, Band II, Art. 12 Rn. 141.

schützten Rechte der Kabelnetzbetreiber verletzen, der Anwendungsbereich der Berufsfreiheit des Art. 12 GG neben dem der Eigentumsgarantie des Art. 14 GG eröffnet.

2. Das Eigentumsrecht der Kabelnetzbetreiber gemäß Art. 14 GG

Aufgrund der Must-Carry-Regelung wird weiterhin ein beachtlicher Teil der Kabelkapazitäten der Anlagen von Deutscher Telekom und anderen privaten Netzbetreibern ohne deren Einwirkungsmöglichkeit mit bestimmten Programmen belegt. Entsprechend kommt ein Eingriff in das Eigentumsrecht der Kabelnetzbetreiber gemäß Art. 14 GG grundsätzlich in Betracht.

a. Die Grundrechtsfähigkeit der Kabelnetzbetreiber

Sofern sie ihren Sitz im Inland haben, sind die privaten Betreiber von Kabelanlagen als juristische Personen des Privatrechts Grundrechtsträger gemäß Art. 19 Abs. 3 GG. Hinsichtlich der in diesem Zusammenhang interessanten Frage der Grundrechtsfähigkeit der Deutsche Telekom AG als (noch) größter Breitbandkabelnetzbetreiber Deutschlands wird auf die zuvor unter Art. 12 GG gemachten Ausführungen verwiesen. Bereits an dieser Stelle muss jedoch darauf hingewiesen werden, dass eine Verletzung des Rechts auf Eigentum aufgrund des untrennbar inneren Zusammenhangs zwischen der Gewährung des Eigentums gemäß Art. 14 Abs. 1 S. 1 GG, der Ausgestaltungsbefugnis des Gesetzgebers gemäß Art. 14 Abs. 1 S. 2 GG und der Sozialbindung gemäß Art. 14 Abs. 2 GG grundsätzlich nur unter engen Voraussetzungen anzunehmen ist.

b. Die Must-Carry-Regelung als Eingriff in den Schutzbereich des Art. 14 GG

Die Eigentumsgarantie des Art. 14 GG ist ein elementares Grundrecht und eine Wertentscheidung von besonderer Bedeutung[738], wobei sie dem Grundrechtsträger einen Freiheitsraum im vermögensrechtlichen Bereich sichern und ihm damit eine eigenverantwortliche Gestaltung des Lebens ermöglichen soll.[739] Sie

---

[738] *BVerfG,* Urteil v. 7.8.1962 (1 BvL 16/60), in: BVerfGE 14, 263, 277.

[739] *BVerfG,* Urteil v. 18.12.1968 (1 BvR 638, 673/64 und 200, 238, 249/65) in: BVerfGE 24, 367, 389; Urteil v. 16.3.1971 (1 BvR 52, 665, 667, 754/66), in BVerfGE 30, 292, 334; Urteil v. 28.2.1980 (1 BvL 17/77, 7, 9, 14, 15, 16, 37, 64, 74, 78, 100/78, 5, 16/79 und 1 BvR 807/78), in: BVerfGE 53, 257, 290; Urteil v. 31.10.1984 (1 BvR 35, 356, 794/82), in: BVerfGE 68, 193, 222; Urteil v. 14.2.1989 (1 BvR 308, 336, 356/88) in: BVerfGE 79, 292, 304.

steht also in engem Zusammenhang mit der persönlichen Freiheit[740], insbesondere auch mit der wirtschaftlichen Betätigungsfreiheit[741], so dass Art. 14 GG sich nicht nur auf persönliches Eigentum beschränkt, sondern jedes Eigentum erfasst. Schutzfähiges Eigentum im Sinne des Art. 14 GG sind dementsprechend alle eigentumsfähigen Positionen in ihrem konkreten Bestand, wobei für die einzelnen, die Belegung privater Kabelnetze regelnden Bestimmungen des jeweiligen Landesrechts Art. 14 GG nicht schon deshalb als Maßstabsnorm ausscheidet, da das Netz dem Eigentümer als solches schließlich erhalten bleibt. Denn die Eigentumsgarantie schützt neben dem Bestand und der Innehabung des Eigentums auch seine Nutzung und die Verfügung über die Eigentumsposition.[742] Eigentumsfähige Position ist grundsätzlich jedes vom Gesetzgeber gewährte vermögenswerte Recht, jedenfalls dann, wenn es durch Entfaltung des Leistungswillens entstanden ist.[743] Dazu gehören alle vermögenswerten Rechte, die das bürgerliche Recht einem privaten Rechtsträger als Eigentum zuordnet.

Da die Eigentumsgarantie es dem Eigentümer ermöglichen soll, sein Eigentum nach privatautonomen Handlungsmustern zu nutzen, enthält die grundrechtlich geschützte Eigentumsgewährleistung Elemente der allgemeinen Handlungsfreiheit, wobei sie also grundsätzlich die Entscheidung des Eigentümers darüber schützt, wie er das Eigentum verwenden will.[744] Im gegebenen Zusammenhang bedeutet dies, dass die Eigentumsgarantie dem Netzeigentümer grundsätzlich die Befugnis gewährt, sein Eigentum nach freiem Belieben zu verwenden und die Netzkapazitäten nach Maßgabe wirtschaftlicher Überlegungen zu verteilen. Ein Eingriff in die Eigentumsgarantie liegt vor, wenn durch eine Norm oder eine Einzelfallregelung eine schutzfähige Position entzogen oder die Nutzung, Verfügung bzw. Verwertung einer solchen Position rechtlichen Beschränkungen unterworfen wird. Sofern die Must-Carry-Regelung des § 52 RStV von der freien Verwendung und Verteilung der Netzkapazitäten durch die Netzbetreiber

---

740 *BVerfG*, aaO, BVerfGE 24, 367, 389.

741 *BVerfG*, Urteil v. 8.3.1988 (1 BvL 9/85 und 43/86), in: BVerfGE 78, 38, 73 f.; ebenso *BVerwG*, Urteil v. , in: BVerwGE 81, 329, 341.

742 *BVerfG*, Urteil v. 12.6.1979 (1 BvL 19/76) in: BVerfGE 52, 1, 30 f.; Urteil v. 8.7.1982 (2 BvR 1187/80) in: BVerfGE 61, 82, 108; Urteil v. 25.5.1993 (1 BvR 345/83), in: BVerfGE 88, 366, 377.

743 War dieser Gesichtspunkt in der Vergangenheit angesichts der medienpolitischen Entstehungsgeschichte des Breitbandnetzes vielleicht umstritten, kann das Vorliegen eines Leistungswillens in Anbetracht des geplanten Verkaufs des Netzes durch die Telekom für keinen Bereich der Netzebenen mehr in Zweifel gezogen werden. Die in diesem Zusammenhang von *Gersdorf* vertretene Auffassung, dass es bei netzbetreibenden Kapitalgesellschaften um rein gesellschaftlich vermitteltes Eigentum ginge, das keinen nennenswerten personalen Bezug aufweise, kann in dieser Schärfe jedoch nicht geteilt werden. Vgl. *Gersdorf*, Regelungskompetenzen bei der Belegung digitaler Kabelnetze, aaO, S. 77.

744 *BVerfG*, aaO, BVerfGE 79, 292, 303 f.; 88, 366, 377; s.a. *Gersdorf*, Regelungskompetenzen bei der Belegung digitaler Kabelnetze, aaO, S. 70.

abweichende Regelungen trifft und die Landesmedienanstalten ebenfalls ein Belegungsrecht ausüben, wird in die durch Art. 14 GG geschützte Verfügungsmacht der privaten Kabelnetzbetreiber eingegriffen.[745]

c. Die Rechtfertigung des Eingriffs in das Recht auf Eigentum

Da nach Ansicht des Bundesverfassungsgerichts Art. 14 GG - entgegen der früher herrschenden Meinung - zwei unterschiedliche Garantiebereiche enthält, ist die Rechtfertigung von Eigentumsbeeinträchtigungen unterschiedlich zu beurteilen, je nachdem ob es um eine Eigentumsbestimmung bzw. sonstige Beeinträchtigung ohne Enteignungscharakter geht oder ob es sich um eine Enteignung handelt.[746] Die Rechtmäßigkeit der Enteignung bestimmt sich nach Art. 14 Abs. 3 GG, die Rechtmäßigkeit der Eigentumsbindung und der sonstigen Eigentumsbeeinträchtigungen nach Art. 14 Abs. 1 S. 2 und Abs. 2.

aa. Die Must-Carry-Regelung als Enteignung im Sinne des Art. 14 Abs. 3 GG

Die Enteignung stellt eine besonders schwere Eigentumsbeeinträchtigung dar und ist nur unter den strengen Voraussetzungen des Abs. 3 zulässig, wobei es im gegebenen Zusammenhang für die Zulässigkeit des Kabelbelegungsrechts durch den Landesgesetzgeber zunächst von Bedeutung ist, ob es sich dabei überhaupt um eine Enteignung im Sinne des Art. 14 Abs. 3 GG handelt. Die Enteignung "ist auf die vollständige oder teilweise Entziehung konkreter subjektiver Eigentumspositionen im Sinne des Art. 14 Abs. 1 GG zur Erfüllung bestimmter öffentlicher Aufgaben gerichtet".[747] Im einzelnen müssen folgende Voraussetzungen vorliegen, damit man von einer Enteignung sprechen kann: (1) Eine Enteignung kann nur durch hoheitlichen Rechtsakt, also durch Gesetz oder Verwaltungsakt[748], nie durch einen Realakt vorgenommen werden.[749] Diese Voraussetzung ist für das Kabelkapazitätsmanagement angesichts der hier in Rede stehenden Vorschrift des § 52 RÄndStV in Verbindung mit den ebenfalls anwendbaren Landesmediengesetzen, den Kabelbelegungssatzungen und etwaigen Rangfolgeentscheidungen der Landesmedienanstalten im Einzelfall erfüllt. (2) Es muss eine geschützte Position im Sinne von Art. 14 GG betroffen sein, was - wie be-

---

[745] *Gersdorf*, Regelungskompetenzen bei der Belegung digitaler Kabelnetze, aaO, S. 70.
[746] Vgl. insofern auch *Jarass/Pieroth*, Grundgesetz, 3. Auflage, 1995, Art. 14 Rn. 2.
[747] *BVerfG*, Urteil v. 19.6.1985 (1 BvL 57/79), in: BVerfGE 70, 191, 199 f.; Urteil v. 12.3.1986 (1 BvL 81/79), in: BVerfGE 72, 66, 76.
[748] Man unterscheidet in diesem Zusammenhang zwischen Legal- und Administrativenteignung.
[749] *BVerwG*, Urteil v. , in: BVerwGE 77, 295, 298.

reits oben festgestellt - hier ebenfalls der Fall ist; die Verfügungsmacht der Netzbetreiber, sprich das Kapazitätsmanagement in Form ihres Belegungsrechts ist betroffen. (3) Schließlich muss diese Position "entzogen" werden. An dieser Stelle gilt es, den eigentlichen Inhalt des Enteignungsbegriffs zu bestimmen, d.h. den Eigentumsentzug im Sinne von Abs. 3 von der Inhalts- und Schrankenbestimmung und der sogenannten Sozialbindung gemäß Abs. 1 S. 2, Abs. 2 abzugrenzen. Gerade zwischen der teilweisen Entziehung konkreter Eigentumspositionen und einer weitgehenden Verkürzung der Eigentümerbefugnisse durch Inhalts- und Schrankenbestimmungen ist die Grenze nur schwer zu ziehen.

Während dieses Problem in der Vergangenheit viele Fragen aufgeworfen hat und von den jeweiligen deutschen Obergerichten durchaus unterschiedlich beurteilt wurde, ist der Streit in diesem Zusammenhang seit dem Nassauskiesungsbeschluss[750] des Bundesverfassungsgerichts obsolet geworden, so dass für eine Abgrenzung mittlerweile wesentlich einheitlichere Orientierungspunkte formuliert wurden. Eine Enteignung soll nach der Auffassung des Bundesverfassungsgerichts nicht schon - wie in der Vergangenheit ständig vertreten[751] - dann vorliegen, "wenn das Recht des Eigentümers, mit seiner Sache gemäß § 903 BGB nach Belieben zu verfahren, zugunsten eines Dritten beeinträchtigt" wird.[752] Eine derartige am Vorrang der bürgerlich-rechtlichen Eigentumsordnung gegenüber öffentlich-rechtlichen Vorschriften orientierte Rechtsansicht entspricht nicht dem Grundgesetz. Der Begriff des von der Verfassung gewährleisteten Eigentums muss aus der Verfassung selbst gewonnen werden. Aus Normen des einfachen Rechts, die im Range unter der Verfassung stehen, kann weder der Begriff des Eigentums im verfassungsrechtlichen Sinn abgeleitet noch kann aus der privatrechtlichen Rechtsstellung der Umfang der Gewährleistung des konkreten Eigentums bestimmt werden. Das Grundgesetz hat dem Gesetzgeber den Auftrag zugewiesen, eine Eigentumsordnung zu schaffen, die sowohl den privaten Interessen des einzelnen als auch denen der Allgemeinheit gerecht wird.[753] Ihm obliegt hierbei eine doppelte Aufgabe: Einerseits muss er im Privatrecht[754] die für den Rechtsverkehr und die Rechtsbeziehungen der Bürger untereinander maßgeblichen Vorschriften schaffen; andererseits hat er den Belangen der Allgemeinheit - in die vor allem jeder Rundfunkteilnehmer eingebunden ist - in den (meist) öffentlich-rechtlichen Regelungen Rechnung zu tragen. Werden die bürgerlich-rechtlichen Rechtsbeziehungen üblicherweise mit dem Begriff

---

[750] *BVerfG*, Urteil v. 15.7.1981 (1 BvL 77/78), in: BVerfGE 58, 300 ff.
[751] Vgl. RGZ 116, 268 (272); *BGH*, Urteil v. 10.6.1952 (GSZ 2/52), in: BGHZ 6, 270, 276.
[752] *BVerfG*, aaO, BVerfGE 58, 300, 335.
[753] Vgl. *BVerfG*, Urteil v. 12.1.1967 (1 BvR 169/63), in: BVerfGE 21, 73, 83; Urteil v. 15.1.1969 (1 BvL 3/66), in: BVerfGE 25, 112, 117 f.; Urteil v. 23.4.1974 (1 BvR 6/74 und 2270/73), in: BVerfGE 37, 132, 140.
[754] S. *BVerfG*, Urteil v. 10.3.1976 (1 BvR 355/67), in: BVerfGE 42, 20, 30 ff.

des subjektiven Privatrechts umschrieben, so wirken bei der Bestimmung der verfassungsrechtlichen Rechtsstellung des Eigentümers bürgerliches Recht und öffentlich-rechtliche Gesetze gleichrangig zusammen. Die bürgerlich-rechtliche Eigentumsordnung ist keine abschließende Regelung von Inhalt und Schranken des Eigentums. Den privatrechtlichen Eigentumsvorschriften kommt im Rahmen des Art 14 GG auch kein Vorrang vor den öffentlich-rechtlichen Vorschriften zu, die eigentumsrechtliche Regelungen treffen. Welche Befugnisse einem Eigentümer in einem bestimmten Zeitpunkt konkret zustehen, ergibt sich vielmehr aus der Zusammenschau aller in diesem Zeitpunkt geltenden, die Eigentümerstellung regelnden gesetzlichen Vorschriften.

Ergibt sich hierbei, dass der Eigentümer eine bestimmte Befugnis nicht hat, so gehört diese nicht zu seinem Eigentumsrecht. Wie der Gesetzgeber ihren Ausschluss herbeiführt, ist lediglich eine Frage der Gesetzestechnik. Definiert er die Rechtsstellung zunächst umfassend, um in einer weiteren Vorschrift bestimmte Herrschaftsbefugnisse von ihr auszunehmen, so ist dem Betroffenen von vornherein nur eine in dieser Weise eingeschränkte Rechtsposition eingeräumt.[755] Aus der Gesamtheit der verfassungsmäßigen Gesetze, die den Inhalt des Eigentums bestimmen, ergeben sich somit Gegenstand und Umfang des durch Art 14 Abs. 1 Satz 1 GG gewährleisteten Bestandsschutzes und damit auch, wann ein zur Entschädigung verpflichtender Rechtsentzug vorliegt.[756] Die Befugnis des Gesetzgebers im Bereich der Kabelbelegung zur Inhalts- und Schrankenbestimmung des privaten Netzeigentums geht um so weiter, je mehr das Breitbandkabelnetz in einem sozialen Bezug und einer sozialen Funktion steht.[757] Soweit es um die Funktion des Eigentums als Element der Sicherung der persönlichen Freiheit des einzelnen Kabelnetzbetreibers ginge, würde es einen besonders ausgeprägten Schutz genießen.[758] Soweit allerdings der Nichteigentümer, sprich der Rundfunkrezipient, seinerseits der Nutzung des Kabelnetzes zu seiner Freiheitssicherung und verantwortlichen Lebensgestaltung bedarf, umfasst das grundgesetzliche Gebot einer am Gemeinwohl orientierten Nutzung die Pflicht zur Rücksichtnahme auf den Nichteigentümer.[759] Maßgebend hierfür ist der in Art. 14 Abs. 2 GG verankerte Gesichtspunkt, dass Nutzung und Verfügung in diesem Falle nicht lediglich innerhalb der Sphäre des Netzeigentümers bleiben, sondern

---

[755] Vgl. *BVerfG*, Urteil v. 25.10.1978 (1 BvR 352/71), in: BVerfGE 49, 382, 393.

[756] *BVerfG*, aaO, BVerfGE 58, 300, 336.

[757] S. auch Schmidt-Bleibtreu/Klein, aaO, S. 381 unter Verweis auf *BVerfG*, aaO, BVerfGE 50, 290 ff.

[758] Vgl. *BVerfG*, Urteil v. 11.10.1962 (1 BvL 22/57), in: BVerfGE 14, 288, 293 f.; Urteil v. 24.3.1976 (2 BvR 804/75) in: BVerfGE 42, 64, 77; BVerfGE 50, 290, 340 f.; Urteil v. 14.2.1989 (1 BvR 1131/87), in: BVerfGE 79, 283, 289.

[759] Vgl. *BVerfG*, aaO, BVerfGE 50, 290, 340; Urteil v. 8.1.1985 (1 BvR 792, 501/83), in: BVerfGE 68, 361, 368; Urteil v. 4.12.1985 (1 BvL 23/84 und 1/85; 1 BvR 439, 652/84), in: BVerfGE 71, 230, 247; Urteil v. 9.10.1991 (1 BvR 227/91), in: BVerfGE 84, 382, 385.

Belange der Rezipienten berühren, welche ihrerseits auf die Nutzung des Eigentumsobjekts "Breitbandkabel" angewiesen sind. Die Kabelbelegungsvorschriften ermächtigen dementsprechend nicht die Landesmedienanstalten, verfassungsrechtlich geschützte Rechte der Kabelnetzbetreiber zu entziehen. Sie regeln vielmehr allgemein das Verhältnis von Netzeigentum und seiner Kanalbelegung und bestimmen die Rechtsstellung des einzelnen Kabelnetzbetreibers in diesem Rechtsbereich. Nach den objektiv-rechtlichen Regelungen des Vierten Rundfunkänderungsstaatsvertrages steht den Betreibern digitalisierter Kabelanlagen nur ein beschränktes Recht zu, im Rahmen der Kabelnutzung die Kanalbelegung vorzunehmen. Durch die Anwendung dieses Gesetzes wird daher ein Kanalbelegungsrecht nicht entzogen. Weder das bisherige noch das nunmehr abgeänderte Kabelallokationsregime der Landesmedienanstalten kann mithin eine Legal- oder eine Administrativenteignung darstellen, da die Anwendung besagter Vorschriften lediglich eine vom Gesetzgeber getroffene Regelung im Sinne des Art. 14 Abs. 1 S. 2 GG aktualisiert. Sie verlautbart die dem Netzeigentümer gezogenen Schranken bei der Ausübung seines Eigentumsrechts.[760]

bb. Die Must-Carry-Regelung als Inhalts- und Schrankenbestimmung im Sinne des Art. 14 Abs. 1 S. 2, Abs. 2 GG

Die weitere Prüfung ergibt, dass der § 52 RÄndStV in zulässiger Weise Inhalt und Schranken des Kabeleigentums bestimmt. Während das Grundgesetz unter Inhaltsbestimmung im Sinne des Art. 14 Abs. 1 S. 2 GG die generelle und abstrakte Festlegung von Rechten und Pflichten durch den Gesetzgeber hinsichtlich des Eigentums versteht, ist sie auf die Normierung objektiv-rechtlicher Vorschriften gerichtet, die den Inhalt des Eigentumsrechts vom Inkrafttreten des Gesetzes an für die Zukunft bestimmen.[761] Solche Regelungen haben vor der Verfassung zwar nicht schon deshalb Bestand, weil sie als formelles Gesetz ergangen sind; sie müssen vielmehr auch in materieller Hinsicht mit dem Grundgesetz in Einklang stehen[762], denn Regelungen im Sinne des Art. 14 Abs. 1 S. 2 GG sind nur dann gültig, wenn sie den jeweiligen Normen der Verfassung entsprechen.[763] Nicht ausgeschlossen ist, dass durch den Erlass neuer, für die Zu-

---

[760] Vgl. insofern *BVerfG*, aaO, BVerfGE 58, 300, 337.

[761] *BVerfG*, aaO, BVerfGE 52, 1, 27.

[762] *BVerfG*, Urteil v. 18.12.1968 (1 BvR 638, 673/64 und 200, 238, 249/65) in: BVerfGE 24, 367, 389; aaO, BVerfGE 37, 132, 140; Urteil v. 8.7.1976 (1 BvL 19 und 20/75, 1 BvR 148/75), in: BVerfGE 42, 263, 305; aaO, BVerfGE 52, 1, 27.

[763] Werden die insoweit aus der Verfassung sich ergebenden Grenzen überschritten, so ist die gesetzliche Regelung unwirksam und nicht eine Enteignung im Sinne des Art. 14 Abs. 3 GG. Eine verfassungswidrige Inhaltsbestimmung kann auch nicht in eine Enteignung umgedeutet und der Verfassungsverstoß nicht durch Zubilligung einer gesetzlich nicht vorgesehenen Entschädigung geheilt werden.

kunft geltender Vorschriften im Sinne des Art. 14 Abs. 1 Satz 2 GG subjektive Rechte entzogen oder gemindert werden, die der einzelne aufgrund alten Rechts vielleicht erworben hatte.[764] Angesichts des bis heute geltenden Vollbelegungsrechts der Landesmedienanstalten ist von dieser Konstellation hier zwar nicht auszugehen, hätte der Vorschrift des § 52 RÄndStV aber selbst bei einer hypothetisch angenommenen uneingeschränkten Verfügungsmacht der Telekom und der übrigen Netzbetreiber in der Vergangenheit nicht entgegengestanden.

Unter der Geltung des Grundgesetzes stellt sich somit nur die Frage, ob der § 52 RÄndStV den Anforderungen entspricht, die das Grundgesetz an Regelungen im Sinne des Art. 14 Abs. 1 Satz 2 GG stellt. Grundsätzlich sollte man sich dessen bewusst sein, dass der Gesetzgeber bei der Schaffung einer dem Grundgesetz gemäßen Güterordnung zunächst nicht an einen aus der "Natur der Sache" sich ergebenden Eigentumsbegriff gebunden ist.[765] Für das Eigentum am Breitbandkabelnetz bedeutet dies, dass aus Art. 14 GG zunächst nicht zwingend hergeleitet werden kann, das Kabelbelegungsrecht müsse dem Kabelnetzeigentümer grundsätzlich rechtlich zugeordnet werden, weil zwischen Kabelbelegung und Kabeleigentum eine natürliche Beziehung bestehe. Die Gewährleistung des Privateigentums als Rechtseinrichtung verbietet zwar, dass solche Sachbereiche der Privatrechtsordnung entzogen werden, die zum elementaren Bestand grundrechtlich geschützter Betätigung im vermögensrechtlichen Bereich gehören, und dass damit der durch Art 14 GG gesicherte Freiheitsbereich aufgehoben oder wesentlich geschmälert wird.[766] Daraus folgt laut Rechtsprechung des Bundesverfassungsgerichts jedoch noch lange nicht, dass jedes Rechtsgut von Verfassungs wegen einer privatrechtlichen Herrschaft unterworfen sein müsse.[767] Die Gewährleistung des Rechtsinstituts wird nämlich dann nicht angetastet, wenn für die Allgemeinheit lebensnotwendige Güter zur Sicherung überragender Gemeinwohlbelange nicht der Privatrechtsordnung, sondern einer öffentlich-rechtlichen Ordnung unterstellt werden.[768] Man ginge allerdings zu weit und würde den ordnungspolitischen Zusammenhängen im Bereich der Medien- und Fernsehindustrie nicht gerecht, wollte man das Breitbandkabel ausschließlich der öffentlich-rechtlichen Ordnung unterstellen.

Trotzdem steht der Gesetzgeber nach den Vorgaben des Bundesverfassungsgerichts bei der Erfüllung des ihm in Art. 14 Abs. 1 Satz 2 GG erteilten Auftrags, Inhalt und Schranken des Eigentums zu bestimmen, vor der Aufgabe, das Sozi-

---

[764] Vgl. *BVerfG*, aaO, BVerfGE 25, 112, 121 f.
[765] Vgl. *BVerfG*, Urteil v. 7.7.1971 (1 BvR 765/66), in: BVerfGE 31, 229, 248.
[766] *BVerfG*, Urteil v. 17.11.1966 (1 Bvl 10/61), in: BVerfGE 20, 351, 355; aaO, BVerfGE 24, 367, 389.
[767] *BVerfG*, aaO, BVerfGE 24, 367, 389.
[768] Vgl. *BVerfG*, aaO, BVerfGE 24, 367, 389.

almodell zu verwirklichen, dessen normative Elemente sich sowohl aus der grundgesetzlichen Anerkennung des Privateigentums durch Art. 14 Abs. 1 Satz 1 GG als auch aus dem Sozialgebot des Art. 14 Abs. 2 GG ergeben: Der Gebrauch des Eigentums soll zugleich dem Wohle der Allgemeinheit dienen.[769] Der Landesgesetzgeber muss hier beiden Elementen des im Grundgesetz angelegten Verhältnisses von verfassungsrechtlich garantierter Rechtsstellung und dem Gebot einer sozialgerechten Eigentumsordnung in gleicher Weise Rechnung tragen, indem er die schutzwürdigen Interessen der Rezipienten und Programmveranstalter einerseits und der Kabelnetzbetreiber andererseits in einen gerechten Ausgleich und ein ausgewogenes Verhältnis bringt. Eine einseitige Bevorzugung oder Benachteiligung steht laut Bundesverfassungsgericht mit den verfassungsrechtlichen Vorstellungen eines sozialgebundenen Privateigentums nicht in Einklang.[770] Dem entspricht die Bindung des Gesetzgebers an den verfassungsrechtlichen Grundsatz der Verhältnismäßigkeit, wobei das Wohl der Allgemeinheit in diesem Zusammenhang nicht nur Grund, sondern auch Grenze für die dem Eigentümer aufzuerlegenden Beschränkungen ist. Um vor der Verfassung Bestand zu haben, müssen die Inhalts- und Schrankenbestimmungen vom geregelten Sachbereich her geboten und auch in ihrer Ausgestaltung sachgerecht sein, das heißt, dass Einschränkungen der Eigentümerbefugnisse nicht weiter gehen dürfen, als der Schutzzweck reicht, dem die Regelung dient.[771]

Wie das Bundesverfassungsgericht betont, bedeutet dies nicht, dass die jeweiligen Maßstäbe zu jeder Zeit und in jedem Zusammenhang dasselbe Gewicht haben müssten.[772] Regelungen, die in der Vergangenheit gerechtfertigt waren, können unter veränderten wirtschaftlichen und gesellschaftlichen, aber auch technischen Verhältnissen eine andere verfassungsrechtliche Beurteilung erfahren. Das hat hier natürlich zur Folge, dass die Sozialpflichtigkeit des Breitbandkabeleigentums in dem Maße schwindet, in dem die verfügbaren Übertragungskapazitäten anwachsen.[773] Und in jedem Fall fordert die verfassungsrechtliche Gewährleistung die Erhaltung der Substanz des Eigentums[774] und die Beachtung des Gleichheitsgebots des Art. 3 Abs. 1 GG.[775] Diesen Grundsätzen entspricht die zur Prüfung stehende Vorschrift des § 52 RÄndStV. Die dargelegten Regelungselemente führen zu keiner übermäßigen, mit der verfassungsrechtlichen

---

[769] *BVerfG*, aaO, BVerfGE 37, 132, 140; Urteil v. 4.2.1975 (2 BvL 5/74), in: BVerfGE 38, 348, 370.

[770] *BVerfG*, aaO, BVerfGE 37, 132, 140 f.

[771] Vgl. *BVerfG*, Urteil v. 14.2.1967 (1 BvL 17/63), in: BVerfGE 21, 150, 155; aaO, BVerfGE 25, 112, 117 f.; 37, 132, 141; 50, 290, 341; 52, 1, 29 f.

[772] *BVerfG*, aaO, BVerfGE 52, 1, 30.

[773] Vgl. *Gersdorf*, Regelungskompetenzen bei der Belegung digitaler Kabelnetze, aaO, S. 79.

[774] *BVerfG*, aaO, BVerfGE 42, 263, 295.

[775] *BVerfG*, Urteil v. 8.11.1972 (1 BvL 15/768 und 26/69), in: BVerfGE 34, 139, 146; aaO, BVerfGE 37, 132, 143; 42, 263, 305.

Garantie des Eigentums nicht zu vereinbarenden Belastung der privaten Kabelnetzbetreiber. Das durch Art. 14 Abs. 1 Satz 1 GG gewährleistete Eigentum ist in seinem rechtlichen Gehalt zwar durch Privatnützigkeit und grundsätzliche Verfügungsbefugnis des Eigentümers über den Eigentumsgegenstand gekennzeichnet[776], wobei es dem Eigentümer als Grundlage privater Initiative und in eigenverantwortlichem privatem Interesse von Nutzen sein soll.[777] Diese grundrechtlich garantierte Rechtsstellung wird zunächst zwar auch dadurch betroffen, dass die Belegung eines erheblichen Teils der Kabelkapazität durch den Landesgesetzgeber vorgegeben wird; in der Erfüllung des oben dargestellten verfassungsrechtlichen Anliegens stand der Gesetzgeber bei der Schaffung des Vierten Rundfunkänderungsstaatsvertrages jedoch vor der Aufgabe, eine den allgemeinen Bedürfnissen der medienpolitisch zu versorgenden Bevölkerung Rechnung tragende Rechtsordnung für eine umfassende Meinungsbildung zu erlassen und die Meinungsvielfalt in der Bundesrepublik Deutschland sicherzustellen. Es galt sowohl der Informationsfreiheit der Rezipienten gemäß Art. 5 Abs. 1 S. 1 GG, als auch der Rundfunkfreiheit der Programmveranstalter gemäß Art. 5 Abs. 1 S. 2 GG Rechnung zu tragen. Der dabei beschrittene Weg, die Belegung des Breitbandkabels wenigstens bis zu einem gewissen Kapazitätsumfang einer vom Kabeleigentum getrennten öffentlich-rechtlichen Ordnung zu unterstellen, ist eine Fortschreibung der durch das frühere Vollbelegungsrecht bereits vorgegebenen Rechtsentwicklung unter Berücksichtigung der gestiegenen, modernen technischen Möglichkeiten der Breitbandkabelnutzung. Während aufgrund der begrenzten Kapazitäten des Fernseh-Breitbandkabels ein Belegungsmonopol der Landesmedienanstalten in der Vergangenheit erforderlich war, ist die gänzliche Begrenzung der wirtschaftlichen und unternehmerischen Entscheidungskompetenzen der Netzbetreiber bei Programmauswahl und Kanalbelegung wegen vergrößerter Übertragungskapazitäten heute nicht mehr nötig.

Dennoch können die digitalisierten Fernsehkabelnetze nicht weiter dereguliert werden. Das Medium Fernsehen hat sich mittlerweile zum bedeutendsten Faktor im Rahmen der Informationsbeschaffung und Meinungsbildung entwickelt. Integrations-, Forums-, Komplementär- und Vorbildfunktion - Funktionen, die so eigentlich dem öffentlich-rechtlichen Rundfunk zugesprochen werden - sind Ziele, die auch bei der Regulierung des digitalen Fernsehens allgemein nicht unberücksichtigt bleiben dürfen und zumindest in einem bestimmten Umfang sichergestellt werden müssen.[778] Der Meinungsbildung kommt für die Allgemein-

[776] *BVerfG*, aaO, BVerfGE 24, 367, 389; Urteil v. 19.6.1969 (1 BvR 353/67), in: BVerfGE 26, 215, 222; aaO, BVerfGE 31, 229, 240; 37, 132, 140; 42, 263, 294.

[777] *BVerfG*, aaO, BVerfGE 50, 290, 339.

[778] Von Integrationsfunktion spricht man, wenn das Fernsehen zum Zusammenhalt der Gesellschaft beitragen soll; die Forumsfunktion bezweckt, alle Stimmen der Gesellschaft unter Berücksichtigung von Minderheiteninteressen zu Wort kommen zu lassen; die Komplemen-

heit und für eine funktionierende Demokratie eine kaum zu überschätzende Bedeutung zu. Zugleich ist sie in besonderem Maße der Gefahr nachteiliger Einwirkungen von Seiten der rein auf Gewinnmaximierung ausgerichteten Fernseh- und Kabelindustrie ausgesetzt. Die dargelegten Erwägungen zeigen, dass es nicht vertretbar wäre, die Nutzung des Breitbandkabels allein dem freien Belieben des einzelnen Betreibers zu überlassen oder die Nutzung nur mehr durch die - wie seitens der Industrie gefordert und im Bereich des Pressewesens durchaus ausreichend - Regeln der Wettbewerbsordnung zu begrenzen. Die Bewältigung eines derart umfassenden, dem Gemeinwohl dienenden Bereichs gehört zu den typischen Angelegenheiten des öffentlichen Rechts, wobei es derzeit nicht absehbar ist, ob sie auch mit den Mitteln des Privatrechts ebenso erfüllt werden könnten. Im internationalen Vergleich scheint es anerkannt zu sein, dass in Systemen, die vollständig auf die Kräfte des Marktes vertrauen, sich Defizite zumindest bezüglich der Qualität des Gesamtangebots zeigen.[779] Daher kann es verfassungsrechtlich nicht beanstandet werden, dass der Gesetzgeber das Kabelkapazitätsmanagement zur Sicherung von umfassender und dennoch unabhängiger Meinungsbildung und eines dementsprechend funktionsfähigen Meinungsbildungsprozesses wenigstens teilweise noch einer vom Netzeigentum getrennten öffentlich-rechtlichen Ordnung unterstellt hat. Es geht hierbei nicht um das einseitige Interesse des Staates, sondern um die Durchsetzung des Gemeinwohls durch den Staat. Da die Kabelnetzbetreiber weiterhin Entgelte sowohl von den Zuschauern als auch von den Rundfunkveranstaltern verlangen und nunmehr einen beachtlichen Teil des Netzes eigenverantwortlich und - abgesehen von den allgemeinen Gesetzen - frei belegen und verwenden können, verbleibt ihnen genügend Spielraum, über diese Kapazitäten nach rein ökonomischen und gewinnmaximierenden Gesichtspunkten zu verfügen, ohne dass weder die Glaubwürdigkeit des Mediums Fernsehen noch der verfassungsrechtliche Grundversorgungsauftrag dem freien Spiel des Marktes geopfert wird.[780]

---

tärfunktion wird erfüllt, wenn Programme mit besonderem gesellschaftlichen Interesse bereitgestellt werden, die unter rein wirtschaftlichen Gesichtspunkten nicht produziert würden; und schließlich beschreibt die Vorbildfunktion nichts anderes als das Setzen von Qualitätsstandards. Vgl. *Mattern/Künstner/Zirn,* aaO, S. 21 ff.

[779] S. *Mattern/Künstner/Zirn,* aaO, S. 17 und die Abbildung 5, S. 28, die den Beitrag öffentlicher und privater Veranstalter zum Angebot an sogenannten Programmen mit besonderem gesellschaftlichem Interesse zeigt.

[780] Zur Unabhängigkeit des Fernsehens siehe auch die Ergebnisse der Zuschauerbefragung durch das EMNID Institut, wonach das Fernsehen im Vergleich zu Zeitung und Radio als das glaubwürdigste Medium eingestuft wurde und vier von fünf Befragten in der Werbung und den großen Medienunternehmen die größten einflussnehmenden Akteure - insbesondere auf die privaten Veranstalter - sehen. S. *Kliment/Brunner,* Wer sieht was wo?, in: *Hamm* (Hrsg.), Fernsehen auf dem Prüfstand, 2. Aufl., 1998, S. 85.

VIII. Zusammenfassung

Zuguterletzt sollen an dieser Stelle die entscheidenden Erkenntnisse der hier vorliegenden Untersuchung in Thesen zusammengefasst werden.

1. Die Entstehungsgeschichte des Must-Carry-Prinzips in den USA

Die Entstehung des (analogen) Kabelfernsehens und die Errichtung der dafür erforderlichen Netze erfolgte in den USA auf Initiative privater Unternehmen. Nach anfänglichem Zögern erklärte sich die FCC für das Kabelfernsehen zuständig und entwarf bereits Mitte der sechziger Jahre die ersten Must-Carry-Regeln in Verbindung mit einer Einspeisezustimmungspflicht ("retransmission consent"). Dadurch sollten die Existenz lokaler Rundfunksender und die Urheberrechte von Programmmachern geschützt werden, wobei die Regulierung durch die FCC dabei auch als Ausgleich zu den sich abzeichnenden Monopolstellungen der Kabelbetreiber auf den einzelnen Fernsehmärkten der USA anzusehen war. Während auch in den USA die Debatte um die Rechtmäßigkeit derartiger Must-Carry-Regeln von umstrittenen Fragen wie die nach der tatsächlichen Knappheit der (analogen) Übertragungswege und der Vergleichbarkeit des Kabelfernsehens mit dem Zeitungswesen bestimmt wurde, wurde das Must-Carry-Modell nach knapp dreißig jähriger Entwicklung von seiner Einführung, über zwingende Kabelvollbelegung, über teilweise Kabelzwangsbelegung bis hin zu seiner völligen Aufhebung zu Beginn der neunziger Jahre erstmalig durch den 1992 Cable Act gesetzlich festgelegt. Nach der Intention des Gesetzgebers diente das Must-Carry-Prinzip der Förderung von Meinungs- und Informationsvielfalt, allerdings unter Vertrauen in die Mechanismen des freien Marktes, wobei überragende Marktmacht verhindert und nur dort zum Schutz von Verbraucherinteressen eingegriffen werden sollte, wo Kabelbetreiber marktbeherrschende Stellungen besitzen. Die Must-Carry-Regeln wurden in den USA also zur Herstellung wettbewerblichen und wirtschaftlichen Gleichgewichts zwischen Kabel- und herkömmlichen, lokalen Rundfunkunternehmen entwickelt, wobei die Versorgung der Bevölkerung einen genauso zu berücksichtigenden Aspekt darstellt wie der lokale Charakter des Fernsehens. Die Rechtsprechung hat die Verfassungsmäßigkeit der Must-Carry-Regeln im Bereich des (analogen) Kabelfernsehens bestätigt. In einer äußerst knappen und umstrittenen Entscheidung befand der US Supreme Court, dass es sich bei den Must-Carry-Regeln um inhaltsneutrale und erforderliche Regeln handelt, die der Erhaltung des lokalen Rundfunks, der Informationsvielfalt und dem fairen Wettbewerb auf dem Fernsehmarkt dienen. In den USA stellen die Must-Carry-Regeln insofern eine Handels- und Wettbewerbsregulierung und keine Meinungsregulierung dar. Obschon der Telecommunications Act von 1996 eine weitere Deregulierung des zusammenwachsenden Kommunikationsmarktes bewirkt, wird die Anwendbarkeit der Must-Carry-Regeln für den analog verbreiteten Fernsehmarkt davon nicht berührt, so dass eine Prognose ihres zukünftigen Anwendungsbereichs für das digitale Fernsehen in den USA derzeit nicht getroffen werden kann.

2. Die aktuelle Kanalbelegungspraxis in Deutschland und das Verfassungsverständnis

Im Gegensatz zu den USA hing die Entwicklung des Kabelfernsehens in Deutschland von regierungspolitischer Initiative und nicht in erster Linie von wirtschaftlichen Überlegungen ab. Die Deutsche Bundespost hatte neben privaten Kabelnetzbetreibern auf der Netzebene 4 im wesentlichen das Netzmonopol. Aufgrund der Zulassung des privaten Rundfunks in Verbindung mit der Entwicklung der Satellitentechnik konnten seit Mitte der achtziger Jahre wesentlich mehr Programme an die deutschen Kabelnetze herangeführt werden, als die bis dato üblichen drei öffentlich-rechtlichen Fernsehprogramme. In der Folgezeit entstand ein Kapazitätsengpass, da weit mehr als die aufgrund der analogen Verbreitungsmöglichkeit im Durchschnitt 33 einspeisbaren Programme ihre Durchleitung zu den Haushalten verlangten. Die für den privaten Rundfunk zuständigen Landesmedienanstalten übten nunmehr ein Vollbelegungsrecht dergestalt aus, dass sie - mit der Ausnahme Sachsens - in den einzelnen Bundesländern letztlich allein die Entscheidung darüber trafen, welche Programme in welcher Rangfolge in die Kabelnetze einzuspeisen waren. Die nach der Maßgabe der jeweiligen Landesmediengesetze und Kanalbelegungssatzungen ohne Mitspracherecht der Kabelnetzbetreiber getroffenen Einspeiseentscheidungen, die sich vornehmlich nach meinungs- und programmvielfaltsichernden, pluralistischen Kriterien richteten, gaben ständig Anlass zu verwaltungsgerichtlichen Streitigkeiten.

Als Bestandteil der Rundfunkordnung erfährt die Kanalbelegungspraxis entscheidende Bestätigung durch die Rechtsprechung des Bundesverfassungsgerichts zur Rundfunkfreiheit der Rundfunkveranstalter einerseits und zur Informationsfreiheit der Rezipienten andererseits. Das Bundesverfassungsgericht geht von der Prämisse aus, dass die Rundfunkfreiheit primär der freien individuellen und öffentlichen Meinungsbildung dient, in erster Linie also dienende Funktion hat. Rundfunk ist dabei zugleich Medium und Faktor des Meinungsbildungsprozesses, wobei er frei von staatlicher sowie wirtschaftlicher Beherrschung und Einflussnahme zu organisieren und zu praktizieren ist. Erforderlich ist eine positive Ordnung, die sicherstellt, dass der Rundfunk weder dem Staat noch einzelnen gesellschaftlichen Gruppen ausgeliefert wird, so dass die Vielfalt der Themen und Meinungen aufgenommen und wiedergegeben werden, die in der Gesellschaft insgesamt eine Rolle spielen. Diese Grundsätze gelten sowohl für die Art der Rundfunkveranstaltung als auch für die Art der Rundfunkverbreitung, wobei die modernen technischen Entwicklungen zur Verbesserung der Veranstaltung und Verbreitung von Rundfunksendungen nicht unberücksichtigt bleiben dürfen.

Die Kanalbelegungspraxis hat natürlich auch Einfluss auf die Informationsfreiheit der Fernsehzuschauer, die darin besteht, sich aus allgemein zugänglichen Quellen ungehindert zu unterrichten. Allgemein zugänglich ist nach Auffassung des Bundesverfassungsgerichts eine Informationsquelle, wenn sie technisch geeignet und bestimmt ist, der Allgemeinheit Informationen zu verschaffen. Angesichts der Kapazitätsknappheit der noch nicht vollständig digitalisierten Kabelnetze ist die Informationsfreiheit, die sich auch auf den Zugang zu und die Nutzung von Kabelanlagen erstreckt, von entscheidender Bedeutung. Informationsfreiheit der Rezipienten und Rundfunkfreiheit der Rundfunkveranstalter stehen sich dabei nicht diametral gegenüber, vielmehr ist die Rundfunkfreiheit als Outputfreiheit der Informationsfreiheit als Inputfreiheit zu dienen bestimmt. Schließlich ist die Informationsfreiheit nicht nur Abwehrrecht gegenüber dem Staat, sondern begründet auch eine Schutzpflicht des Staates. Insofern ist die Kabelbelegungspraxis des Gesetzgebers nicht als Verkürzung der Informationsfreiheit des Rezipienten zu verstehen, sondern stellt vielmehr eine Vorkehrung gegen eine mögliche Verkürzung der Informationsfreiheit durch Kabelnetzbetreiber und Rundfunkveranstalter dar.

Gemessen an dem Recht des Art. 10 EMRK auf freie Meinungsäußerung begegnet das aktuelle Kabelallokationsregime keinen rechtlichen Bedenken, da der Schutz der Meinungsvielfalt und (kulturelle und politische) Pluralismuskriterien im Vordergrund stehen. Im Zusammenhang mit der Frage, ob und inwiefern das Europarecht Anwendung auf die Kabelbelegungspraxis in den Mitgliedstaaten findet, ist es vor dem Hintergrund des Kulturbegriffs und des anhaltenden Regionalisierungstrends in diesem Bereich derzeit nicht möglich, die Rechtmäßigkeit deutscher Kabelbelegungsregeln einer europarechtlichen Prüfung zu unterziehen.

3. Die Digitalisierung des Kabelfernsehens

Die Distribution digitalen Fernsehens erfordert zahlreiche technisch-administrative Dienstleistungen, die im Bereich des analogen Fernsehens keine Rolle spielen. Neben der Vermarktungs- und Programmplattform für das digitale Fernsehen existiert eine technische Plattform, die einen äußerst komplexen Vorgang aus Digitalisierung und Kompression der zu übertragenden Daten, Multiplexing, Verschlüsselung der Daten, Datenweiterleitung im Kabel und Auffinden der Daten mithilfe eines Navigationssystems darstellt. Neben der möglichen Interaktivität digitaler Programme kann im Zuge der Komplettdigitalisierung eine Steigerung der Programmkapazität der Kabelnetze von derzeit rund 32 Programmen auf 150 bis über 300 Programme erreicht werden. Für den Distributionsweg Kabel ist die Digitalisierung wegen der effektiveren Nutzung der Frequenzen, der geringeren Kosten der Programmübertragung und der neuen Programm- und Servicefunktionen im Vergleich zur Satellitentechnik als zukunftssichernde Maßnahme unerlässlich. Der sog. "analog switch-off" bzw. eine wenigstens 95 prozentige Marktdurchdringung mit Endgeräten, die auch digital empfangen können, ist in Deutschland entsprechend den Vorgaben der Bundesregierung für das Jahr 2010 geplant.

4. Das Must-Carry-Modell des Vierten Rundfunkänderungsstaatsvertrages

Das in § 52 des Vierten Rundfunkänderungsstaatsvertrages beinhaltete Must-Carry-Modell hat das Kabelallokationsregime der Landesmedienanstalten in seiner extremen Form beendet und nunmehr die Betreiber digitalisierter Kabelanlagen in den Entscheidungsprozess der Kabelbelegung mit einbezogen. Damit wurde den neuen technischen Rahmenbedingungen und erweiterten Übertragungsmöglichkeiten im Bereich des Kabelfernsehens Rechnung getragen. Die Kabelbelegung vollzieht sich dabei im wesentlichen innerhalb von drei Blöcken: Da ist zunächst der Must-Carry-Bereich, welcher die Kapazitäten umfasst, deren Belegung für die Kabelnetzbetreiber zwingend vorgeschrieben ist. In diesem Bereich haben die Betreiber digitalisierter Kabelanlagen die Kapazitäten zwingend zur Verfügung zu stellen, die für die im jeweiligen Bundesland gesetzlich bestimmten Programme des öffentlich-rechtlichen Rundfunks einschließlich seiner Programmbouquets erforderlich sind. Innerhalb dieses Bereichs ist darüber hinaus die Übertragungskapazität eines analogen Fernsehkanals zwingend den im jeweiligen Bundesland zugelassenen regionalen und lokalen Fernsehprogrammen sowie Offenen Kanälen bereit zu stellen.

Der sogenannte Non-Must-Carry-Bereich gliedert sich in zwei Teilbereiche. Zwar ist es einerseits der Teil der Kabelkapazität, in dem den Betreibern der digitalisierten Netze die Kabeleinspeisung nicht zwingend vorgeschrieben ist; dennoch verfügen die Netzbetreiber in diesem Bereich nicht über ein frei verfügbares Belegungsrecht, sondern lediglich über unterschiedlich eingeschränkte Belegungskompetenzen. In einem weiteren Bereich von einem Drittel der für die digitale Verbreitung zur Verfügung stehenden Gesamtkapazität hat der Netzbetreiber nämlich sicher zu stellen, dass sich in seiner Kabelanlage eine Vielzahl von Programmveranstaltern und ein vielfältiges Programmangebot bestehend aus Vollprogrammen, nicht entgeltfinan-zierten Programmen, Spartenprogrammen und Fremdsprachenprogrammen wiederfindet. Dabei ist den Interessen der angeschlossenen Fernsehzuschauer Rechnung zu tragen, und Mediendienste sind angemessen zu berücksichtigen. Schließlich kann der jeweilige Netzbetreiber nur innerhalb der darüber hinaus noch übrig bleibenden Kapazität seiner Kabelanlage die Programmbelegung nach Maßgabe der allgemeinen Gesetze vornehmen.

5. Die Gesetzgebungskompetenz zum Erlass der Must-Carry-Regeln

Eine alleinige Gesetzgebungskompetenz des Bundes für das Kapazitäts- bzw. Bitraten-management im Breitbandkabel und seiner Zugangsmodalitäten aufgrund der Telekommunikationskompetenz nach Art. 73 Nr. 7 GG ist abzulehnen. Die Gesetzgebungskompetenz zum Erlass der Must-Carry-Regeln für den Bereich des digitalisierten Kabelfernsehen obliegt den Ländern. Zwar handelt es sich beim Bitratenmanagement auch um einen technischen Vorgang der Signalübermittlung, aber nicht ausschließlich. Die Entscheidung, ob bestimmte Bitraten in einem Datencontainer Diensten der Individual- oder der Massenkommunikation, Rundfunkdiensten oder Nicht-Rundfunkdiensten, Verteil-, Zugriffs- oder Abrufdiensten zur Verfügung gestellt werden, bestimmt sich innerhalb des Breitbandkabels nicht nach technischen Kriterien. Die Rechtsprechung des Bundesverfassungsgerichts zum Fernmeldewesen verweist dementsprechend auf die lediglich untergeordnete und dienende Funktion fernmeldetechnischer Einrichtungen, woraus die nur untergeordnete und dienende Funktion der Telekommunikationskompetenz des Bundes gegenüber der Rundfunkkompetenz der Länder abgeleitet wird.

Zu einem anderen Ergebnis gelangt man auch nicht unter Bezugnahme auf Art. 87 f Abs. 2 GG, wonach die Errichtung und der Betrieb von Kommunikationsnetzen mittlerweile als privatwirtschaftliche Tätigkeiten gelten. Trotz der anerkannt großen wirtschaftlichen Bedeutung der Medien-, Informations- und Kommunikationsindustrie sind diese Tätigkeiten deshalb nicht allein von der privatrechtlichen Normierung und damit der Gesetzgebungskompetenz des Bundes erfasst, weil das Fernsehen seine Sonderstellung innerhalb des Prozesses technologischer und systemübergreifender Konvergenz behält. Das Fernsehen bleibt aufgrund seiner massenmedialen Wirkung und Suggestivkraft für den demokratischen Meinungsbildungsprozess regelungsbedürftig und darf nicht dem freien Spiel der Wirtschaftskräfte ausgeliefert werden. Indem die Belegung des Kabelspektrums nach den Vorgaben des Vierten Rundfunkänderungsstaatsvertrages nur einen Teil der Kapazität betrifft, während der nicht der verfassungsrechtlich zu gewährleistenden Grundversorgung unterliegende Rest des Breitbandkabels den allgemeinen Gesetzen unterworfen bleibt, wird die Regelungskompetenz des Bundesgesetzgebers durch die Must-Carry-Regelung des Vierten Rundfunkänderungsstaatsvertrages nicht verletzt.

6. Die Kollision der Must-Carry-Regelung mit Art. 12 Abs. 1 GG

Der Schutz der Berufsfreiheit aus Art. 12 Abs. 1 GG steht als solcher nur deutschen Staatsbürgern und inländischen juristischen Personen zu. Der einheitliche Schutzbereich der Berufsfreiheit sichert die Freiheit, jede Tätigkeit zur Grundlage der Lebensführung zu machen, wobei Art. 12 Abs. 1 GG sowohl ein Abwehrrecht als auch eine verfassungsrechtliche Grund- bzw. Wertentscheidung mit erheblicher Bedeutung für die Wirtschaftsordnung ist. Der Betrieb von (digitalisierten) Fernseh-Breitbandkabelnetzen und insbesondere die Entscheidungen der Betreiber über die Belegung ihrer Kabelanlagen ist vom Schutz des Art. 12 Abs. 1 GG umfasst.

Die Must-Carry-Regelung des § 52 RÄndStV stellt einen unmittelbaren Eingriff in den Schutzbereich des Art. 12 Abs. 1 GG dar, da sie als (zumindest teilweise) verbindliche Vorgabe hinsichtlich Kabelbelegung und Kapazitätsmanagement das Ob und das Wie der beruflichen Tätigkeit der Kabelnetzbetreiber regelt. Allerdings ist die Must-Carry-Regelung vom Gesetzesvorbehalt des Art. 12 Abs. 1 S. 2 GG gedeckt; insofern stellt § 52 RÄndStV auch eine den Schutzbereich der Berufsfreiheit rechtmäßig einschränkende gesetzliche Grundlage dar, die alle wesentlichen Fragen für die Tätigkeit der Programmweiterleitung in digitalisierten Kabelanlagen selbst regelt. Die Must-Carry-Regelung ist eine Berufsausübungsregelung. Aufgrund ihrer abgestuften Kapazitätsdeterminierung einschließlich zwingend zur Verfügung zu stellender Übertragungskapazitäten ist sie geeignet, einen Beitrag zur Sicherung der öffentlichen Meinungsbildung und des Pluralismus in der deutschen digitalisierten Fernsehlandschaft zu leisten. Ein milderes Mittel bzw. eine weniger belastende Beeinträchtigung der beruflichen Tätigkeit der Kabelnetzbetreiber ist angesichts der durch eine positive Ordnung durch den Gesetzgeber zu gewährleistenden Rundfunkfreiheit derzeit nicht in Sicht. Es entspricht vernünftigen Interessen des Gemeinwohls, wenn ein Fernsehangebot angestrebt wird, das die Darstellung der für die freiheitliche Demokratie konstitutive Meinungsvielfalt bezweckt und der Gefahr zu begegnen beabsichtigt, dass auf Verbreitung angelegte Meinungen von der öffentlichen Meinungsbildung ausgeschlossen werden und Meinungsträger, die sich im Besitz von Übertragungskapazitäten und Finanzmitteln befinden, an der öffentlichen Meinungsbildung vorherrschend mitwirken. Insofern ist der Eingriff in die Freiheit der beruflichen Betätigung und die wirtschaftlichen Entscheidungs- und

Entfaltungsmöglichkeiten der Kabelnetzbetreiber durch die Must-Carry-Regelung des § 52 RÄndStV verhältnismäßig.

7. Die Kollision der Must-Carry-Regelung mit Art. 14 GG

Als zwar tätigkeitsbezogener, die Kontrolle der Berufsfreiheit aber passierender Eingriff muss das Must-Carry-Prinzip des § 52 RÄndStV aufgrund seiner zusätzlich vermögensmäßigen Eingriffsrelevanz auch vor der Eigentumsgarantie des Art. 14 GG bestehen. Die Eigentumsgarantie schützt neben dem Bestand und der Innehabung des Eigentums auch seine Nutzung und die Verfügung über die Eigentumsposition; vom Schutz umfasst ist jedes vermögenswerte Recht, das durch Entfaltung des Leistungswillens entstanden ist. Die Must-Carry-Regelung trifft von der freien Verwendung und Verteilung der Netzkapazitäten durch deren Eigentümer, die Kabelnetzbetreiber, abweichende Regelungen, so dass dadurch in die durch Art. 14 GG geschützte Verfügungsmacht der Kabelnetzbetreiber eingegriffen wird.

§ 52 RÄndStV bestimmt jedoch entsprechend den Vorgaben des Art. 14 Abs. 1 S. 2, Abs. 2 GG in zulässiger Weise Inhalt und Schranken des Eigentums am Breitbandkabel und an dessen Kapazität. Der Gesetzgeber hat hier beiden Elementen des im Grundgesetz angelegten Verhältnisses von verfassungsrechtlich garantierter Rechtsstellung und dem Gebot einer sozialgerechten Eigentumsordnung in gleicher Weise Rechnung getragen, indem er die schutzwürdigen Interessen der Rezipienten und Programmveranstalter einerseits und der Kabelnetzbetreiber andererseits in einen gerechten Ausgleich und ein ausgewogenes Verhältnis bringt. Eine einseitige Bevorzugung oder Benachteiligung ist hier entsprechend dem Verfassungsverständnis von Eigentum vermieden worden, zumal die Inhalts- und Schrankenbestimmungen des § 52 RÄndStV vom geregelten Sachbereich her geboten und auch in ihrer Ausgestaltung sachgerecht sind. Die Regelungselemente des Must-Carry-Prinzips führen zu keiner übermäßigen, mit der verfassungsrechtlichen Garantie des Eigentums nicht zu vereinbarenden Belastung der Kabelnetzbetreiber. Trotz gesteigerter technischer Möglichkeiten der Breitbandkabelnutzung dient die Unterstellung eines gewissen Kapazitätsumfangs unter eine vom Kabeleigentum getrennte öffentlich-rechtliche Ordnung dazu, die Informationsfreiheit der Rezipienten, die Rundfunkfreiheit der Programmveranstalter und die Eigentumsgarantie der Kabelnetzbetreiber in ein ausgewogenes Verhältnis zu bringen und ihnen somit gleichermaßen gerecht zu werden. Der Meinungsbildung kommt für die Allgemeinheit und für eine funktionierende Demokratie eine kaum zu überschätzende Bedeutung zu, so dass die Nutzung des - auch nicht mit grenzenloser Kapazität ausgestatteten - digitalisierten Breitbandkabels nicht allein dem freien Belieben des einzelnen Betreibers oder nur mehr den Regeln der Wettbewerbsordnung überlassen werden darf. Die Gewährleistung des Meinungsbildungsprozesses und die Bewältigung der damit in Zusammenhang stehenden Aufgaben obliegt jedenfalls teilweise dem öffentlichen Recht, und noch ist im Bereich des digitalen Kabelfernsehens nicht hinreichend bewiesen, dass die Interessen des Gemeinwohls ausschließlich durch die Mittel des Privatrechts ausreichend geschützt sind.

Studien zum deutschen und europäischen Medienrecht

Herausgegeben von Dieter Dörr
mit Unterstützung der Dr. Feldbausch Stiftung

Band 1 Peter Charissé: Die Rundfunkveranstaltungsfreiheit und das Zulassungsregime der Rundfunk- und Mediengesetze. Eine verfassungs- und europarechtliche Untersuchung der subjektiv-rechtlichen Stellung privater Rundfunkveranstalter. 1999.

Band 2 Dieter Dörr: Umfang und Grenzen der Rechtsaufsicht über die Deutsche Welle. 2000.

Band 3 Claudia Braml: Das Teleshopping und die Rundfunkfreiheit. Eine verfassungs- und europarechtliche Untersuchung im Hinblick auf den Rundfunkstaatsvertrag, den Mediendienste-Staatsvertrag, das Teledienstegesetz und die EG-Fernsehrichtlinie. 2000.

Band 4 Dieter Dörr, unter Mitarbeit von Mark D. Cole: *Big Brother* und die Menschenwürde. Die Menschenwürde und die Programmfreiheit am Beispiel eines neuen Sendeformats. 2000.

Band 5 Martin Stock: Medienfreiheit in der EU-Grundrechtscharta: Art. 10 EMRK ergänzen und modernisieren! 2000.

Band 6 Wolfgang Lent: Rundfunk-, Medien-, Teledienste. Eine verfassungsrechtliche Untersuchung des Rundfunkbegriffs und der Gewährleistungsbereiche öffentlich-rechtlicher Rundfunkanstalten unter Berücksichtigung einfachrechtlicher Abgrenzungsfragen zwischen Rundfunkstaatsvertrag, Mediendienstestaatsvertrag und Teledienstegesetz. 2001.

Band 7 Torsten Schreier: Das Selbstverwaltungsrecht der öffentlich-rechtlichen Rundfunkanstalten. 2001.

Band 8 Dieter Dörr: Sport im Fernsehen. Die Funktionen des öffentlich-rechtlichen Rundfunks bei der Sportberichterstattung. 2000.

Band 9 Dieter Dörr (Hrsg.): www.otello.de. Klassik nur noch im Internet oder per pay? Symposium aus Anlass des 85. Geburtstages von Professor Dr. Heinz Hübner. 2000.

Band 10 Markus Nauheim: Die Rechtmäßigkeit des Must-Carry-Prinzips im Bereich des digitalisierten Kabelfernsehens in der Bundesrepublik Deutschland. Illustriert anhand des Vierten Rundfunkänderungsstaatsvertrages. 2001.

Peter Lang · Europäischer Verlag der Wissenschaften

Dieter Dörr

Umfang und Grenzen der Rechtsaufsicht über die Deutsche Welle

Frankfurt/M., Berlin, Bern, Bruxelles, New York, Wien, 2000. 89 S.
Studien zum deutschen und europäischen Medienrecht.
Herausgegeben von Dieter Dörr. Bd. 2
ISBN 3-631-35669-2 · br. DM 32.–*

Die Untersuchung gibt eine Antwort auf die Frage nach Umfang und Grenzen der Rechtsaufsicht über die Bundesrundfunkanstalt Deutsche Welle. Dabei erläutert der Verfasser zunächst die Grundsätze der Staatsaufsicht und ihre verschiedenen Ausprägungen. Im Folgenden wird deren Anwendbarkeit auf Rundfunkanstalten im Allgemeinen überprüft. Weiterhin wird der Anwendungsbereich der Rundfunkfreiheit in Bezug auf die Deutsche Welle erörtert. Schließlich setzt sich der Verfasser mit den Grenzen der Rechtsaufsicht über die Deutsche Welle auseinander und geht insbesondere auf das Verhältnis der Rechtsaufsicht durch den Bund zu den anstaltsinternen Kontrollgremien ein. Abschließend wird festgestellt, welche Arten von Aufsichtsmitteln nach dem Deutsche Welle Gesetz überhaupt in Betracht kommen.
Der Verfasser kommt schließlich zu dem Ergebnis, daß bei verfassungsgemäßer Auslegung des DWG die Deutsche Welle nur einer beschränkten Rechtsaufsicht unterliegt.

Aus dem Inhalt: (Beschränkte) Rechtsaufsicht über Rundfunkanstalten · Rundfunkfreiheit · Deutsche Welle als Bundesrundfunkanstalt

Frankfurt/M · Berlin · Bern · Bruxelles · New York · Oxford · Wien
Auslieferung: Verlag Peter Lang AG
Jupiterstr. 15, CH-3000 Bern 15
Telefax (004131) 9402131
*inklusive Mehrwertsteuer
Preisänderungen vorbehalten

FSC
www.fsc.org
MIX
Papier | Fördert
gute Waldnutzung
FSC® C083411

Kolibri 360 GmbH
Ferdinand-Jühlke-Straße 7
99095 Erfurt, Deutschland
produktsicherheit@kolibri360.de